Die lange Revolution

Edgar Snow

Die lange Revolution

China zwischen Tradition
und Zukunft

Deutsche Verlags-Anstalt

Die amerikanische Originalausgabe erschien unter dem Titel:
THE LONG REVOLUTION
Copyright © 1971, 1972 by Lois Wheeler Snow
Ins Deutsche übertragen von Gerold Dommermuth
unter Mitarbeit von Anna Wang
Die Übersetzung der Dokumente III und IV im Anhang
wurde offiziellen Publikationen des Verlages für
fremdsprachige Literatur in Peking entnommen.
Bibliographie: Gerold Dommermuth

1973
© der deutschen Ausgabe: Deutsche Verlags-Anstalt GmbH, Stuttgart
Schutzumschlagentwurf: Atelier Frick-Kirchhoff
Gesamtherstellung: Deutsche Verlags-Anstalt GmbH, Stuttgart
Printed in Germany
ISBN 3 421 **01616** X

Den Ärzten und Pflegern aus der Volksrepublik China,
die meinem Mann so hingebungsvoll zu Hilfe kamen,
sowie
dem Vorsitzenden Mao Tse-tung und dem Ministerpräsidenten
Tschou En-lai,
die dieses Geschenk der Liebe und Anteilnahme ermöglichten,
widme ich dieses unvollendete Buch.

Lois Wheeler Snow

Vorwort

Der Tod kam über meinen Mann in der trüben Frühe des 15. Februar 1972, zwei Monate und einen Tag nach der Operation eines Pankreaskarzinoms, nicht ganz ein Jahr nach seiner Rückkehr von seiner letzten Reise in die Volksrepublik China. Die Besserung, die diesem Eingriff folgte, wich nur zu bald erneutem Leiden; mein Mann nannte den Schmerz „postoperativ", sagte seine geplante Rückkehr nach China ab und widmete seine abnehmende Kraft der Vollendung dieses Buches. Niemand hätte sein Leben retten können. Die Kunst der Chirurgen und Ärzte, die sich ihm widmeten, seine eigene gesunde Natur und sein Wille zu leben erwiesen sich als unzulänglich gegenüber einer Krankheit, die er wahrscheinlich zwei Jahre lang unentdeckt in seinem Körper getragen hatte. Es sollte kein „Wunder" geben. Die Welt hat ihre Zeit und ihre Hilfsmittel für Raumfahrtprojekte, Antiraketen-Raketen, Nuklearwaffen, die Entlaubung von Wäldern und das Bombardieren von Bauern mit Napalmbomben verschwendet. Nicht einmal die Ursachen des Krebses hat sie bisher herausgefunden.

Ich suchte verzweifelt Hilfe. Sie kam von China. Mao Tse-tung und Tschou En-lai sorgten, mit der freundlichen Vermittlung des chinesischen Botschafters in Bern, Dschen Dschi-fang, für die Entsendung eines Ärzteteams in unser Heim in der Schweiz. Unter Leitung eines alten und teuren Freundes meines Mannes, des in Amerika geborenen Arztes Dr. George Hatem (bekannt unter seinem chinesischen Namen Ma Hai-teh, den er in seiner Wahlheimat China annahm), kamen Dr. Huang Guo-ren, ein hervorragender Chirurg an der Pekinger Krebsklinik, sowie Li Dschong-bing, Bu Schwee-liän und Ding Schu-djing, spezialisiertes Pflegepersonal, mit dem Flugzeug aus Peking; von einer medizinischen Mission in Algier, wo sie am Aufbau einer Klinik und der Umschulung des Personals teilnahmen, kamen Dr. Dschang Djen-guen, Dr. Dschang Ji-fang, Li Dse-jin und Wu Bau-siän. Ssu Er-wee, der Dolmetscher, der auf unserer Chinareise im Jahre 1970 unser Begleiter und Helfer gewesen war, begleitete die Ärzte und Pfleger. Sie kamen rasch; die Schweizer Regierung hatte für schnelle Visaerteilung gesorgt. Sie hofften, uns nach China ausfliegen zu können, wo man für die ganze Familie eine Suite in einer Klinik bereitgestellt hatte. Der rasche Fortschritt der Krankheit machte diese Absicht zunichte. „Wir haben ein Krankenhaus in Peking für Euch zum Heim gemacht", sagte uns Dr. Ma. „Jetzt bleiben wir hier und machen ein Krankenhaus aus Eurem Heim." Und so geschah es; sie veränderten unser Leben und nahmen der Krankheit den Schrecken. Mit Sachkenntnis und Hingabe, Wärme und Selbstlosigkeit erlangten sie Linderung der schrecklichen Schmerzen, schufen sie eine Atmosphäre von tröstlicher Fürsorge, die jene letzten Wochen erträglich machten. Jedermann bei uns war von diesen Menschen aus China berührt. Eine neue Haltung setzte sich durch, das Werk von Männern und Frauen, die ihren revolutionären Glauben verwirklichten. Vor langer Zeit hat Mao Tse-tung gesagt: „Menschen sind das Kostbarste in der Welt." Jeder Augenblick in diesen Wochen war angefüllt von der totalen Verwirklichung dieses Prinzips. Der Schrecken von Entscheidungen, die ohne Kenntnis, Maßnahmen, die ohne Erfahrung getroffen werden mußten, wandelte sich in die Wohltat hilfreicher Fürsorge, nimmerendender Anstrengungen, den Zustand des Kranken zu bessern, in das Glück gelinderter Schmerzen. Es war eine Zeit des Leidens und des Kummers, aber es gab auch Lachen, in das der Patient mit einstimmen konnte; ärztliche Kunst, die gleichwohl nicht vorgab, heilen zu können, dämpfte die Spannung und verschaffte ihm eine Linderung und eine Würde im Sterben, die ohne dies alles nicht möglich gewesen wäre.

Es erscheint mir passend, daß dieses Geschenk der Liebe und Dankbarkeit von der Volksrepublik China kam, dem Land, das einer oft feindlichen Welt zu erklären mein Mann sich ein Leben lang bemüht hat. Vielleicht war das Wunder, nach dem wir so verlangten, einfach in diesen Menschen und in dem Leben, das sie führen und das ihnen den Geist und die Großzügigkeit erlaubt, durch und durch menschlich zu handeln. Dieses Buch ist nicht verändert worden. Wir haben keinen Versuch unternommen, es zu vervollständigen. Es ist eine unvollendete Arbeit, ein Stück von dem, was hätte sein können, ein Beginn, hinter den das abrupte Ende, das der Tod verfügte, einen Punkt gesetzt hat. Es war noch vieles zu schreiben; dies ist, was geschrieben wurde. In ihm liegt die Saat einer neuen Beziehung zwischen dem chinesischen Volk und der Welt. Wenn wir sie pflegen, wird sie wachsen.

Lois Wheeler Snow
Eysins, Waadt, Schweiz
Juli 1972

Erster Teil
Ein verändertes Land?

1.

Begegnung am Tiän-an-men

Der 1. Oktober 1970 in Peking war ein vollkommener Tag für die Feier des 21. Jahrestags der Gründung der Volksrepublik China. Während ich ahnungslos auf der vollbesetzten Tribüne am Tiän-an-men („Tor des himmlischen Friedens") saß, fühlte ich mich plötzlich am Ärmel gezupft. Ich drehte mich um und sah Ministerpräsident Tschou En-lai vor mir. Er führte mich und meine Frau Lois rasch zu einem Platz neben dem Vorsitzenden Mao. Einige Minuten lang standen wir so im Zentrum jenes Menschheitsviertels (oder -fünftels?), das China ist. Nichts, was die chinesischen Führer öffentlich tun, ist ohne Absicht. Etwas Wichtiges war im Kommen, aber was?

Über den riesigen Platz, der eine halbe Million Menschen faßt, verkündete eine große Tafel mit weithin sichtbaren Schriftzeichen ein Zitat aus Mao Tse-tungs Erklärung vom 20. Mai 1970. Damals hatte China dem Prinzen Sihanouk feste Unterstützung für seinen Widerstand gegen den Staatsstreich Lon Nols und gegen Lon Nols amerikanische Verbündete sowie für die neubegründete antiamerikanische Allianz der indochinesischen Völker zugesagt. Wie zur Bekräftigung stand auch Prinz Sihanouk da, auf der anderen Seite des Vorsitzenden. Der Prinz lächelte – er lächelt gerne – und auf die Bemerkung meiner Frau hin, wir seien nicht die einzigen Amerikaner, die sich der Invasion Kambodschas widersetzten, gab er die warmherzige Antwort: „Das amerikanische Volk ist unser Freund!"

„Völker der ganzen Welt", hieß es in Maos Direktive, „vereinigt euch, besiegt die USA-Aggressoren und alle ihre Kettenhunde (dsou-gou)!"

In der bilderreichen Sprache der chinesischen Propaganda bedeuten „Kettenhunde" servile Lakaien.

Als die Fotografie der Präsidiumstribüne später in der Volkszeitung zum siebenundsiebzigsten Geburtstag des Vorsitzenden erschien, wurde ich als „befreundeter Amerikaner" bezeichnet. Rechts oben, wo sich der Mao-Gedanke für den jeweiligen Tag befindet, schloß ein Kästchen den Satz ein: „Die Völker der Welt, einschließlich des amerikanischen Volkes, sind alle unsere Freunde."

Vorsitzender Mao gibt sich alle Mühe, zwischen Völkern auf der einen Seite und Regierungen und deren Politik auf der anderen zu unterscheiden. Wenn dafür ein Symbol benötigt wurde, so wollte ich gerne die vielen Amerikaner vertreten, die gegen die bewaffnete Invasion und Zerstörung Vietnams und anderer indochinesischer Länder waren. Stand ich hier, um einen Gruß für die Kriegsgegner in den Vereinigten Staaten zu empfangen, die schließlich doch dem ein Ende zu setzen im Begriff waren, was General Matthew Ridgway prophetisch einen „tragischen Schnitzer" genannt hat? Gewiß, das war es, aber noch etwas mehr . . .

Ausländische Zeitungsenten hatten gemeldet, Maos Hand sei gelähmt und er müsse sie in seinem Ärmel verstecken, aber ich stellte fest, daß sein Händedruck so fest war wie eh und je. Er hatte ein wenig Übergewicht verloren seit unserer letzten Begegnung 1965 und sah rüstiger aus als damals – zu einem Zeitpunkt, an dem er, wie mir jetzt klarwurde, vielleicht die schwierigste und wagemutigste Entscheidung in seinem Leben als revolutionärer Führer traf: die Säuberung der Partei von seinem, von der Partei bestimmten, Nachfolger Liu Schao-tschi, dem stellvertretenden Vorsitzenden der Kommunistischen Partei Chinas und Präsidenten der Volksrepublik, zusammen mit anderen Parteimitgliedern „in Machtpositionen, die den kapitalistischen Weg gehen" – samt *ihren* Kettenhunden – den Angriffsobjekten der Großen Proletarischen Kulturrevolution.

Mao sprach kurz über dieses Thema, während wir die einfallsreichen Festwagen und lebenden Bilder vorüberziehen sahen. Was für eine Organisation! Welche Farbenpracht und welcher Abwechslungsreichtum im Gegensatz zu den eintönigen Alltagskleidern, wie sie Arbeiter und Intellektuelle gleichermaßen tragen. Die meisten der etwa 47 nationalen Minderheiten Chinas mit ihren über 20 verschiedenen Sprachen waren vertreten; sie bilden fünf bis sechs Prozent der Gesamtbevölkerung – zur Zeit zwischen 750 und 800 Millionen. Themen des Tages waren die Produktion und die Wachsamkeit; blaue und graue Uniformen waren allgegenwärtig, aber man sah nur wenige Waffen, außer in der Hand der jugendlichen Miliz, einschließlich der Mädchen mit ihren Zöpfen.

Die Bilder übertrafen einander in der Verherrlichung der Werke, Maximen und Direktiven Maos und ihrer Befolgung in Volkskommunen und Fabriken, im kulturellen und militärischen Leben. Besonders spektakulär: Ein Festwagen mit einem ganzen Gebirge, von Tunneln durchzogen und von Brücken überquert, trug einen mit großer Geschwindigkeit kreisenden Modellzug – Symbol für die Vollendung des letzten Bindeglieds in einem Eisenbahnsystem, das jetzt von Chinesisch-Turkestan bis zur vietnamesischen Grenze im Süden reicht. Überall waren Statuen und Büsten, zum Teil sehr groß, des aufrechten Mannes neben mir zu sehen, des Führers und Initiators der zweiten oder kulturellen Befreiung, bestimmt, die Reinheit der Revolution wieder herzustellen und die Massen wie niemals zuvor in ihre Durchführung einzubeziehen.

„Mao Dschu-si wan-sui! Mao Dschu-si wansui wansui! Mao Dschu-si wansui wansui wansui!"

„Vorsitzender Mao, zehntausendmal zehntausendmal zehntausend Jahre!" klang es vielstimmig von unten, und Tränen traten vielen in die Augen, nicht nur unter den Jungen.

„Wie kommt Ihnen das vor?" konnte ich mich nicht enthalten zu fragen, während ich den vorbeimarschierenden gläubigen Massen zuwinkte. „Was für ein Gefühl ist das?" Mao zog eine Grimasse, schüttelte den Kopf und sagte, es sei besser so, aber er sei nicht zufrieden. Inwiefern? Bevor er antworten konnte, wurden wir durch Neuankömmlinge unterbrochen. Erst einige Wochen später, in einem ausgedehnten Gespräch, konnte ich die Frage wiederholen – und da sprach er ganz offen über das „Ärgernis" Personenkult. Aber ich entdeckte, daß an diesem Oktobertag seine Gedanken nicht bei den Bildern und Flaggen und

Blumen waren, mit denen menschliche Hände und Köpfe Mao-Zitate verkörperten. Er dachte über die Probleme des Wiederaufbaus der Partei und des Staatsapparates nach, über die Steigerung des während der Kulturrevolution verlangsamten Produktionsrhythmus und über die Ausweitung der Kontakte mit der Außenwelt. Dachte er auch an einen möglichen Dialog mit Richard Nixon?

Sie hatten in den Vereinigten Staaten so etwas wie eine Rebellion, nicht wahr? fragte er mich. Er war beeindruckt von der Stärke der Kriegsgegner-Bewegung, die er in seinem Aufruf vom 20. Mai 1970 begrüßt hatte – und wollte mehr über ihre politische Bedeutung wissen. Wir würden uns, meinte er, bald wiedersehen.

2.

Ein Hinweis von Ministerpräsident Tschou

Während des ersten Bürgerkrieges zwischen Kommunisten und Nationalisten und eine Zeitlang während des Zweiten Weltkrieges hatte ich in China gelebt und gearbeitet.[1] Erst 1960 war es mir möglich, wieder nach China zurückzukehren, dann wieder 1964/65 und schließlich jetzt, 1970. Meine Frau, Lois Wheeler, von Beruf Schauspielerin, war noch nie in China gewesen, obwohl man ihr zusammen mit mir ein Visum angeboten hatte. Bei früheren Gelegenheiten hatte das amerikanische Außenministerium es abgelehnt, die Gültigkeit ihres Reisepasses auf China auszudehnen, da dies „nicht im nationalen Interesse" sei. Diesmal fuhr sie mit, ohne Washingtons Erlaubnis abzuwarten.

Ich selbst hatte die Reisepaßbestätigungen 1960 und 1965 jeweils erst erhalten, nachdem meine Verleger auf höchster Ebene Druck ausgeübt hatten. Meine nachfolgenden Berichte wurden auf gleicher Ebene selbstverständlich nicht zur Kenntnis genommen. Aber diese Geschichte eines Jahrzehnts verlorener Anstrengungen, in die erhabenen Bereiche politischer Entscheidungen ein wenig nützliche Information eindringen zu lassen und die Chance, „mit China von vorne anzufangen", von der John Kennedy bei seiner Antrittsrede 1963 gesprochen hatte und die er alsbald wieder vergaß, um uns statt dessen während seiner

---

[1] Als Korrespondent. Siehe Snow, *Journey to the Beginning,* New York 1957; in deutscher Sprache bisher nicht erschienen. Snow hatte während der McCarthy-Ära und in den Jahren des Kalten Krieges große Schwierigkeiten. Seine zweite Frau, die Schauspielerin Lois Wheeler, kam auf die „Schwarze Liste" und wurde nicht mehr beschäftigt. (A. d. Ü., vgl. dazu: John S. Service, Edgar Snow, *Some Personal Reminiscences,* in: The China Quarterly 50, April/June 1972.

Amtsperiode in die Dschungel Vietnams zu verstricken – all das ist an anderer Stelle[2] schon berichtet worden.

Jetzt war Lois an meiner Seite, eine der ganz wenigen amerikanischen Frauen, die jemals die Volksrepublik China betreten haben, mit ihren wachen und aufmerksamen braunen Augen, die den meinen helfen würden zu sehen. Wir erreichten Peking Anfang August inmitten einer, wie die Einheimischen sagen, „Tigerhitze", die nur durch den Schatten von Myriaden von Bäumen und durch die Aufforstung in der Umgebung ein wenig abgemildert wird.

Kaum einem Ausländer, nicht einmal unter den seit langem ansässigen Sympathisanten, war es seit den Anfängen der Kulturrevolution erlaubt worden, außerhalb der Stadt Peking zu reisen[3]. Sehenswürdigkeiten, die früher zur üblichen Touristenroute gehörten – die Große Mauer, die Minggräber, die Westberge, selbst die großen Museen und Paläste in Peking – waren Besuchern verschlossen gewesen. Als ich begann, den alten Wegen zu solchen Plätzen mit Lois nachzugehen, durften Diplomaten und andere ausländische Bewohner Pekings hoffen – und darin hatten sie recht –, daß die „schlimmsten Spannungen" vorüber seien.

Wir verbrachten eine ganze Woche an zwei Universitäten, die ich von früher gut kannte – der Jendjing, wo ich einmal Vorlesungen abgehalten hatte, und der nahegelegenen Tsing Hua, einer angesehenen Technischen Hochschule. Dort hörten wir Berichte aus erster Hand über die Jahre der Kulturrevolution und die Rebellion an der Universität, über die Geschichte der Roten Garde und ihre Folgen. Wir sahen moderne und ländliche Krankenhäuser, eine Lokomotivfabrik, ein Stahlwerk, und lernten andere Seiten der Kulturrevolution kennen. Wir flogen in die Provinz Schensi im Nordwesten, und von Schensis Haupt-

---

[2] Siehe: Snow, *Gast am anderen Ufer. Rotchina heute.* München 1964.

[3] Eine der Ausnahmen war mein ältester ausländischer Freund in China, der Neuseeländer Rewi Alley, möglicherweise der weitestgereiste Mann in der Geschichte Chinas. Er wird bald ein seinen Reisen während der Kulturrevolution gewidmetes Buch veröffentlichen.

stadt Sian aus fuhren wir weiter nach Jenan, der berühmten Partisanenhauptstadt während des Krieges. Dann weiter nach Westen und, als erste Ausländer seit 1945, nach Bao An und tief hinein in jenes Bergland, in dem ich 1936 den gejagten „Roten Banditen"[4] Mao Tse-tung zum erstenmal getroffen hatte. Wir besichtigten eine von der Armee betriebene Staatsfarm und eine Schule für politische Umerziehung, wo der frühere Vorsitzende des Parteikomitees in Sian uns die Schweineställe zeigte, für die er jetzt verantwortlich war. Und wieder zurück nach Sian und Peking, viele Theaterbesuche und viele Gespräche mit alten Freunden bei gutem Essen, und dann weiter nach Nordosten, oberhalb der Großen Mauer. Mehr Industrie, eine von Akupunktur-Spezialisten der Armee geleitete Taubstummenschule, der große Stahlkomplex in Anschan – und ganz nach Süden zum Besuch der Handelsmesse in Kanton. Zur Ostküste und ins teereiche Tschekiang, weiter nach Schanghai und an den unteren Jangtse, weitere Kommunen und freundliche Menschen.

Im ganzen habe ich in den sechs Monaten bis zum Februar 1971, als ich China wieder verließ, elf Kommunen besucht und bin damit in den letzten zehn Jahren in insgesamt 43 Kommunen an allen Punkten des chinesischen Kompasses willkommen geheißen worden. Überall lag das Land jetzt grüner, besser eingeebnet, terrassiert und dicht mit Bäumen bepflanzt, ähnlicher jenem Garten-Staat, den Mao vor Jahren versprochen hatte. Und überall verursachten wir Menschenansammlungen, elektrisiert vom Anblick der ersten Westler, die sie seit Jahren zu sehen bekommen hatten. Das war natürlich ein paar Monate vor Ping-Pong.

Ping-Pong war jedenfalls die erste Gelegenheit, bei der ich wieder von Ministerpräsident Tschou En-lai begrüßt wurde.

Es war am 18. August. Wir waren eingeladen worden, ein Tischtennisspiel zwischen einer nordkoreanischen und einer chinesischen Mannschaft anzusehen, hatten aber wegen einer schon vorher vereinbarten Einladung zum Essen abgelehnt. Mitten in

---

[4] Siehe: Snow, *Roter Stern über China* (zuerst erschienen 1937, deutsch in 2. Auflage, Frankfurt 1971).

eine gebratene Ente hinein platzte mein Freund Jau Wee (mit dem ich früher viele Abenteuer bestanden hatte[5]) mit einem schlichten Telefonanruf: „Mach dich zu einer Fahrt bereit." Das bedeutete befohlenes Erscheinen: Ich dachte mir, es könne vom Ministerpräsidenten kommen, und so war es auch. Wir fanden ihn im Tischtennisstadion – einem schönen neuen Gebäude mit 18000 Sitzplätzen –, wo er zusammen mit dem 80jährigen Vizepräsidenten der Volksrepublik, Dung Bi-wu, Prinz Sihanouk und seiner charmanten Gattin, Generalstabschef Huang Jung-scheng, dem stellvertretenden Parteivorsitzenden Li Siän-niän und anderen Notabeln dem Spiel präsidierte.

Kurz nach unserer Ankunft verließ Ministerpräsident Tschou seinen Platz. Wenig später wurde ich zu einem Empfangsraum nach unten gebeten, wo er mich erwartete. Beweglich wie immer, mit einem leichten silbrigen Schimmer an den Schläfen, in ein sommerliches Sporthemd, leichte graue Hosen, weiße Socken und Sandalen gekleidet, begrüßte mich der 72jährige Tschou herzlich, diskutierte meine Reisepläne und geriet bald auf politisches Gebiet. (Boten brachten ihm zwischendurch Spielergebnisse, damit er für das Finish auf dem laufenden sei. Diese Turniere haben ihren Höhepunkt darin, daß chinesische Politiker und ihre Gäste nach unten zum Spielfeld gehen, um den Spielern die Hand zu schütteln, ihnen zu gratulieren und sich mit den Mannschaften fotografieren zu lassen.)

Der Ministerpräsident stellte viele Fragen über die Vereinigten Staaten, was mich zu der Gegenfrage veranlaßte, ob er glaube, daß unsere soziale, wirtschaftliche und politische Lage so kritisch sei, daß neue größere militärische Initiativen in Asien ausgeschlossen seien. Er gab mir die Frage zurück, erinnerte mich aber daran, daß China mit einer zweiten Bedrohung im Norden zu rechnen habe – mit einer Million sowjetischer Truppen, die an den Grenzen mobilisiert seien. „Wenn China eine Entspannung suchte", fragte ich, „wären die Möglichkeiten für Verhandlungen mit Rußland oder den USA günstiger?"

---

[5] Siehe: Snow, *Gast am anderen Ufer*, op. cit. S. 200 ff.

„Ich habe mir diese Frage auch schon gestellt", war die Antwort.

Die Spielergebnisse wiesen auf das bevorstehende Ende der Spiele hin, und der Ministerpräsident sagte, wir würden über die letzte Frage bei unserem nächsten Treffen weitersprechen. Wir tranken unseren Kaffee aus und gingen nach oben, um den Gewinnern und Verlierern die Hand zu schütteln.

Ich sah den Ministerpräsidenten kurz am 1. Oktober; er sagte mir, die Amerikaner hätten die Wiederaufnahme der chinesisch-amerikanischen Gespräche vorgeschlagen, aber China sei nicht interessiert. Etwas später im Oktober hinterließ ich eine Reihe von Fragen, und am 5. November, nach meiner Rückkehr nach Peking, gewährte er mir ein vierstündiges Gespräch – teils Interview, teils Unterhaltung, im imposanten Fukien-Raum der Großen Volkshalle. Wie gewöhnlich hatte der Ministerpräsident wichtige Dinge zu sagen – aber seine interessantesten Bemerkungen betrafen ein mögliches chinesisch-amerikanisches Treffen in Peking.

Was Chinas Bedingungen anbetraf, so begannen sie noch immer mit der Forderung, die USA müßten ihre Waffen und Schiffe von der Insel Taiwan abziehen.[6] 1960 hatte der Vorsitzende Mao mir nur die Veröffentlichung einiger Sätze aus unserem Gespräch als Zitat erlaubt, aber unter ihnen befand sich auch das Folgende: „Wir möchten den Weltfrieden erhalten. Wir wollen keinen Krieg. Wir sind der Meinung, daß Krieg nicht als

---

[6] Chinesisches Territorium, das während des Krieges von 1895 von Japan annektiert und dessen Rückgabe auf den Konferenzen von Kairo (1943) und Potsdam (1945) China versprochen worden war. Die Provinz Taiwan wurde 1949 zum Zufluchtsort Tschiang Kaischeks, als er vor der Revolution auf dem Festland floh. Truman ordnete 1950 eine Seeblockade um Taiwan an und verhinderte so durch seine Intervention die Wiedervereinigung. 1955 erklärte Eisenhower in einem Bündnisvertrag mit Tschiang Taiwan formell zum Protektorat der USA. Die USA erkannten Tschiangs nationalistisches Regime als vorgebliche gesamtchinesische Regierung an, gewährten ihm finanzielle Unterstützung und erhielten ihm seinen Sitz in den Vereinten Nationen (und im Sicherheitsrat. A. d. Ü.), von denen die Volksrepublik bis 1971 ausgeschlossen blieb.

Mittel zur Beilegung von Streitigkeiten zwischen Nationen dienen sollte. Allerdings haben nicht nur China, sondern auch die USA die Verantwortung für die Aufrechterhaltung des Friedens." Er fügte hinzu: „Taiwan ist eine innerchinesische Angelegenheit. Darauf bestehen wir."

Nun wiederholte mir Tschou, was er mir auch schon 1960 und 1965 erklärt hatte: „Taiwan ist eine innere Angelegenheit Chinas" (und muß von den Chinesen selbst beigelegt werden). „Die bewaffnete Aggression der USA in diesem Raum ist eine andere Frage, eine internationale Frage, und wir sind bereit, *darüber* zu sprechen."

Er fügte noch einiges Neue hinzu. Er erinnerte daran, daß Präsident Nixon, als er 1968 sein Amt antrat, seine Wünsche nach Entspannung und seine Bereitschaft zu Verhandlungen mit China erklärt habe. Weiterhin hatte Nixon *Peking informiert, daß, falls Warschau* (wo die chinesisch-amerikanischen Botschaftergespräche stattfanden, d. Ü.) *kein angemessener Verhandlungsort sei, Diskussionen auch in China stattfinden könnten. Peking hatte geantwortet: Ausgezeichnet. Nixon könne selbst kommen oder einen Beauftragten entsenden, um über die Taiwan-Frage zu sprechen. Es kam aber keine Antwort von Nixon. Denn, im März 1970, kam die Invasion Kambodschas. Die Chinesen zogen den Schluß, daß Nixon nicht ernst zu nehmen sei.* „Ist die Tür noch offen?" fragte ich.

„Die Tür ist noch offen, aber es kommt darauf an, ob die USA aufrichtig in der Behandlung der Taiwan-Frage sind." Alle anderen Fragen seien „Nebenfragen", fügte er hinzu, soweit es die Beziehungen zwischen Peking und Washington betreffe.

Und damit endete dieser Teil der Unterredung. Aus anderen Bemerkungen war für mich ersichtlich, daß die Chinesen in Nixons „Friedensinitiative" bloß ein taktisches Manöver sahen. Sie beobachteten genau nicht nur seine Winkelzüge in Südostasien, sondern auch die Bestrebungen, die japanische Militärmacht aufzubauen, zur Übernahme amerikanischer „Verteidigungspositionen" in Ostasien zu veranlassen und sie gleichzeitig als Faustpfand für einen möglichen Ausgleich mit Rußland auf Kosten Chinas in Bereitschaft zu halten.

Der Ministerpräsident hatte frei gesprochen, und es war nicht immer klar, wo das Interview endete und der nicht zur Veröffentlichung bestimmte Teil der Unterhaltung begann. Ich legte also einen auf meinen Notizen basierenden Entwurf zur Berichtigung vor. Es dauerte eine Woche, bis die Veröffentlichungsgenehmigung eintraf. Die offizielle Version hatte alle oben kursiv gedruckten Hinweise gestrichen. In dieser Woche war Präsident Yahya Khan aus Pakistan eingetroffen. Wie heute allgemein bekannt ist, hatte er ein persönliches Schreiben Nixons mitgebracht, in dem die Frage eines Nixon-Besuchs in Peking formell angeschnitten wurde, ebenso wie die der vorherigen Entsendung eines Beauftragten (Mr. Henry Kissinger), der ermächtigt sein würde, „die Taiwan-Frage zu diskutieren".

Nur wenige Wochen später sollte ich vom Vorsitzenden Mao persönlich erfahren, daß Nixons Beauftragter bald unterwegs sein werde.

Ich fragte mich, warum man mir derartiges Wissen anvertraut habe. Ich erinnerte mich, daß ich 1936, als ich die Roten Basen in Nordwestchina betrat und wieder verließ, das Wissen mit mir getragen (und bei mir behalten) hatte, daß Tschiang Kai-scheks stellvertretender Oberkommandierender, Dschang Hsueh-liang, mit den Roten ein Geheimabkommen geschlossen hatte, mit dem Ziel, seinen Vorgesetzten zur Beendigung des Bürgerkrieges und zur Bildung einer Einheitsfront gegen Japan zu zwingen. Es gab also einen guten Grund, warum man mir diese Information gegeben hatte.

3.

Kernfragen der Kulturrevolution

Ich habe schon über Maos Inanspruchnahme durch das Problem des Wiederaufbaus der Partei und des staatlichen Überbaus gesprochen. Warum mußten sie wiederaufgebaut werden? Diese kurze Frage erfordert lange Antworten, auf die ich an anderer Stelle zurückkommen werde, aber hier mag es nützlich sein, doch einige der Gründe für die Große Proletarische Kulturrevolution zu behandeln, die zur zeitweisen Auflösung der Kommunistischen Partei Chinas, wenn nicht des gesamten Staatsapparates führte.

Die ausgedehnte Säuberung begann Mitte 1966 unter Führung des Vorsitzenden Mao und dauerte bis zum April 1969 an, als der Neunte Parteikongreß ein neues Zentralkomitee wählte, zusammengesetzt aus einem Kern übriggebliebenen Protoplasmas, verstärkt durch „neues Blut". Im November 1970 sagte mir Tschou En-lai, daß zu diesem Zeitpunkt 95 Prozent der früheren Parteimitglieder wieder ihre Mitgliedschaft erhalten hatten[1]. Dies bedeutete aber nicht notwendigerweise, daß sie auch wieder in Amt und Würden waren; viele erwarteten ihre „Befreiung" nach Absolvierung von „Kampf – Kritik – Umgestaltung", der Dreiphasenformel für Erlösung.

Eines von Maos Zielen war die „Vereinfachung der Verwaltungsstruktur" und die „Vermeidung von überflüssiger Doppelarbeit". Schon in den Verwaltungszentren der Provinz und in den Städten fand ich die Verminderung des Personalbestands recht drastisch, aber in der Hauptstadt hatte sich der Schrumpfungsprozeß des zentralen Regierungsapparates besonders

---

[1] Anfang 1966 soll die Partei etwa 20 Millionen Mitglieder umfaßt haben, von denen 80 Prozent nach 1949 zur Partei gestoßen waren.

schwerwiegend ausgewirkt. Anfang 1971 sagte mir Tschou En-lai zum Beispiel, daß ihm nur noch zwei stellvertretende Ministerpräsidenten zur Seite stünden, gegenüber sieben vor der Kulturrevolution.

„In der Vergangenheit unterstanden der Zentralregierung direkt 90 Ministerien", sagte er. „Jetzt werden es nur noch 26 sein. Sie werden alle zur Zeit von Revolutionskomitees geleitet, und in jedem Komitee gehört die Parteizelle zum Führungskern. Vorher waren über 60000 Verwaltungsangestellte in der Zentralregierung tätig. Jetzt sind es nur noch etwa 10000."

Was war mit den ausgesonderten Kadern geschehen? Etwa 80 Prozent der Kader aus Peking waren in ländliche Zentren geschickt worden, die nach Mao Tse-tungs Direktive vom 7. Mai 1966[2] als 7.-Mai-Schulen bezeichnet werden. In derartigen Schulen wurde Umerziehung zum Sozialismus und zu den Mao-Tse-tung-Gedanken mit körperlicher Arbeit in Kommune-farmen auf Selbstversorgungsbasis verbunden, oft auf neuerschlossenem Land. Dieses „Heruntergehen" in Kommuneschulen war nicht einfach eine Strafe, sondern sollte als fortdauernde Umerziehung innerhalb der Partei angesehen werden. In Zukunft würden *alle*, mit Ausnahme der allerhöchsten, Kader in periodischen Abständen „heruntergeschickt", um sich sozusagen im Rahmen einer zur allgemeinen Übung gewordenen politischen Therapie einer ideologischen Untersuchung zu unterziehen.

„Die fähigsten der großstädtischen Kader werden in verschiedene Orte in die Provinz gehen – oder sind schon dahin gegangen, um die dortige Führung zu verstärken", sagte Tschou. „Viele werden dort benötigt, um bei der Leitung von Industrien und Instituten zu helfen, die früher direkt der Zentralregierung unterstanden, aber jetzt den örtlichen Verwaltungen übergeben worden sind. Viele waren auch schon über 60 und im Pensionsalter. Einige von ihnen werden mit ihren Familien in Kommunen leben." Für alle würde genug Arbeit da sein.

Diese Dezentralisierungspolitik ging auf verstärkte regionale und

---

[2] Siehe Kapitel 17: Alice in Nanniwan.

lokale Autarkiebestrebungen nicht nur in der Nahrungsmittel-versorgung, sondern auch in der Industrialisierung zurück, zum Teil gestützt auf eine verbesserte ländliche Energieversorgung. Weiterhin fanden auf breiter Basis organisierte Umsiedlungen großstädtischer Jugendlicher und Erwachsener mit Schulbildung in die Kreisstädte und Volkskommunen des Innern statt, wo sie neue Beschäftigungen fanden. In Schanghai allein erreichte der Exodus seit 1965 eine Million. Schätzungen über die gesamte Binnenwanderung, unter Einschluß vieler Abteilungen studenti-scher Roter Garden, die zunächst die Kulturrevolution gestartet hatten, gingen in die Millionen.

Aber solche Reformen des Überbaus waren nur ein Aspekt der nationalen Umwälzung. Maos Grundziel sah nichts Geringeres vor, als das Denken der Partei zu proletarisieren, dem Proleta-riat den Anstoß zu geben, für sich selber die Macht zu ergreifen und in diesem Prozeß eine neue Kultur zu schaffen, die frei sein würde von der Herrschaft feudalen und bourgeoisen Erbes.

Für dieses weitgesteckte Ziel ging Mao Tse-tung bewußt das Risiko ein, die Partei, die er mehr als irgend jemand anderer geschaffen hatte, zu zerstören. Zu Beginn war Maos Absicht nur, „eine kleine Handvoll" von der Macht zu verdrängen. Bei dieser Bewegung fegte seine Hand manch einen von den altverdienten Führern und einige von Maos ältesten Kampfgenossen mit. Vor allem erfaßte sie Liu Schao-tschi, der 1959 Mao als nominelles Staatsoberhaupt nachgefolgt war. Warum und wie war das geschehen?

Mao war seit 1935 faktisch Parteichef gewesen und seit 1943 auch offiziell Parteivorsitzender; 1956 wurde Liu sein erster Stellvertreter. Aber um 1964 hatte Mao die effektive Kontrolle über den größten Teil der von seinen „Nachfolgern" aufgebau-ten Parteihierarchie und auch über den Staats- und Verwal-tungsapparat verloren. 1965 war es Mao nicht gelungen, die von der Partei kontrollierte Presse dazu zu bringen, ein hochwichti-ges Dokument zu veröffentlichen, das den Startschuß zum pro-pagandistischen Stadium der Großen Proletarischen Kulturrevo-lution geben sollte – so sagte er mir 1970. Er mußte es in Pamphletform in Schanghai herausgeben lassen. Das „wichtige

Dokument" war die lange Kritik eines Theaterstücks von Wu Han mit dem Titel „Hai Jui wird entlassen",[3] ein allegorischer Angriff auf Mao Tse-tung, der 1959 auf einer Plenarsitzung des Zentralkomitees in Luschan die Entfernung Peng De-hwais von seinem Posten als Verteidigungsminister und seine Ersetzung durch Lin Piao erreicht hatte. Unter denen, die sich der Veröffentlichung des Artikels widersetzten, waren Liu Schao-tschi, Peng Dschen, der Oberbürgermeister von Peking, Lu Ding-ji, der Leiter der Propagandaabteilung der Partei, und Dschou Jang, Lus Stellvertreter.

Liu Schao-tschi und seine Verbündeten im Zentralkomitee kontrollierten den Staatsapparat, die Gewerkschaften, die Parteischulen, die Kommunistischen Jugendbünde, die Millionen von Parteikadern und Bürokraten, alles in Maos Namen. Wahrscheinlich hielten sich die meisten Kader für loyale Maoisten. Anscheinend duldeten Liu und seine Gesinnungsfreunde, besonders nach der Wirtschaftskrise von 1959/61, den Mao-Kult in der Theorie, mißachteten aber das Denken Mao Tse-tungs in der Praxis. Sie stellten die Wirtschaft über den Menschen, ermutigten Leistungen eher durch materielle Anreize als durch ideologischen Ansporn, trieben die Produktion ohne den Klassenkampf voran, verließen sich bei der Förderung der Technologie auf „Experten", sie vertraten den Vorrang der Wirtschaft über die Politik im Dienste der Technik, und sie begünstigten die Stadt gegenüber dem Land. Sie wünschten eher eine Ausdehnung des Staatskredits und der Staatsschuld als „Große Sprünge vorwärts" und den ideologisch motivierten Glauben an den Aufbau von Kapital durch harte Kollektivarbeit.

Das jedenfalls waren die Anschuldigungen, die in der Kulturrevolution vorgebracht wurden.

Die Auseinandersetzung zwischen Mao und Liu hatte sich schon vor dem Streit über die Wahl von Lin Piao anstelle von Peng De-hwai im Jahre 1950 vorbereitet. Sie war nur Maos erster offener Zug im Kampf gegen die wachsende Macht der großstädtischen Bürokratie, an deren Spitze Liu stand. Lin Piao war

---

[3] Siehe Kapitel 12: Verschwörung durch Propaganda.

Maos treuester Schüler in der Armee und stellvertretender Vorsitzender der Militärkommission der Partei, deren Vorsitz Mao seit 1935 innehatte. Mochte Liu Staatschef sein und die Kontrolle über die nichtmilitärischen Kader ausüben, trotz Maos Vorsitz in der Partei, die Volksbefreiungsarmee war die Trumpfkarte in jedem Entscheidungskampf. Mit Lin Piao im Kommando schien diese Trumpfkarte fest in Maos Hand. Aber Mao ließ die Ereignisse über den Ausgang entscheiden und gab anscheinend die Hoffnung, Liu doch noch von der Notwendigkeit zu überzeugen, die Säuberung der Partei von seinen eigenen Anhängern einzuleiten, erst viel später auf, als manche angenommen haben. „Wann faßten Sie schließlich den Entschluß, daß Liu gehen mußte?" fragte ich ihn während unseres Gesprächs im Dezember 1970. Er antwortete, daß der Augenblick der Entscheidung im Januar 1965 gekommen war. Zu diesem Zeitpunkt hatte er dem Politbüro ein Programm für die kommende Kulturrevolution vorgelegt. Dieses Programm war aus der Sozialistischen Erziehungsbewegung entstanden, die zunächst unter Lin Piaos Leitung in der Armee durchgeführt worden war, sich in den ländlichen Kommunen verbreitet hatte[4] und schließlich in den Städten ins Stocken geraten war. Der erste Punkt in diesem Sozialistischen Erziehungsprogramm hatte sich besonders gegen die „Machthaber in der Partei gewandt, die den kapitalistischen Weg gehen", und ihre Ablösung verlangt. Dies sollte nun auch der Hauptpunkt der neuen Bewegung, der Kulturrevolution, werden. Liu hatte sich, sagte Mao, diesem ersten Punkt sofort auf der Sitzung scharf widersetzt.

„Im Januar 1965, dem Monat, als ich Sie zuletzt sah, wurde also der Entschluß gefaßt, die Kulturrevolution zu starten?"

Der Vorsitzende sagte, daß sich nach dem Oktober 1965, als die Kritik und Ablehnung von „Hai Jun wird entlassen" entstand, die Dinge rasch entwickelt hatten.

Das Politbüro hatte schon früher (1964) eine Arbeitsgruppe für die Kulturrevolution eingesetzt, deren Vorsitz der Oberbürgermeister von Peking führte, Peng Dschen, Sekretär des mächtigen

---

[4] Siehe Kapitel 22: Rückblick und Ausblick.

Pekinger Parteikomitees und Beschützer Wu Hans. Im Februar 1966 hatte Peng Dschen versucht, Wu Han und andere Schriftsteller abzuschirmen, die allegorische Angriffe auf Mao und den Maoismus veröffentlicht hatten. Peng hatte versucht, ihre Werke in einer Form kritisieren zu lassen, die ihre Fehler als bloß „akademische", nicht aber politische bezeichnete. Peng hatte keine anderen Mitglieder des Komitees und auch nicht Mao konsultiert. Am 16. Mai 1966 wurde er definitiv abgesetzt.

An diesem Tag trat, wie Mao sagte, eine erweiterte Sitzung des Politbüros zusammen, um die Strategie der Großen Proletarischen Kulturrevolution zu entwerfen. Die im August 1966 einberufene elfte Plenarsitzung des achten Zentralkomitees beschloß das 16-Punkte-Programm[5] der Revolution und der sie begleitenden Säuberungsaktion.

„Hat sich Liu Schao-tschi der 16-Punkte-Entschließung widersetzt?" fragte ich.

Er sei sehr zweideutig auf dieser Plenarsitzung aufgetreten, sagte Mao, aber in Wirklichkeit war er natürlich ganz und gar gegen sie. Inzwischen hatte Mao schon seine *da dse-bau* oder Wandzeitung mit großen Schriftzeichen[6] verfaßt. Liu war konsterniert.

„Diese Wandzeitung *Bombardiert das Hauptquartier* stammt also von Ihnen? Und Liu wußte, daß mit dem Hauptquartier *er* gemeint war?"

---

[5] Siehe den vollständigen Text im Anhang „Beschluß des Zentralkomitees der Kommunistischen Partei Chinas über die Große Proletarische Kulturrevolution". (Zahlreiche weitere Dokumente der Kulturrevolution sind in Einzelbroschüren des Verlages für fremdsprachige Literatur in Peking erschienen und auch in deutschsprachigen Ländern erhältlich. Einen kommentierten Dokumentenband hat Joachim Schickel unter dem Titel „*Mao Tse-tung. Der Große Strategische Plan. Dokumente zur Kulturrevolution*", Berlin 1969, herausgegeben A. d. Ü.)

[6] Große Papierbögen mit Parolen und Botschaften, die vom Volk und besonders von Studenten geschrieben und an Wände, Bäume oder andere gut sichtbare Stellen geklebt wurden, waren ein wichtiges Kommunikationsmittel, das von den Roten Garden und anderen benutzt wurde, um Parteigrößen und die Presse anzugreifen, die ihnen die Veröffentlichung verweigerte.

Ja, zu diesem Zeitpunkt war die Macht in der Partei, die Macht über die Propagandaarbeit, die Macht über die Parteikomitees auf Provinz- und Lokalebene und sogar über das Pekinger Parteikomitee nicht unter Maos Kontrolle. Deshalb hatte er mir im Januar 1965[7] gesagt, daß es noch keine nennenswerte „Verehrung des Individuums" – keinen Personenkult also, in China gebe, aber daß so etwas nötig sei.

Mao setzte offen sein enormes persönliches Prestige und seine Popularität ein und benutzte sie als seine Hauptwaffe im Kampf um die Rückgewinnung der vollen Autorität über die Orientierung der revolutionären Macht.

Jetzt, im Jahre 1970, bestand diese Notwendigkeit nicht mehr, und der „Kult" würde abgebaut werden, sagte er. Seine Rechtfertigung sah Mao in der Notwendigkeit, das ganze Volk mit dem Elan und den Idealen der Jenan-Periode (1937–1947) zu erfüllen, als er seine Hauptwerke verfaßt und die revolutionäre Anhängerschaft für den endgültigen Sieg vorbereitet hatte.

Jetzt mußte die „Politik – also Maos Lehren – bei allem die Führung innehaben"; es war kein Platz für Abweichungen und für eine Parteispaltung, wenn die Nation die doppelte Bedrohung durch den Imperialismus der USA und den „Sozialimperialismus" der UdSSR überleben wollte. Das bedeutete, sich auf die eigenen Kräfte, auf Strategie und Taktik des Volkskrieges zu verlassen. Es bedeutete weitere Dezentralisierung; Ansornung der Massen zur Eigeninitiative und erfinderischem Geist; es hieß, Leute aus den Städten aufs Land zu schicken, damit sie von den Bauern lernen konnten, und umgekehrt; den Bedürfnissen der Landbewohner, die 70 bis 80 Prozent der Bevölkerung stellten, vermehrt Rechnung zu tragen, Kapital durch Arbeit zu schaffen und von den Bauern selbst kollektiv wieder investieren zu lassen; und alle Überbleibsel bürgerlichen Einflusses unter der Aufsicht der Armee, als der „großen Schule des Volkes", endgültig auszurotten.

In einem Wort: Mao forderte, daß die proletarischen Erben der

---

[7] Siehe den vollständigen Text im Anhang: Von südlich der Berge zu nördlich der Meere (schan nan hai bei).

Macht die revolutionäre Lebenserfahrung seiner eigenen Generation wiederholten und zu ihrer logischen Konsequenz führten.

Der Hauptpunkt der Auseinandersetzung ergab sich also durch Maos Überzeugung, daß die Partei dem revisionistischen (das heißt dem russischen) Weg zum Kapitalismus folge – indem sie eine neue Klasse, eine Elite bürokratischer Machthaber hervorbringe, ein Mandarinat von Kadern, die der Arbeit und dem Volk entfremdet sein würden. Eng damit zusammen hing eine zweite Frage. Diese ergab sich aus Lius Suche – und dabei wurde er laut Mao von Peng Dschen und anderen unterstützt, nach einem Kompromiß in dem Streit mit der UdSSR.

Im Jahre 1965 bedrohten die Bombenangriffe der US-Luftwaffe dicht an der chinesischen Grenze China mit einer Invasion. Liu wollte eine chinesische Delegation zum 23. Kongreß der KPdSU schicken, um das chinesisch-sowjetrussische Bündnis wieder zu aktivieren. Mao lehnte es kategorisch ab, sich, wie in Korea, in eine Position der Abhängigkeit hineinmanövrieren zu lassen und möglicherweise sich einem betrügerischen Doppelspiel auszusetzen. Anstatt dessen bestand er darauf, daß sich China vollständig auf seine eigenen Kräfte, auf den Verteidigungskrieg des Volkes verlasse, fortfahre, die Atombombe zu bauen und Vietnam zwar nach Kräften unterstüze, aber nicht interveniere.

Maos Linie schien reichlich unorthodox, wenn man sie vor dem Hintergrund der traditionellen chinesischen Strategie in der Behandlung von Bedrohungen durch Barbarenvölker sah. *Ji ji tschi ji* – die Barbaren benutzen, um die Barbaren zu bekämpfen – war ein jahrtausendealtes Grundprinzip in China, vergleichbar dem römischen *divide et impera,* auf das Rom und seine Nachfolger schworen. Unter traditionsgebundenen Chinesen wie unter westlichen Chinakennern, die sich in chinesischer Geschichte auskannten, hieß es, daß Mao wohl seinen Verstand verloren habe. Eine unterlegene Macht sollte eine Politik befolgen, die darauf hinauszulaufen schien, ihre beiden Feinde zu einigen und einen Zweifrontenkrieg heraufzubeschwören? Eine internationale Propagandaoffensive, die „Pest über beide Häuser"[8] be-

---

[8] Anspielung auf Shakespeare, Romeo und Julia, III, 1 (A. d. Ü.).

schwor? Aber Mao wußte, was er tat. Die größere Drohung kam von innen, nicht von außen. Sich mit einer der beiden Supermächte auf einen Kompromiß einzulassen, konnte zu diesem Zeitpunkt nur zu einer Spaltung an der Heimatfront führen. Ein zur Unabhängigkeit entschlossenes und geeinigtes China konnte jedem Sturm trotzen. Ein innerlich durch Cliquen zerrissenes China, das versuchte, Vorteile aus einem Bündnis mit Rußland zu ziehen, konnte nicht bestehen.

Es gab eine ganze Reihe weiterer politischer Gegensätze, aber die schon genannten Punkte waren grundlegend. Jetzt wurde gesagt, daß Liu und Mao schon von Anfang an, seit sie 1921 Kommunisten geworden waren, „zwei Linien" repräsentierten. Um „zwei Linien" handelte es sich ohne Zweifel. In Maos eigener Sprache handelte es sich darum, daß „nichtantagonistische Widersprüche (allmählich, im Verlauf von 45 Jahren, während derer beide in der gleichen Partei vertreten wurden) antagonistisch geworden waren".

Persönlicher Machtkampf? Subjektive Faktoren können von der objektiven politischen Realität nicht ganz getrennt werden; aber es besteht kaum ein Zweifel daran, daß die Auseinandersetzung zwischen Mao und Liu hauptsächlich auf unversöhnliche Differenzen über Mittel und Ziele zurückging, die das Schicksal der großen chinesischen Revolution selbst betrafen – einschließlich natürlich der Rolle des Personenkults.

Über die Ereignisse, die auf die Beschlüsse vom August 1966 folgten, ist eine Menge geschrieben worden: Die Auflösung der Parteikomitees und der von der Partei abhängigen Organisationen wie der Jungkommunisten und der Gewerkschaften, die Schließung der Schulen (eine Reihe von Schulen war schon vorher geschlossen worden) und die Freisetzung von Millionen nicht in der Partei organisierter Jugendlicher zur Bildung von Abteilungen der Roten Garden, die sich im Kampf um den Sturz der Parteielite engagierten, der offene Kampf um die Macht für die neuen Führer und die schließliche Intervention der Streitkräfte. In dieser einleitenden Bemerkung mag es genügen, festzustellen, däß Maos – mit Hilfe der Armee – errungener Sieg so vollständig war, daß Vizevorsitzender und Verteidigungsminister Lin Piao auf dem Neunten Parteikongreß 1969 (der ihn zum verfassungsmäßigen Nachfolger Maos ernannte) konstatieren konnte: „Wer immer sich dem Mao-Tse-tung-Denken widersetzt, zu welcher Zeit und unter welchen Umständen auch immer, wird von der ganzen Partei und vom ganzen Land verurteilt und bestraft werden."

Das Mao-Tse-tung-Denken hatte bis 1970 das ganze Land mit folgenden Zielen durchdrungen: die Einebnung der Unterschiede zwischen Stadt und Land zu beschleunigen; den materiellen und kulturellen Standard und die Möglichkeiten von Arbeitern, Bauern, Soldaten, Kadern und technischen Experten einander anzugleichen; produktive Arbeit und Unterricht in die Erziehung und die Lebenserfahrung aller zu integrieren; jedes bourgeoise Denken und besonders seine Überbleibsel unter Intellektuellen und Beamten zu zerschmettern; die weiterführende Bildung durch Integration von Studenten und Arbeitern und durch die Kombination von praktischer Arbeit und Theorie im Klassenzimmer zu proletarisieren; öffentliche Gesundheit und medizinische Versorgung auch den Massen auf dem Land zu bringen; alle im Tragen von Waffen zu üben und zu ermuntern, von der Armee zu lernen; eine klassenmäßig einheitliche Generation vielseitiger, richtig erzogener junger Leute zu schaffen, die erfüllt sein würde vom Ideal des Dienstes am Volk, in der Heimat und in der Fremde, von Verachtung für persönlichen Wohlstand und von Hingabe an eine Weltanschauung, die ihre Zukunft in der Befreiung des Menschen von Hunger, Habgier, Unwissenheit, Krieg und Kapitalismus sah.

Alles das? Ja, und noch viel mehr. Ich paraphrasiere hier Worte, die ich nicht nur von Beamten und maoistischen Aktivisten[9] gehört habe, sondern von allen, die von den Mao-Tse-tung-Ideen „gestählt" waren, wenn man sie darauf festlegte, worum es eigentlich in der Kulturrevolution gegangen sei und gehe.

Ach, aber die Straße ist lang, und sie ist hart, und man muß sie

---

[9] Als „Aktivist" wird jemand von seiner Gruppe anerkannt, der die Mao-Tse-tung-Ideen nicht nur theoretisch studiert und kennt, sondern auch „schöpferisch anwendet".

in Etappen zurücklegen. Es werden noch mehr Kulturrevolutionen folgen. Wenn man ein Mahl zu sich nimmt, so ißt man Mundvoll für Mundvoll, sagt Mao, und man braucht Zeit, jeden einzelnen Bissen zu schmecken, bevor man sich an den nächsten macht.

Wie stellte sich inzwischen das Leben für die nicht in der Partei organisierte Bevölkerung – die überwältigende Mehrheit der Erwachsenen – zwei Jahre nach dem Neunten Parteikongreß dar, auf dem Lin Piao mitgeteilt hatte, in der Großen Proletarischen Kulturrevolution sei der Sieg errungen worden?

4.

Bürger Wang – Außenansicht

Bürger Wang, der unserem vielzitierten Mann auf der Straße entspricht, waren seit 1965 weder Hörner noch ein Heiligenschein gewachsen. „Vorsitzender Mao ist immer bei uns", sangen einige Kleinkinder mir in einer Fabrik mit eigenem Luftschutzraum vor – einer Neuanschaffung. Sie und ihre Eltern versicherten, sie liebten Mao, und es bestand kaum Grund zu einem Zweifel daran, daß die meisten von ihnen das auch meinten. Aber abgesehen einmal von den Mao-Plaketten, die jedermann trug, glich das äußere Erscheinungsbild der Bürger sehr stark dem, das ich aus der Zeit vor der Kulturrevolution kannte.

Es gab mehr Uniformität in der Kleidung: blaue und graue Jacken und Hosen für Frauen und Männer, im Winter mit Watte gefüttert, darunter mehr als früher Armee- oder Miliz-Khaki und Marine-Zartblau. Abgesehen von den rotgesternten Kappen und den roten Kragenspiegeln waren Soldaten von Zivilisten nicht zu unterscheiden. Viele Frauen trugen zu Hause hellere und bessere Kleider, fast alle hatten ein seidenes oder wollenes Kleid oder zwei für besondere Gelegenheiten verstaut, aber die Straßenmode war proletarisch.

„Warte ein bißchen", sagte ein alter Freund, „und du wirst mehr Abwechslung sehen. Schau dir mal diese Frauen da an, sie tragen ein Kopftuch mit einem neuen Muster in helleren Farben. Das bedeutet, daß eine Periode der Entspannung bevorsteht." Als Gast in einem chinesischen Akademikerhaushalt sah ich die Frauen über Bahnen buntbedruckten Stoffs brüten, der über dem Tisch ausgebreitet war. Sie studierten aufmerksam ein Modeheft – aus Japan, man denke!

In den Städten war es jetzt schwieriger, einen Intellektuellen von einem Bauern oder Arbeiter zu unterscheiden. Die Intellektuellen waren noch einmal kräftig geduckt worden und kultivierten sorgfältig ihr Untertauchen in der Menge. Da fast alle Kinder jetzt Schulen besuchen, hatten fünf Jahre mehr Lesekundige produziert. In Chinas Städten ist es schwer, einen hsia-ze (einen Blinden, wie die Chinesen einen Analphabeten nennen) unter 50 Jahren zu finden. Die Menschen scheinen offener und würdevoller in ihrer Haltung, sie begegnen einander mit Höflichkeit und einem neuen Bewußtsein, das Klassenschranken nicht mehr wahrnimmt. In neuen Fabriken fand ich, daß jetzt so gut wie alle Arbeiter eine Mittelschule (entspricht unserer Gesamtschule, A. d. Ü.) besucht hatten. 20 Jahre Aufforstung hatten Städte und Dörfer verschönt, und eine allgemeine Transformation der Landschaft heiterte allmählich das runzlige Antlitz dieser seit Jahrtausenden bebauten Erde auf; sie wirkte wie frisch geschrubbt. China war sichtlich weitaus reicher geworden als je zuvor; aber es war nicht der private Reichtum, der sich vermehrt hatte. Bürger Wang ist jetzt wohlgenährt, gesund, angemessen gekleidet und vollbeschäftigt mit Arbeit, Mao-Unterricht und technischen Fortbildungskursen während seiner Sechstagewoche. An seinem freien Tag – meist einem Sonntag, aber auch oft an einem Werktag; die freien Tage werden gestaffelt, um Überfüllung zu vermeiden – erholt er sich mit der Familie oder spielt Tischtennis. Im Sommer schwimmt er vielleicht in einem Schwimmbad, Fluß, See oder im Meer – und Schwimmen ist immer noch ein recht neuer Sport in China. Im Winter wandert er vielleicht mit Freunden auf dem Land. Vielleicht meldet er sich auch freiwillig, um Löcher für Luftschutzunterstände zu bauen oder Ziegel herzustellen – an der Seite eines Arztes oder Lehrers.

Wang gehört wie jedermann in China zu einer Gruppe. In der Stadt folgt er den Anweisungen des parteiorientierten Nachbarschaftskomitees, das für Kinderpflege, sanitäre Einrichtungen, die Kontrolle der Abfallbeseitigung, Beilegung von Streitigkeiten, Wohlfahrt, Gesundheit und die Versorgung alter und behinderter Leute zuständig ist. In den Kommunen werden solche Aufgaben auf der Ebene des Dorfes oder der Produktionsbrigade wahrgenommen.

Wir können nicht in den Bürger Wang hineinschauen, aber wenn er Sorgen hat, dann kommen sie sicher nicht von steigenden Lebensmittelpreisen, Arztkosten oder Steuern. Die Preise sind mehr als zehn Jahre lang stabil geblieben oder sogar gefallen, es gibt keine Inflation und keinen schwarzen Markt. Wang bezahlt keine Einkommensteuer. Die Einkünfte des Staates aus dem Mehrwert der Arbeit verbergen sich in den vom Staat festgesetzten Preisen in einem Markt, den ebenfalls der Staat reglementiert, der den Verbrauch innerhalb geplanter Notwendigkeit hält. Bürger Wang lebt mit einem sehr schmalen Budget, aber er ist frei von Bankhypotheken, Schulden und der Angst vor Hunger und der Notwendigkeit, betteln zu müssen, die seine Eltern plagten.

Sein kulturelles Leben schließt den Zugang zu Parks, Spielplätzen, Museen, Vorträgen, Konzerten, Radio, Fernsehen und Theater ein, und dafür bezahlt er sehr wenig oder gar nichts. 1970 war allerdings seine Auswahl in Büchern auf Schulbücher und die Werke des Vorsitzenden Mao beschränkt. Er besitzt vielleicht ein Langwellenradio oder kauft sich Teile, um einen Kurzwellenempfänger selbst zusammenzubasteln. In sehr seltenen Fällen besitzt er auch einen Fernsehapparat. Der Kasten ist vergleichsweise teurer als im Ausland, und deshalb gehört er meist einer Gruppe oder Institution kollektiv. Alle Programme sind – wie auch das Theater – kräftig mit politischer Propaganda gespickt. Eintrittskarten für Theater- und Sportereignisse sind sehr gefragt und praktisch nur durch die Gruppe zu erhalten (obwohl auch einige wenige Plätze an der Kasse erhältlich sind). Kinos gibt es viele, und sie sind billig, aber sie bieten wenig Abwechslung.

Die Wandzeitungen, die unser Freund liest, enthalten Mao-Direktiven oder Ermahnungen; die Zeitungen, meist auf öffentlichen Anschlagtafeln überflogen, bringen nur parteikonforme Nachrichten. Nachrichten aus dem Ausland sind spärlich und sorgfältig gesiebt; man liest nichts, das die Meinung stören könne, China sei ein zwar in vielen Bereichen noch rückständiges, aber politisch in allen Fragen korrektes Land. Andererseits wird Mr. Wang nicht durch Mordgeschichten, Kursstürze,

Pornographie, Rassenkrawalle, Scheidungsskandale, Rauschgift-
ringe, Raubüberfälle, kommerzialisierten Sex, Sadismus und
Masochismus und Klassenneid auf die Reichen beunruhigt. Es
gibt keine Reichen mehr. Es gibt auch sehr wenige korrupte
Beamte, Diebe oder andere Parasiten. Obwohl Klassenfeinde
noch existieren, sind sie meist doch für weit entfernte Übel verantwortlich.

Kurzum, China ist, wie ein Witzbold bereits vor mir bemerkte,
ein wahrer Pfuhl von Tugendhaftigkeit.

In alledem ist wenig Neues; auch die Löhne sind wenig verändert, abgesehen von einem leichten Anstieg der unteren und
mittleren Einkommen und einigen Kürzungen bei den Spitzen-
löhnen. Höhere Armeeoffiziere jedenfalls verzichteten vor kurzem freiwillig auf 30 Prozent ihres Gehalts, sagte mir ein General in Hangtschau. Höhere Beamte ebenso. (Auch Mao Tse-tung
soll eine 20prozentige Kürzung seiner Bezüge angeordnet haben.) Oberhalb der Lehrlingsebene liegen die Fabriklöhne zwischen 72 und 183 Mark monatlich (48 bis 122 *yuan*)[1] – je nach
Alter, Rang und Erfahrung; einige wenige ältere Spezialisten
mögen das Gehalt eines Brigadegenerals erreichen, ungefähr
360 Mark. Ein Spitzenkader oder ein General verdient so um
500 Mark herum im Monat, aber wenn er keine Angehörigen
hat, gibt er wahrscheinlich einen großzügigen Anteil davon
wieder an den Staat zurück. Die Einkommen der Bauern sind
untereinander sehr verschieden; sie erhalten viel weniger Bargeld als der Arbeiter in der Stadt, aber Sachdeputate und Ne-
beneinnahmen bringen den Bewohner einer Volkskommune
heute näher an die angestrebte gleiche Bezahlung mit dem
städtischen Arbeiter heran.

In einem Dutzend Großstädten, die ich besuchte, und in vielen
Kreisstädten und Kommunezentren fand ich, daß Verbrauchs-
güter zu einem etwas niedrigeren Preis angeboten wurden als
1966, aber in verbesserter Qualität. Einige Beispiele, angegeben
in Kilopreisen: Gemüse in Überfluß und abwechslungsreich je

---

[1] Die offizielle Tauschrate ist 1 Yuan = DM 1,50. Ein Yuan ist gleich
zehn Djao, ein Djao gleich zehn Fen (A. d. Ü.).

nach Jahreszeit 6 bis 15 Pfennig; Reis in bester Qualität 57 bis 69 Pfennig; Weizenmehl 37 bis 43 Pfennig; Kartoffeln und Süßkartoffeln 15 Pfennig; Lamm-, Schweine- und Rindfleisch 1,40 bis 2,80 Mark; Süßigkeiten 2,20 bis 5,40. Früher haben nur relativ wenige Chinesen jemals in ihrem Leben Fisch essen können; heute wird Fisch in großem Umfang, selbst im Landesinnern, für 1,50 bis 3 Mark das Kilo verkauft. Ein Liter Milch kostet 37 Pfennig, Eis 7 bis 15 Pfennig, Wein aus Trauben (trocken, weiß oder rosé) 1,85 Mark. Gin etwa 2 Mark die Flasche, ein Dutzend Eier 1,10 Mark. In einem Lebensmittelladen für Ausländer in Peking kann man Spezialitäten zu etwas höheren Preisen kaufen, einschließlich besten schwarzen Kaviars für etwa 19 Mark das Kilo.

Garküchen bieten ein Stammessen aus dampfgebackenen Weizenbrötchen, eingelegten Gemüsen, Wurst und Suppe für 15 bis 20 Pfennig an. Ein kräftigeres Mahl in einer Fabrikkantine kostet 35 bis 50 Pfennig. Die meisten Chinesen tragen Baumwollschuhe mit Filzsohlen; sie kosten 3,50 bis 10 Mark; Lederschuhe kosten 22 bis 34 Mark, Schuhe aus Synthetikmaterial 7 bis 10 Mark. Baumwollhemden kosten 7 bis 10 Mark, Kleinkinderkleidung von der Stange 7 bis 14 Mark. Eine gute Pelzmütze erhält man für 19 Mark; gefütterte Mäntel aus Schaffell, Leder oder Tuch 78 bis 148 Mark; bügelfreie Blusen oder Hosen für 22 bis 34 Mark.

Getreideprodukte, Speiseöl und Baumwollartikel sind noch rationiert. Je nach Arbeitsleistung variiert die Getreidezuteilung für eine Person von etwa 14 bis 20 Kilo im Monat; da es andere Lebensmittel jetzt im Überfluß gibt, ist dies mehr als genug. China ist der Spitzenerzeuger der Welt in Baumwollstoffen,[2] sie spielen eine große Rolle in Chinas Außenhandel und in seinen Deviseneinnahmen. Innerhalb Chinas ist Baumwollstoff deshalb auf etwa 5,50 Meter pro Person (einschließlich Kleinkindern)

[2] Siehe Kapitel 23: Tschou En-lai und die offene Tür.
Eine ausgezeichnete Darstellung der chinesischen Wirtschaft ist Jan Deleyne, *Die chinesische Wirtschaftsrevolution*. rororo aktuell, Reinbek 1972. Vgl. auch: Werner Voß, *China auf dem Sprung nach vorn*, Osang Verlag, Bad Honnef 1972 (A. d. Ü.).

rationiert. Synthetik- und Wollstoffe sind nicht rationiert und sehr gefragt. Die Speiseölrationen sind für den Bedarf der Durchschnittsfamilie mehr als ausreichend. Mit Ausnahme dieser Artikel sind Konsumgüter nicht rationiert.

Es gibt keine Autos in Privatbesitz mehr, doch die städtischen und zwischenstädtischen Buslinien sind verbessert worden – allerdings sind die Busse noch immer überfüllt. Züge in China gehören zu den besten der Welt. Die Fahrpreise sind niedrig.

Unser Mann auf der Straße (auch auf der Dorfstraße) hat wahrscheinlich mindestens ein Fahrrad in seiner Familie. Fahrräder kosten zwischen 130 und 170 Mark. Seine Miete (Instandhaltungskosten) beträgt 3,50 bis 7 Mark monatlich pro Zimmer. Die Wohnraumlage ist sehr unterschiedlich, hat sich aber durchweg verbessert. Auf dem Land sind die Bauern steuerfreie Besitzer ihrer Häuser.

Die Arztkosten der Industriearbeiter werden von deren Organisationen getragen, ebenso wie die der Bauern von den Kommunen. Arzneien kosten nur einen Bruchteil dessen, was man im Westen dafür bezahlen muß. Antibabypillen werden von den Organisationen kostenlos verteilt.

Darüber hinaus kann der Lebensstil der Menschen in China nur durch eine weitergehende Darstellung der Kulturrevolution ganz verstanden werden. Ihre Ergebnisse haben vor allem in den Fabriken, im grundlegenden und weiterführenden Erziehungswesen, in den ländlichen Kommunen, im Gesundheitswesen, im kulturellen Leben auf den verschiedensten Ebenen und in den Verteidigungsstreitkräften tiefgehende organisatorische und politische Veränderungen bewirkt. Der Dienst in Armee, Marine und Luftstreitkräften ist die bei weitem und auf das ernsthafteste begehrte Laufbahn unter der Jugend, und nur sehr wenige Bewerber werden ausgewählt. Eine neue Haltung unter Maos jugendlichen Nachfolgern ist – in Übereinstimmung mit dem Spruch „Sich selbst vergessen – dem Volke dienen" – am dramatischsten in der Verbreitung medizinischer Kenntnisse und Fürsorge von der Stadt aufs Land zu sehen.

Zweiter Teil

Gesundheitsfürsorge und Bevölkerungskontrolle

5.

Schwangerschaftsunterbrechung mit Akupunktur

Wir befinden uns in einem kleinen Krankenhauszimmer, um einer neuen Anwendung der Akupunktur beizuwohnen. Dr. Lin Tjau-dschi, eine langjährige Bekannte, hatte uns dorthin gebracht. Gerade wurde bei einer lächelnden Patientin eine Schwangerschaftsunterbrechung vorgenommen. Die 28jährige Fabrikarbeiterin steht nicht unter Narkose; man hat ihr lediglich schmerzlos zwei Nadeln in ihr Ohrläppchen gesteckt.

Dr. Lin Tjau-dschi war die erste chinesische Gynäkologin, die in England ihr Examen abgelegt hat; später arbeitete sie als Ärztin in einem Krankenhaus in Chicago. Sie hat Pionierarbeit zur Einführung moderner medizinischer Praxis in China geleistet und ein halbes Jahrhundert lang Gynäkologen und Geburtshelfer ausgebildet. Sie bekennt sich noch immer zum Christentum und glaubt an Gott – ein Thema, über das es gelegentlich zu Diskussionen mit ihrem Freund Tschou En-lai kommt. Sie spricht fließend und wundervoll Englisch, entschuldigt sich aber dafür und nennt ihre Sprachkenntnisse „eingerostet".

„Ich begann als Kinderärztin", sagt sie, „aber ich konnte es nicht ertragen, Kinder sterben zu sehen. So entschloß ich mich, ihnen lieber zum Leben zu verhelfen."

Sie ging auf die 69 zu und ist längst übers Pensionsalter hinaus; aber noch immer war die zierliche Dr. Lin lebhaft wie eh und je, von schmächtiger Gestalt und starkem Charakter. Sie ist aktives Mitglied der chinesischen Akademie für medizinische Wissenschaften und Dozentin an der Pekinger Hochschule für Medizin. Trotzdem verbringt sie noch vier bis sechs Stunden des Tages auf ihrer Station im früheren Peking Union Medical College. Es wurde vor mehr als 50 Jahren mit Hilfe der Rockefeller-Stiftung erbaut und war seinerzeit Chinas fortschrittlichste Universitätsklinik. Seit der Kulturrevolution heißt es offiziell *Fan-ti I-juan*, Antiimperialistisches Hospital. Etwa 60 Prozent der Ärzte, Krankenpfleger und des übrigen Personals sind Frauen. In den Abteilungen für Geburtshilfe und Frauenkrankheiten beträgt der Anteil der Frauen 90 Prozent. Die Studenten der Antiimperialistischen Universitätsklinik sind etwa zu gleichen Teilen Männer und Frauen. Die Patientin gestattet mir mit höflichem Lächeln das Fotografieren während der Operation. Sie ist seit zehn Wochen schwanger. Eine dünne Röhre aus rostfreiem Stahl, verbunden mit einer Dehnsonde Größe acht, ist an einem Schlauch befestigt, der zu einem Behälter führt. Dieser wiederum ist mit einem Luftkompressor mit elektrischer Pumpe verbunden. Ein Druck, der etwa dem einer Fahrradluftpumpe entspricht, ist für die Vakuummethode angemessen; in ländlichen Gegenden kann die Vorrichtung auch stromlos, mit Fußbedienung, betrieben werden. Diese Methode der Schwangerschaftsunterbrechung wird allgemein in Stadt und Land, selbst in Kreiskrankenhäusern, angewendet.

„Der Vorgang ist einfach, praktisch schmerzlos, Blutungen und ernsthafte Nachwirkungen treten nicht auf", erklärt uns Dr. Lin. Während der Operation erzählt mir die Patientin, daß sie zwei Kinder hat und kein drittes möchte. Zwei Kinder sind die empfohlene Norm. Das angestrebte Heiratsalter liegt bei 26 Jahren für Frauen und 28 Jahren für Männer. Je später, desto besser. Allerdings ist das „Empfohlene" und „Angestrebte" noch weit von der Verwirklichung entfernt; aber die Gesellschaft, besonders in den Großstädten, mißbilligt Übertretungen zunehmend. Zahllose Heiraten in früherem Alter fanden aber während der Kulturrevolution statt, und auf dem Land heiratet man häufig zwischen 20 und 25, ohne daß man einer „Bestrafung" oder gewaltsamen Trennung gewärtig sein müßte, wie im Ausland behauptet worden ist.

„Haben Sie Schmerzen?" frage ich auf Chinesisch. Die Patientin lächelt und schüttelt den Kopf. Sie wendet das Mao-Tse-tung-Denken an, antwortet sie. Vielleicht „Fürchte weder Härten noch Tod". In weniger als zehn Minuten kann sie den Operationstisch verlassen.

Ich bin noch nicht ganz überzeugt und kehre einige Tage später zurück, um einer zweiten Schwangerschaftsunterbrechung beizuwohnen, diesmal an einer 29jährigen Frau. Sie arbeitet in einer Fabrik für Elektrogeräte und hat ein sechsjähriges Kind. Sie hat einen Uterinring als Empfängnisverhütung benutzt, wird aber in Zukunft die Pille nehmen. Wieder geschieht die Anästhesie mittels Akupunktur. Wohlaufgelegt wie die erste Patientin, scheint sie nichts zu spüren, bis man ihr mitteilt, daß alles vorbei ist. Sie setzt sich auf und erzählt ein wenig.

„Ich habe jetzt Anrecht auf einen zweiwöchigen bezahlten Urlaub", sagt sie, „aber ich möchte heute nachmittag wieder zur Arbeit zurückkehren. Ich fühle mich gut. Der Betrieb braucht mich, und wir müssen alle helfen, unsere Produktionsquoten vorfristig zu erfüllen." Dr. Lin bittet sie, sich eine halbe Stunde hinzulegen; dann kann sie zur Arbeit zurückgehen.

Schwangerschaftsunterbrechungen werden kostenlos und auf alleinigen Wunsch der Mutter durchgeführt. Experimente mit Pillen zur Geburtenkontrolle begannen 1964. Seitdem hat die in China entwickelte 21-Tage-Pille mehr und mehr den Intrauterin-Pessar und andere Verhütungsmittel verdrängt. Man beginnt mit ihrer Einnahme am dritten Tag der Menstruation. Alle medizinischen Organisationen, mobilen Einheiten sowie die Sanitätsteams der Armee und der Kommunen verteilen Propagandamaterial für die Geburtenkontrolle und Pillen kostenlos. Gegenwärtig übersteigt die Nachfrage das Angebot.

Die Schwangerschaftsunterbrechung wird offensichtlich keineswegs als Ersatz für Schwangerschaftsverhütung gefördert. Sie ist normalerweise der letzte Ausweg für Mütter, die keine empfängnisverhütenden Mittel bekommen oder solche Mittel erfolglos angewandt haben. Da es so etwas wie Unehelichkeit in China nicht gibt – beide Eltern sind wechselseitig und in gleichem Maße verantwortlich für die Aufzucht des Kindes – ist Schwangerschaftsunterbrechung normalerweise kein Mittel, ledige Mutterschaft zu verhüten. Einige wenige Mütter, die ihre erste Schwangerschaft erleben, wünschen eine Schwangerschaftsunterbrechung, aber in der Regel wird ihnen davon abgeraten, wenn nicht die Gesundheit der Mutter gefährdet ist.

Experimente mit der Akupunktur als Anästhesie-Methode für Schwangerschaftsunterbrechungen begannen 1968; wie Dr. Lin uns sagte, wird sie nun in großem Maßstab angewandt.[1] Akupunktur wird auch bei der Geburt verwendet. (Etwa 90 Prozent der Geburten in China geschehen auf natürlichem Wege, aber in schwierigen Fällen bedient man sich der Akupunktur oder anderer Anästhetika.) Der bewiesene Erfolg dieser Methode – wichtig vor allem in ländlichen Gebieten, wo es kaum ausgebildete Narkoseärzte gibt – war aber zu diesem Zeitpunkt noch nicht zur Veröffentlichung freigegeben worden. Zu meinem Kummer bat mich der Vorsitzende des Revolutionskomitees des Antiimperialistischen Hospitals, die Fotografien nicht zu veröffentlichen und nichts über diese Sache zu schreiben. Einige Tage später fragte mich Ministerpräsident Tschou En-lai über meinen Besuch im Hospital. Er teilte mir mit, ein Zeitungsartikel über diesen Gebrauch der Akupunktur liege seit einigen Wochen auf seinem Schreibtisch und erwarte die Veröffentlichungsgenehmigung. Inzwischen sei er zufriedengestellt, sagte er, und gab persönlich einen Bericht über meinen Besuch im Hospital zur Veröffentlichung frei. Ich könnte mir nicht vorstellen, daß Präsident Nixon oder Ministerpräsident Kossygin sich die Zeit nähmen, sich für eine solche Kleinigkeit selbst einzusetzen. Wie konnte ein einziger Mann diese Zeit finden? Tschou ist zum wenigsten mehrere.

---

[1] *Akupunktur-Anästhesie*, Peking 1972 (A. d. Ü.).

6.

Was ist Akupunktur?

Solange ich im vorrevolutionären China lebte, versuchte ich niemals ernsthaft, Akupunktur oder Moxibustion[1] zu verstehen. Ich betrachtete die auf Erfahrung beruhende chinesische Medizin mehr oder weniger als Quacksalberei, wie die meisten Ausländer. Während meines ersten Besuches in China nach der Gründung der Volksrepublik, im Jahre 1960, entdeckte ich, daß sie weitaus mehr Aufmerksamkeit verdiente. Ich erfuhr, daß seit 1958 alle in der westlichen Medizin ausgebildeten Ärzte aufgefordert worden waren, wenigstens ein halbes Jahr dem Studium der traditionellen Medizin zu widmen, die auf eine geschriebene Geschichte von 2200 Jahren zurückblickt und Tausende von Bänden Abhandlungen, Rezepte, Beschreibungen von Krankheiten und ihrer Therapie umfaßt.

Ich habe mich häufig mit chinesischen und ausländischen Ärzten über Akupunktur unterhalten, aber die beste kurze Zusammenfassung, die ich kenne, ist noch immer ein Bericht aus dem Jahre 1961 von Dr. William Y. Chen, einem leitenden Medizinalbeamten des U. S. Public Health Service, den ich in einem früheren Buch zitiert habe.[2] Unter Heranziehung seiner eigenen

---

[1] „Moxibustion" ist von einer Verballhornung des kantonesischen Worts „mongsa" abgeleitet, mit dem das chinesische Präparat Moxa (*Artemisia moxa* oder *Artemisia chinensis*) bezeichnet wird. Die Blätter der Moxapflanze werden zu einer weichen wolligen Masse verarbeitet. Der so entstandene Brennkegel wird auf der Haut abgebrannt. Diese Methode ist Teil einer uralten Heilmethode, ähnlich der in einigen Teilen Europas noch angewandten Kauterisation.

[2] In Edgar Snow, *Gast am anderen Ufer*, op. cit., S. 307–323. Ein Teil des Materials in diesem Kapitel ist diesem Buch entnommen. (Zur Akupunktur vgl. den Bericht von Präsident Nixons Leibarzt Dr. Walter

Chinakenntnis, unter Benutzung von Angaben ausländischer Ärzte, die vor kurzem dort gewesen waren sowie aufgrund von Forschungsberichten in (25 „wichtigeren") chinesischen medizinischen Fachzeitschriften gab Dr. Chen folgende Erklärung der Akupunktur:

„Die überlieferte chinesische Medizin ist eine empirische Heilkunde, die sich auf 4000 Jahre praktische Erfahrung gründet. Der einfache Grundbegriff von Gesundheit und Krankheit besteht in der funktionellen körperlichen Harmonie oder Disharmonie zwischen zwei Kräften, *Yin* (der negativen Kraft) und *Yang* (der positiven Kraft). Anatomisch und physiologisch hat die überlieferte chinesische Medizin praktisch nichts zu bieten. Dennoch sind die umfangreichen Bände über Kräuter und Arzneien und mit medizinischen Abhandlungen über Krankheitsbeobachtungen sehr kostbar. Die Ergebnisse, die sich bei der Verwendung dieser Arzneien, der Heilkunst der Akupunktur, der Moxibustion, der Massage und der Atemtherapie erzielen lassen, haben zweifellos ihren empirischen Wert . . .

Die Akupunktur . . . besteht in der Einführung heißer und kalter Nadeln in den Körper an ganz bestimmten Punkten. Die Nadeln können fein oder grob, kurz oder lang sein (von 3 cm bis 24 cm) . . . Wenn die Nadeln verschiedene Gewebe oder Organe in verschiedenen Tiefen anstechen und anregen, rufen sie physiologische Reaktionen und auf diese Weise auch Heilerfolge hervor." Die Akupunkturisten müssen heute aseptische Verfahren und die Grundlagen der Anatomie und Naturwissenschaft lernen und besuchen dazu Lehrgänge, die denen für „Hilfsärzte" vergleichbar sind. Sie praktizieren alle in Krankenhäusern, von denen jetzt fast alle eigene Akupunkturspezialisten besitzen. Viele von ihnen benutzen dabei Nadeln mit schwachen elektrischen Strömen. Zuweilen wird die Behandlung auch mit einer Bestrahlungstherapie verbunden. Dr. Chen fährt fort:

Tkach im Stern Nr. 39/1972 *„Ich glaube an die Akupunktur"* sowie die Bildberichte in „China im Bild" 11/1971 und 12/1972. Diese Zeitschrift bringt regelmäßig Berichte über das chinesische Gesundheitswesen (A. d. Ü.).

„Man geht von der Hypothese aus, daß die Reize an den Stich-
stellen von den peripheren Nerven zur Gehirnrinde weitergelei-
tet werden und dort pathologische Störungen verhindern. Diese
Erklärung scheint in Übereinstimmung mit der Pawlowschen
Theorie von den bedingten Reflexen zu stehen. Die Akupunktur
ist in großem Ausmaß und bei praktisch allen Krankheitsarten
von chirurgischen Fällen wie der Blinddarmentzündung bis zu
chronischen Fällen wie der Zuckerkrankheit angewendet worden. Man nimmt an, daß ihre besten Erfolge bei Krankheiten
des Nervensystems oder bei neurologisch verursachten Krankheiten zu verzeichnen sind.

Gute Ergebnisse wurden bei der Behandlung von Gesichts-
lähmung, Arthritis und Ausschlägen erzielt. Ein russischer Arzt
berichtete, daß seine eigene, unangenehme Gelenkentzündung,
die eine lange Krankengeschichte hatte, durch Akupunktur
wesentlich besser wurde. Ein indischer Arzt, der 1958 nach
China ging und dort Akupunktur studierte, hatte zunächst
einige Zweifel am Wert des Verfahrens. Danach meinte er
jedoch, daß die Verschmelzung der überlieferten chinesischen
Medizin und der westlichen Medizin schon zu beachtlichen
Erfolgen geführt habe. Auch er selbst wurde bei einer akuten
Stirnhöhlenvereiterung erfolgreich mit dem Akupunkturverfahren
behandelt.“[3]

Ich habe selbst in Peking und anderen Städten Patienten sprechen können, die wegen Blinddarmentzündung, Ausschlägen,
Rheumatismus, Stirnhöhlenentzündung, Tuberkulose, Migräne,
Bronchitis und verschiedenen Arten von Neurasthenie nach
Methoden der überlieferten chinesischen Medizin behandelt
wurden. In Hankau sprach ich einen Patienten, der bewußtlos
mit einer von westlich ausgebildeten Ärzten gestellten Diagnose
auf akute Blinddarmentzündung ins Krankenhaus eingeliefert
worden war. Er war nach den Methoden der empirischen Medizin und der Akupunktur behandelt worden und wurde gerade
als geheilt entlassen.

---

[3] Aus „*Medicine and Public Health*“, in: China Quarterly, Nr. 6, April bis
Juni 1961.

Die chinesische Kräutermedizin und die Akupunktur arbeiten zusammen bzw. sind die Kräuterärzte oft auch Akupunkturisten. Die Übersetzung der medizinischen Terminologie der überlieferten chinesischen Heilkunde ist schwierig; der Begriff der „Gegensätze" von Yin und Yang spielt jedoch dabei eine große Rolle. Der Körper wird als organische Einheit verstanden; Krankheit entsteht durch Unstimmigkeiten zwischen den verschiedenen Organen und ihren Nebenbereichen, und die Heilung besteht darin, das verlorene Gleichgewicht und die verlorene Harmonie wiederherzustellen. Dies geschieht durch die Entspannung der „Antagonismen" zwischen den acht wichtigsten Spannungspolen: Yin–yang (negativ–positiv), biau–li (außen–innen), leng–je (heiß–kalt) und hsu–schih (leer–raumerfüllend).

In der vollständigen Darstellung der Akupunktur wird der Körper nach diesen Prinzipien und nach den Lebenskräften des Gleichgewichts zwischen ihnen aufgegliedert. Normalerweise bestehen Widersprüche nichtantagonistischer Natur in einem Gleichgewicht miteinander. Kommt es zur „Uneinigkeit" (Krankheit), dann ist ein Organ oder funktioneller Bereich überlastet, überreizt, verletzt oder sonstwie gestört. Die Aufgabe des Arztes besteht dann darin, die Ursache des Antagonismus oder der Überbelastung zu beseitigen.

„Krankheiten haben innere und äußere Ursachen", erklärte mir während eines früheren Besuchs im Antiimperialistischen Hospital (das damals noch Peking Hospital hieß) der stellvertretende Direktor, Dr. Hsu Hung-tu. „Das Zentralnervensystem des Gehirns wirkt natürlich auf den allgemeinen körperlichen Zustand. Was wir *ni-tschu dschung-guan* (etwa Brennen durch Ärger im Zustand der Wut)[4] nennen, kann organische Schmerzen und Schäden an anderen Orten verursachen. Wenn ein Patient ankommt und sich über Schmerzen beklagt, die eine westliche Diagnose vielleicht als Hypertonie ansprechen würde, kann es sein, daß der chinesische Arzt ihn mit einer Kombination von Medizin und Akupunktur behandelt.

---

[4] Frei, nicht etwa wörtlich übersetzt.

Ein Arzt westlichen Stils fragt oft nur nach den medizinischen Symptomen und der medizinischen Krankengeschichte. Ein chinesischer Arzt sieht die Person als Einheit an, die sowohl äußeren wie inneren Spannungen unterworfen ist. Er möchte etwas über die Familie seines Patienten wissen, über seine Beziehungen zu seinen Eltern, ob er seine Frau gern hat, wie er mit seiner Arbeit zurechtkommt, was er für persönlichen Ärger hat, wo in seinem Leben Spannungen auftreten und ob er aus der jeweiligen Stadt stammt oder aus dem Norden oder Süden kommt. Alle diese Einzelheiten gehen in die Diagnose ein."

„Süden oder Norden? Macht das einen Unterschied?"

„Ja, gewisse Medikamente, auf die ein Chinese aus dem Norden eine ‚heiße' Reaktion hat, führen bei einem Chinesen aus dem Süden zu einer ‚kalten' Reaktion." „Bei diesen Fragen werden vermutlich auch die politischen Ansichten des Patienten berührt?"

„Aber natürlich – alle möglichen Konflikte werden besprochen."

Aus diesem und späteren Gesprächen wird klar, daß der chinesische Pathologe zugleich auch eine Art Analytiker und Seelenarzt ist und daß die Akupunktur in diesem Zusammenhang oft als Schocktherapie benutzt wird. Ob Krankheiten aufgrund von ungelösten Spannungen oder Ängsten in China schwerer sind als in dem frenetischen Wettbewerbssystem der USA, weiß ich nicht. Dr. Chen berichtet, daß die Häufigkeit der Herzüberlastung – was auch immer damit bewiesen sein mag – in beiden Ländern etwa gleich groß ist.[5] Ich besitze keine Statistiken über neurasthenische Erkrankungen in China, aber die Zahl der Fälle, denen ich in Krankenhäusern und Sanatorien begegnete, schien mir sehr hoch zu sein. Die inneren Spannungen aufgrund von gesellschaftlichem Druck in einem System, wie es die Kommunisten schaffen wollen, sind offensichtlich sehr groß. „Überdruckventile" gibt es wenige, und es überrascht daher nicht sonderlich, daß die Nachfrage nach chinesischen Therapeuten groß ist.

---

[5] William J. Chen, op. cit.

„Nur die Zeit kann ergeben", schließt Dr. Chen seinen Bericht, „ob die Kommunisten mit ihren ehrgeizigen Plänen Erfolg haben werden, eine neue chinesische Medizin durch Verschmelzung der traditionellen Medizin mit der modernen wissenschaftlichen Medizin zu schaffen."

Der inzwischen verstorbene britische Romanschriftsteller Aldous Huxley, der ein glühender Anhänger der Akupunktur war, berichtete schon 1957, daß jetzt „internationale Akupunkturkongresse einberufen werden" und daß mehrere hundert europäische Ärzte versuchen, „Wissenschaft und Kunst der westlichen Medizin mit der uralten Wissenschaft und Kunst der chinesischen Akupunktur zu verbinden". Er fährt fort:

„Daß eine Nadel, die man ein wenig unter dem Knie in das Außengewebe des Beins sticht (an anderen Stellen kann es sein, daß die Nadeln viel tiefer eindringen; fachmännisch geführt, rufen sie dabei keine Blutungen hervor), die Leberfunktion beeinflussen soll, ist offensichtlich nicht zu glauben ... Im normalen und gesunden Organismus findet jedoch nach chinesischer Lehre ein ständiger Energieaustausch statt. Krankheit ist sowohl die Ursache als auch das Ergebnis einer Störung dieses Energieflusses ... Durch die Akupunktur soll dieser Energiefluß wieder umgelenkt und normalisiert werden."

Nach den chinesischen Akupunkturisten sind Glieder, Rumpf und Kopf von unsichtbaren „Meridianen" durchzogen, die in irgendeiner Weise mit den verschiedenen Körperorganen in Beziehung stehen. Huxley akzeptiert dies als „empirische Tatsache". Er fährt fort:

„Auf diesen Meridianen befinden sich besonders empfindliche Punkte. Eine Nadel, die man an einem dieser Punkte einführt, beeinflußt die Funktion des Organs, das mit dem Meridian in Verbindung steht, auf welchem der Punkt liegt. Indem er eine Reihe von sorgfältig ausgewählten Punkten ansticht, stellt der erfahrene Akupunkturist den normalen Energiefluß wieder her und macht den Patienten wieder gesund.

Wiederum sind wir versucht, mit den Achseln zu zucken und zu sagen, daß dies keinen Sinn habe. Wenn wir dann jedoch die Protokolle des jüngsten Akupunkturkongresses lesen, erfahren wir, daß es bei Versuchen gelungen ist, durch empfindliche elektrische Meßinstrumente den Lauf dieser chinesischen Meridiane aufzuspüren und daß beim Anstechen eines strategischen Punkts mit einer Nadel verhältnismäßig große Änderungen des elektrischen Zustandes festgestellt werden können."[6]

Huxley berichtet, daß zu denjenigen pathologischen Systemen, „bei denen die chinesischen Methoden ganz gut funktionieren", auch „verschiedene Arten von unerwünschten Bewußtseinszuständen – wie zum Beispiel gewisse Arten der Depression und Angst – gehören, die vermutlich mit organischen Störungen zusammenhängen und verschwinden, sobald die normale Energiezirkulation wieder hergestellt ist. In manchen Fällen können Erfolge, die in jahrelangen psychoanalytischen Bemühungen nicht eintreten wollten, durch zwei oder drei bloße Stiche mit einer Silbernadel erzielt werden."

Die Begeisterung für die therapeutischen Vorteile der Akupunktur und der Kräutermedizin läßt sich vielleicht in Grenzen halten, wenn man daran denkt, daß die überlieferte chinesische medizinische Literatur nur selten, wenn überhaupt, irgendwelche Kenntnis so grundlegender Wissenschaften wie Bakteriologie, Mikrobiologie, Parasitologie, Epidemiologie, Endokrinologie und so weiter hatte und nur primitive Vorstellungen von Asepsis besaß. Die Lehren der chinesischen Medizin waren praktisch nutzlos bei der Verhütung von Blattern, Typhus, Tuberkulose, Pest, Dysenterie, Cholera, Wundstarrkrampf, Kala-Azar, Malaria, Elephantiasis, Syphilis und anderer Krankheiten. Selbst 1971 ist es vielleicht für einen Laien noch zu früh zu sagen, ob diejenigen, die sich in China anscheinend der Verschmelzung von einheimischer und westlicher Medizin widersetzen, mit einigen ihrer Zweifel nicht doch recht behalten werden.

Bis in die Mitte der sechziger Jahre hatte ich den Eindruck, daß einzelne chinesische Ärzte, die ich in Krankenhäusern traf, von dem Ansehen, das die traditionelle Medizin jetzt wieder genoß, unangenehm berührt waren. Vielen muß jedenfalls der *Zwang* zuwider gewesen sein, sie zu studieren – eine Situation ähnlich

---

[6] The Observer, London, 22. Oktober 1961.

der, die entstehen müßte, zwänge man alle westlichen Ärzte, sich mit der Osteopathie zu beschäftigen. Die Kulturrevolution mit ihrer stärkeren Betonung einer intensiven Durchdringung abgelegener ländlicher Gebiete mit ärztlicher Versorgung hat auch eine bescheidenere Einstellung bei den westlich ausgebildeten Ärzten zur Folge gehabt, was die Einstellung der Massen zu wirksamen und unwirksamen Maßnahmen anbetrifft. Die Wirksamkeit der Akupunktur und die neuentwickelten Techniken ihrer Anwendung hatten sie bis 1970 nicht nur populärer gemacht, sondern auch beeindruckende Anwendungsergebnisse erzielt.[7]

„Es gibt noch immer keine allgemeine anatomische Theorie, mit der sich die Akupunktur erklären ließe", sagt Dr. Lin Tjau-dschi, während wir neue Anwendungen dieser Anästhesiemethode in der Operation von riesigen Unterleibsgeschwüren, in der Brustchirurgie und sogar in Operationen am offenen Herzen diskutieren. „Tausende unserer Wissenschaftler arbeiten an diesem Problem, und wir erwarten einen baldigen ‚Durchbruch'", schließt sie.

---

[7] Amerikanische Ärzte, die China 1971 besuchten, haben neues und interessantes Material über die derzeitigen Anwendungsgebiete der Akupunktur zugänglich gemacht. Siehe z. B. Dr. E. Grey Dimond, „Acupuncture Anesthesia", Journal of the American Medical Association, Vol. 218, No. 10, 6. Dezember 1971. (Vgl. auch die beiden Bildberichte „China Discovers Acupuncture Anesthesia", China Reconstructs, Oktober 1971, und „The Patient Sat Up and Drank", China Reconstructs, September 1972 sowie den Artikel von Harry Hamm, Operation bei vollem Bewußtsein, Akupunktur im Tschung-Schan-Krankenhaus, Frankfurter Allgemeine Zeitung, 16. 9. 1972; (A. d. Ü.)

7.

Sex und Demographie

Dieser Blick in eine einzige Klinikstation spiegelt nur eine der einschneidenden Veränderungen in der Gesundheitsfürsorge wider: die größere Verbreitung und Anwendung aller praktikablen Mittel zur Geburtenkontrolle. Aber Dr. Lin und ihre Mitarbeiter verbringen weitaus mehr Zeit damit, Kinder in die Welt zu bringen, als Geburten zu verhindern, so etwa, wenn sie den Gebärmutterkrebs bekämpfen, um einer Frau das Gebären von Kindern zu ermöglichen, oder wenn sie an dem von der Kulturrevolution propagierten gesamtstaatlichen Programm „Die Entwicklung der ländlichen Gebiete vorrangig behandeln" teilnehmen.

Im großen und ganzen gelten vier Regeln, die als richtungweisend für Ärzte und medizinisches Personal vom Vorsitzenden Mao Tse-tung aufgestellt worden sind:

1. Vorbeugung ist das Wichtigste.
2. Dient den Bedürfnissen der Arbeiter, Bauern und Soldaten unmittelbar, wo immer es notwendig ist.
3. Verbindet die Öffentliche Gesundheitspflege in Stadt und Land mit ärztlicher Betreuung.
4. Vereint die traditionelle chinesische Behandlungsweise mit den wissenschaftlichen Erkenntnissen des Westens.

Die Aufforderung „Vorbeugung ist das Wichtigste" umfaßt weit mehr als nur Familienplanung, aber diese ist von so grundsätzlicher Bedeutung, daß sie eine ausführliche Diskussion erfordert, ehe wir uns anderen Anwendungsbereichen zuwenden.

Wie wirksam ist die chinesische Pille? Nach Dr. Lin und anderen Spezialisten ist die benutzte 21-Tage-Pille völlig frei von Nebenwirkungen. Sie ist hundertprozentig wirksam, wenn sie täglich genommen wird, aber unregelmäßige Einnahme (ob absichtlich oder nicht) „kommt noch viel zu häufig vor". Inzwischen sucht man intensiv nach einer idealen Monatspille. Entsprechende Experimente werden seit 1969 in ganz China durchgeführt, wie Dr. Lin sagte. In Peking allein beteiligen sich 5000 Menschen, unter ihnen zahlreiche medizinische Fachkräfte mit ihren Familien, an einem Großversuch. Die in Erprobung befindliche Einmonatspille erwies sich als vollständig wirksam, wurde allerdings von etwa zwei Prozent der Beteiligten nicht vertragen.

„Diese Unverträglichkeit bei zwei Prozent tritt in den ersten beiden Monaten auf", erklärte uns Dr. Lin, „und so haben wir eine zweite Pille zur Bekämpfung der Nebenwirkungen, Übelkeit und Benommenheit, herausgebracht. Wir entwickeln zur Zeit für diese Fälle eine Pille, die kontrazeptive Wirkung und Bekämpfung der Nebenwirkungen kombiniert."

China hält sich auch über die Forschungsergebnisse in der ganzen Welt, besonders in Japan, auf dem laufenden, wo eine Pille erprobt wird, die Prostaglandine enthält und nach Einführung in die Vagina den Eintritt der Periode bewirkt. „Außerdem arbeitet unsere Experimentiergruppe – wir nennen sie ‚Kampfgruppe für Familienplanung' – an längerfristig wirkenden oralen Verhütungsmitteln. Wir experimentieren mit einer Dreimonatspille und sind jetzt der Meinung, daß wir eine Pille oder einen Impfstoff entwickeln können, der etwa ein Jahr lang wirkt", sagte Dr. Lin. Auch die Versuche mit kontrazeptiv wirkenden chinesischen Kräutermedizinen gehen weiter (aber noch niemand hat eine Methode erfunden, die Akupunktur zu diesem Zweck zu verwenden!). Die Sterilisation von Männern nach zwei Kindern wird befürwortet; sie ist kostenlos, aber nicht populär.

In wie großem Umfang sind Verhütungsmittel erhältlich, wieweit werden sie angewendet? In den Provinzen, die ich besuchte, wurde mir überall berichtet, daß die Pille im Gebrauch sei, selbst im fernen Schensi, aber nach Dr. Lins Angaben hält das Angebot mit der Nachfrage noch nicht Schritt. Grob gerechnet befinden sich etwa siebzig bis achtzig Millionen Frauen in gebärfähigem Alter; das würde einen Produktionsbedarf von etwa 17 Milliarden 21-Tage-Pillen pro Jahr bedeuten. Verhütungsmittel für Männer tragen dazu bei, die Angebotslücke zu schließen.

China braucht auch Impfstoffe in Milliarden Einheiten gegen verschiedene ansteckende und epidemische Krankheiten und ist auf diesem Gebiet bereits der Welt bedeutendster Produzent. Ein „ultramodernes" Laboratorium, das ich in Peking besichtigte – ein holländischer Arzt, der es ebenfalls besuchte, Dr. J. A. De Haas, bezeichnete es als jeder vergleichbaren Anlage in Europa größenmäßig überlegen –, produzierte 80 Millionen Impfstoffeinheiten pro Jahr. Mein alter Freund Dr. George Hatem, der gebürtiger Amerikaner ist,[1] sagte mir, daß er mehr als ein Dutzend Laboratorien dieser Größenordnung in anderen Gegenden Chinas gesehen hat.

Von offizieller Seite wurde mir mitgeteilt, daß ungefähr 70 Prozent der Frauen im gebärfähigen Alter in Peking Verhütungsmittel benutzen, zwei Drittel von ihnen nehmen die Pille. In den Kommunen von zehn Regierungsbezirken in der Umgebung Pekings verlassen sich etwa 40 Prozent der Frauen im entsprechenden Alter auf die Pille.

Nationale Statistiken über den Bevölkerungszuwachs sind mehr als zehn Jahre lang veröffentlicht worden, und die Zahlen, die man mir an verschiedenen Stellen auf lokaler Ebene gab, weichen stark voneinander ab. In Groß-Peking wurde diese Ziffer offiziell für 1969 mit 1,6 Prozent angegeben, um ein Beispiel zu nennen; in einer Kommune bei Schanghai nannte man mir gerade ein Prozent; im Stadtbezirk Sian schätzte ein Beamter drei Prozent.

Jedenfalls ist die Wachstumsrate der Bevölkerung für den Geschmack des Vorsitzenden Mao noch immer zu hoch. Als ich mit ihm über den Fortschritt im allgemeinen sprach, teilte ich ihm meinen erfreulichen Eindruck mit, daß Verhütungsmittel jetzt weitaus häufiger verwendet werden. „Wenigstens hat niemand mehr etwas gegen Geburtenkontrolle."

---

[1] Ein Bericht über sein außerordentliches Leben – man hat ihn als den Mann bezeichnet, „der die Geschlechtskrankheiten in China ausgerottet hat" findet sich in *Gast am anderen Ufer*, S. 270–285.

Da habe man mich wohl 'reingelegt, meinte er. Wenn auf dem Land das erste Kind einer Frau ein Mädchen ist, möchte sie einen Jungen. Wenn auch das zweite Kind ein Mädchen ist, will sie wiederum einen Jungen. Das dritte Kind kommt, wieder ein Mädchen, und noch einmal wird probiert, ob es nicht diesmal ein Junge wird. Bald sind es neune, alle Mädchen; aber inzwischen ist die gute Frau 45 und muß es bei dieser Zahl belassen!

„Ja, aber, gibt es jetzt nicht viele Leute, die anderer Ansicht – ich meine, die jungen Leute haben doch nichts gegen Geburtenkontrolle . . .?" Mao sagte, daß auch sie noch immer Wert auf männliche Nachkommen legen und auf Frauen herabsehen. Seiner Meinung nach war das in den USA vielleicht auch nicht anders. Es muß anders werden – aber es braucht seine Zeit, Vorurteile zu verändern.

Maos Skepsis gegenüber der Geburtenkontrolle in „söhnelosen" Familien wie auch die Zweifel, die er hinsichtlich der Volkszählungsergebnisse äußerte, erinnerten mich an meine erste Begegnung im Jahre 1965 mit Tschen Jung-gui, dem vielzitierten Führer der Dadschai-Brigade, einer Kommune im gebirgigen Schansi. Tschen hatte 360 Menschen – 178 davon arbeitsfähige Erwachsene – im Kampf um die mühevolle Erschließung neuen fruchtbaren Landes angeführt, das mit einfachen Werkzeugen aus Löß und Felsen gewonnen wurde. Sie bauten Bewässerungskanäle und ein Staubecken, von kilometerlangen Steinmauern gestützt, sie pflanzten Obstbäume, sie kämpften einen langwierigen, hartnäckigen Kampf, nur auf die eigene Kraft gestützt, und sie gewannen. In zehn Jahren steigerten sie die Getreideproduktion auf 450 Kilogramm pro Mov[2] – ein Rekord für diesen kargen Boden. Tschen war ein geborener Führer, kraftvoll, intelligent, ein Bauer durch und durch. Ich fragte ihn nach „Familienplanung" in seiner Kommune. Der Ausdruck schien ihm nicht geläufig zu sein. Ich sagte, daß ich „Geburtenkontrolle" meinte.

---

[2] Mov, Mow, chines. Flächenmaß zwischen 350 und 1000 m^2. 1 M. = 10 Fen = 100 Li; in Schanghai 1 M. = 674,5 m^2.
Vgl. dazu den Bildband „*Die Rote Sonne erhellt den Weg, auf dem Dadschai vorwärtsschreitet*", Verlag für fremdsprachige Literatur, Peking 1969 (A. d. Ü.).

„Ach so, das." Er grinste. „Nein, das brauchen wir nicht. Wir brauchen Leute, die arbeiten können."

Ich fragte Bauer Tschen, wie viele Geburten in seiner Brigade 1964 registriert worden seien. „Acht", antwortete er sofort. „Und wie viele Sterbefälle? „Wir haben niemanden verloren", antwortete er. Nicht einmal einen Urgroßvater? Er kratzte sich den Kopf. Schließlich erinnerte er sich, daß doch ein einziger alter Grundbesitzer aus dem Leben geschieden war. „Wenn Sie das einen Sterbefall nennen wollen", fügte er hinzu. „Er konnte schon seit Jahren nicht mehr arbeiten."

Häufig genug traf ich auf Bauern und Bäuerinnen Ende 30 oder Anfang 40, die (inzwischen ein wenig beschämt) fünf, sechs oder mehr Kinder zugaben, die älteren meist Mädchen. Auch ist die alte fatalistische Ansicht, man müsse ein halbes Dutzend oder mehr Kinder zur Welt bringen, damit eines überleben könne, schwer abzuschütteln. (Und ich habe viele ältere Leute kennengelernt, die genau das in ihrem Leben erfahren hatten.) Schwiegermütter und Großeltern auf dem Land drängen aus alter Gewohnheit die jungen Leute zur Überproduktion.

Ministerpräsident Tschou sagte 1964, seine Regierung hoffe, daß die Bevölkerungszuwachsrate bis 1970 unter zwei Prozent fallen werde. Als ich ihn diesmal wieder fragte, erklärte er, daß um 1966 die Rate in der Tat auf unter zwei Prozent abgesunken war. Sie stieg jedoch wieder während der Kulturrevolution. Millionen Rotgardisten hatten sich auf den „Langen Marsch" begeben, junge Menschen beiderlei Geschlechts kamen zwanglos zusammen. Viele Frühehen trieben die Geburtenrate in die Höhe. Diese Periode der Abweichung ging vorüber, mit der Auflösung der Roten Garden – ihrer Rückkehr zur Schule oder zu regelmäßiger Arbeit – und der Wiederherstellung der Disziplin. Mit dem weiterverbreiteten Gebrauch der bequemen neuen Pille hofft der Ministerpräsident wieder auf ein Absinken der Kurve.

Ausländer sind natürlich neugierig (und die Chinesen nicht weniger!), ob die Pille, vor allem unter den jungen Leuten, eine Änderung der vorherrschenden strengen Einstellung gegenüber sexuellen Beziehungen bewirken wird. Im vorkommunistischen

China konnte eine unverheiratete Frau ihre Heiratsfähigkeit verlieren (oder sogar gesteinigt und öffentlich mißhandelt werden), wenn sie, sei es auch noch so unschuldig, allein mit einem Mann auf einem Feldweg wandelnd gesehen wurde. Zur gleichen Zeit mußten verarmte Familien ihre kleinen Töchter als Konkubinen, Prostituierte oder Sklavinnen verkaufen. Alles das gibt es nicht mehr, die einstigen „Ventile" für Junggesellen oder unzufriedene Ehemänner, die nach einer Schäferstunde suchten, sind geschlossen, Verführung ist eine ernste Angelegenheit und Notzucht ein schweres Verbrechen geworden.

Koedukation ist allgemeine Praxis, unverheiratete junge Männer und Frauen arbeiten in vielem zusammen, aber nicht im Bett. Haben sich zwei junge Leute ein- oder zweimal zu einer Radtour verabredet, betrachtet man sie als verlobt. Eine solche Verbindung aufzulösen bedeutet in gesellschaftlichen Mißkredit fallen, besonders für den Mann. Bei gemeinsamer Arbeit in einer Kommune mit einem Jungen das Mittagsmahl zusammen unter einem Baum einzunehmen, kann ein junges Mädchen schon kompromittieren. Das erfuhr ich in einem mehrstündigen Gespräch mit einem ehemaligen Mitglied der Roten Garde, das nicht älter als 20 war, das in der Wohnung von Freunden stattfand.

Kommt es vor, daß ein heimlich verlobtes Paar miteinander schläft? „Voreheliche Beziehungen sind außerordentlich selten", berichtete mir ein befreundeter Arzt. „Wechselnde Geschlechtsbeziehungen werden als abweichendes Verhalten betrachtet, das eine Bestrafung durch die Gesellschaft, im Wiederholungsfall die Besserung unter Aufsicht erfordert. Außerehelicher Verkehr kommt selten vor, aber doch häufiger als voreheliche Beziehungen."

Chinesen geraten bei derartigen Fragen leicht außer Fassung, aber als ich 1965 die Stellvertretende Direktorin der Behörde für Gesundheit von Frauen und Kindern in Peking über Enthaltsamkeit vor der Ehe befragte, hatte ich sichergestellt, daß man meine Fragen nicht mißverstand. Ausländern falle es schwer, zu glauben, sagte ich, daß in China – einem Land, in dem das ideale Heiratsalter für Frauen auf 26, für Männer auf 28 hinausgeschoben wurde – die Keuschheit unter derartigen Umständen eine allgemeine Tugend sein könne.

Sie erklärte, daß Frauen nun produktive Arbeit leisten könnten und die gleiche Chance hätten wie Männer; daß es in der Vergangenheit als eine Schande für ein Mädchen galt, wenn sie mit 20 noch nicht verheiratet war, während es jetzt umgekehrt sei; und daß die jungen Menschen durch ihre politische Überzeugung und das Ideal der Arbeit für die Gesellschaft diszipliniert seien. Sie lebten nicht nur für ihr Vergnügen.

„Alles das ist richtig – und auch die Abwesenheit kommerzialisierter sexueller Reize, die im Westen hundertfach auf die Menschen einwirken, spielt eine Rolle. Aber sollte eine freie Frau nicht wenigstens die Freiheit haben, den Mann kennenzulernen, den sie vielleicht heiraten möchte?"

„Nun, so streng ist es ja nun auch wieder nicht. Es kommt eine Zeit, wo ein Mann und eine Frau zu einer Verständigung kommen und sich miteinander vertraut machen. Wir leugnen nicht, daß voreheliche Beziehungen gelegentlich vorkommen und daß manchmal auch eine Schwangerschaft eintritt, aber solche Vorkommnisse sind selten. In der Vergangenheit trieben die Frauen ab, oder sie versuchten es, aber heute geschieht das sehr selten, wegen des Gebrauchs von Verhütungsmitteln und weil die Frauen wissen, daß ihnen eine kostenlose Schwangerschaftsunterbrechung möglich ist.

Fälle von Abtreibungen durch unverheiratete Frauen ereignen sich äußerst selten. Vergleicht man die außerordentlich hohe Bevölkerungszahl mit der Seltenheit dieser Fälle, so kann man nicht sagen, daß es sich um ein ernstes Problem handelt. Wenn eine Schwangerschaftsunterbrechung für ein erstes Kind gewünscht wird, versucht der Arzt zunächst, die Frau zu überreden, es zu behalten. Falls – im Falle einer unverheirateten Mutter – die Ehe keinen Ausweg bietet, etwa weil der Vater schon verheiratet ist oder weil eine Ehe mit ihm aus politischen oder anderen Gründen nicht wünschbar ist – wird niemand auf der Geburt bestehen, und die Schwangerschaftsunterbrechung wird vorgenommen."

Im großen und ganzen wurden diese Beobachtungen bestätigt in den Unterhaltungen, die ich mit Dr. George Hatem führte, der von seiner schönen chinesischen Frau einen Sohn und eine Tochter hat. Sein Sohn, der sechs Jahre lang eine „feste Freundin" hatte, blieb oft mit seiner Freundin über Nacht im Gastzimmer seiner Eltern – soviel Privatsphäre ist selten in China, und das ist sicher ein weiterer Grund für sexuelle Enthaltsamkeit –, aber während der gesamten Zeit ihrer Verlobung hatten sie keine „körperlichen Beziehungen". Das ist jedenfalls Georges Meinung. Übrigens haben sie kürzlich geheiratet, im korrekten Heiratsalter, und dann rasch einen Enkel für die Hatems produziert.

„So ist das mit den jungen Leuten, die ich kenne", sagte Hatem, der täglich Dutzende von Patienten behandelt. „Ich will nicht sagen, daß die Pille nicht einiges verändert. Alles verändert sich hier. Aber im Augenblick sind unsere jungen Leute sicher die am wenigsten sexorientierten der Welt."

Ob die Sexualität nun ein wenig freier werden wird oder nicht, wahrscheinlich ist, daß die freie Pille und die kostenlose Schwangerschaftsunterbrechung nach Jahren der Propaganda für die Familienplanung gegen bäuerlichen Konservativismus und männlichen Chauvinismus einen stärkeren Abfall des Bevölkerungswachstums mit sich bringen werden. Aber China ist eine egalitäre Gesellschaft riesigen Ausmaßes, in der die Wohltaten des Fortschritts von allen geteilt werden müssen und eine entsprechende Anhebung des Lebensstandards einem bedeutenden Teil der Menschheit zugute kommen muß.

Wie viele Chinesen gibt es denn nun eigentlich? Diese Frage hat ausländische Demographen jahrelang zu abwegigen Spekulationen verführt. Ihr Hauptproblem bestand darin, daß sie die von Peking 1953 veröffentlichten Zahlen auf der Grundlage dessen, was man damals Chinas „erste moderne Volkszählung nannte", für sakrosankt hielten. Die seinerzeit angegebene Zahl war 583 Millionen; 1957 ergab eine „Stichprobenerhebung" 646 Millionen. Im Jahre 1960 gebrauchten alle chinesischen Funktionäre, mit denen ich damals sprach, die Zahl 650 Millionen. Mit einer Ausnahme: Politbüromitglied und Oberbürgermeister von Schanghai Ko Djing-schi sprach von „Chinas 685 Millionen".

Fünf Jahre später fragte ich den Vorsitzenden Mao, ob er mir die Resultate einer Stichprobenerhebung mitteilen könne, die angeblich im vorigen Jahr stattgefunden habe. Seine Antwort war, er wisse sie wirklich nicht; einige behaupteten, die Einwohnerzahl betrage zwischen 680 und 690 Millionen, aber er glaube das nicht. Wie konnten es so viele sein! „Ist es nicht möglich, eine ziemlich genaue Schätzung allein auf der Grundlage der Ausgabe von Kleiderbezugsscheinen zu erreichen?" fragte ich. Mao antwortete, die Bauern verwirrten das Bild manchmal. Vor der Befreiung hatten sie die Geburt besonders von Söhnen verschleiert, um ihre Eintragung in das Register zu verhindern und sie der Rekrutierung für den Militärdienst durch Tschiang Kaischek zu entziehen. Seit der Befreiung bestand eher die Tendenz, größere Zahlen und weniger Land anzugeben, die Höhe der Ernten zu bagatellisieren und die Wirkung von Naturkatastrophen zu übertreiben. Heutzutage werde eine Geburt sofort gemeldet, aber einen Todesfall zu melden, werde oft monatelang für überflüssig gehalten. Zweifellos war die Geburtenrate wirklich gefallen, aber der Fall der Sterberate war vermutlich viel bedeutender. Die durchschnittliche Lebenserwartung, schloß er, sei von 30 Jahren auf nahezu 50 Jahre gestiegen.

Die Antwort des Vorsitzenden Mao legt die Vermutung nahe, daß einige dörfliche Kommunen es nützlich finden, Todesfälle nicht zu registrieren, um die Kleiderrationen der Verstorbenen weiterbenutzen zu können, und die Ernten zu gering anzugeben, damit mehr für den Eigenverbrauch bleibt. Sein Skeptizismus bezüglich vergangener und gegenwärtiger Volkszählungen wirft die Schätzungen der westlichen Demographen über den Haufen, die sich bereits Zahlen von über 800 Millionen ausgerechnet hatten.

Wenn man das vom Vorsitzenden genannte Minimum von 680 Millionen nimmt und eine minimale Wachstumsrate von zwei Prozent pro Jahr seit Januar 1965 zugrunde legt (nach Ministerpräsident Tschous Bemerkung ist dies wahrscheinlich zu niedrig geschätzt), würde eine Schätzung für den heutigen Zeitpunkt etwa die Zahl 780 Millionen erbringen. Im Januar 1971 fragte ich den Ministerpräsidenten, ob man jetzt sagen könne, die

Bevölkerung Chinas habe die 800 Millionen erreicht. Er zögerte, antwortete aber dann: „Nein, noch nicht ganz." Bis Peking Näheres mitteilt, kann man wohl annehmen, daß die Bevölkerung Chinas, einschließlich Taiwan mit 14 Millionen Einwohnern, 1972 die Grenze von 800 Millionen überschreiten wird. Selbst eine Wachstumsrate von nur einem Prozent von diesem Zeitpunkt an würde für das Jahr 2000 mehr als eine Milliarde ergeben. Bei zwei Prozent Wachstum wären es zum gleichen Zeitpunkt noch einmal 250 Millionen mehr.[3]

Die Getreideversorgung übertrifft allerdings gegenwärtig das Bevölkerungswachstum beruhigenderweise. Im Januar 1971 gab mir Ministerpräsident Tschou die Ernteergebnisse für 1970 bekannt – insgesamt 240 Millionen Tonnen Getreide,[4] plus 40 Millionen Tonnen nationaler Reserve. Diese Zahlen entsprechen einem Mehr von 70 bis 80 Prozent gegenüber den „Notjahren" 1960 bis 1963. Trotzdem würden sich die chinesischen Planer glücklich schätzen, die Wachstumsrate auf ein Prozent oder weniger herunterzudrücken. Dies ist ihr Ziel für die nächsten zehn Jahre anhaltender Bemühungen um ein rasches Wachstum der nationalen Sparrate und eine gesteigerte Industrieproduktion.

---

[3] Nach einer Meldung der französischen Nachrichtenagentur AFP von Anfang August 1972 weist ein wenige Tage vorher in Peking erschienener Atlas für 1970 eine Einwohnerzahl von 697 Millionen aus (nach „Le Monde" vom 8. 8. 1972) (A. d. Ü.).

[4] Für 1971 werden offiziell 246 Millionen Tonnen angegeben. Vgl. Harry Hamm, *Herunter von der schwarzen Linie*, Frankfurter Allgemeine Zeitung, 7. 10. 1972. Für 1972, heißt es in Peking-Rundschau 1/1973, wurden trotz „ernster Unbilden der Natur" „240 Millionen Tonnen, d. h. gleich soviel wie 1970" geerntet (A. d. Ü.).

8.

Einige besondere Situationen

Zweifellos waren nicht nur die Roten Garden mit ihren Romanzen für das Ansteigen der Geburtenziffer während der Kulturrevolution verantwortlich; auch die ernstliche Störung des Gesundheitswesens und die zeitweise Auflösung der entsprechenden Kontrollbehörden spielte eine Rolle. Die Universitäten waren fast drei Jahre lang geschlossen, die höheren Schulen zwei Jahre lang; medizinische Vorstudien- und Studiengänge wurden unterbrochen, Personal wurde zerstreut, die Parteiführung von Krankenhausverwaltungen war von den Unruhen in Anspruch genommen oder ganz aufgelöst, und die Organisation des neuen öffentlichen Gesundheitswesens unter der Leitung der Armee im Jahre 1968 nahm eine gewisse Zeit in Anspruch. Man darf sich von den üblichen offiziellen Darstellungen nicht irreführen lassen, die meist verschweigen, welcher Preis in verlorenen Arbeitsstunden im öffentlichen Gesundheitswesen während des revolutionären Umschwungs bezahlt wurde. Es ist besser, die Frage nicht zu stellen, inwieweit die stärkere Betonung der Akupunktur und der überlieferten Medizin durch die Abwesenheit zahlreicher Ärzte notwendig wurde, die man aufs Land schickte, „um von den Bauern zu lernen" und manuelle Arbeiten zu verrichten, für die andere besser geeignet gewesen wären. Auf solche Fragen erhielt ich keine ausreichenden Antworten, und für einen Außenstehenden war es noch nicht möglich zu beurteilen, ob die Vorteile des neuen Systems wirklich einige Nachteile ganz aufwogen.

Die Forschungsarbeit innerhalb der Naturwissenschaften scheint allerdings während der Kulturrevolution nicht wesentlich gestört worden zu sein, und auch außerhalb der Entwicklungen auf dem Gebiet der Kernenergieforschung gab es einige bemerkenswerte

Fortschritte. Im September 1965 gelang es chinesischen Bioche-mikern, biologisch aktives Protein in Form eines synthetischen Insulins zu erzeugen; damit stellten sie als erste Forscher der Welt organisches Leben her. Der Fortschritt in der Behandlung verstümmelter Gliedmaßen dauerte an, und 1970 waren die Chinesen anscheinend auf diesem Gebiet führend. Die Technik der Reimplantation geschädigter Finger, Zehen, Hände, Füße, Arme und Beine wurde in so weitem Umfang gelehrt, daß Ope-rationen dieser Art häufig auch in relativ primitiven Landkran-kenhäusern durchgeführt wurden.

In einem großen städtischen Hospital in Schanghai hatte ich schon 1964 eine Hand geschüttelt, die mehr als zwei Stunden vom Arm abgetrennt gewesen war, bis man sie vom Boden der Fabrikhalle aufhob und wieder am Handgelenk ihres Besitzers befestigte, eines Arbeiters, der sie durch einen Arbeitsunfall verloren hatte. Er konnte sie praktisch wieder normal gebrau-chen. 1970 traf ich in einem kleinen Kommunehospital in der Provinz Kwangtung einen Patienten, der nach der Reimplanta-tion vier abgetrennter Finger seine Hand fast wieder wie vorher gebrauchen konnte.

Eine andere Technik, in der die Chinesen Ergebnisse erzielt haben, denen im Westen nichts Vergleichbares gegenübersteht, ist die Behandlung schwerer Verbrennungen. Es werden eine ganze Reihe von Heilungen berichtet bei Verbrennungen dritten Grades, die bis zu 60 Prozent der Körperoberfläche zerstört hatten. Ich habe einen solchen Fall selbst gesehen; Einzelheiten dieses grausigen Themas werden auf beeindruk-kende Weise im Bericht des englischen Traumatologen Dr. Joshua Horn[1] dokumentiert, der bis zu seiner Abreise im Jahre 1969 zehn Jahre lang in China lehrte und praktizierte. Es stellt sich natürlich die Frage, ob die Zahl der Arbeitsunfälle in der chinesischen Industrie besonders hoch ist. Statistiken, die man mir in Fabriken an verschiedenen Orten gab, schienen mir nicht außergewöhnlich, aber Zahlen für ganz China sind, wie auf so vielen anderen Gebieten, seit 1960 nicht mehr veröffentlicht

---

[1] *Away with All Pests!* London 1969; New York 1970.

worden. Während der kurzen Periode der „Hundert Blumen", einer Periode freier Kritik (1957), wurden zahlreiche Anschuldigungen wegen ungenügender Sicherheitsmaßnahmen erhoben.[2] Die Sicherheitsbedingungen haben sich in verschiedenen Fabriken, die ich erneut besuchte, mit der weiteren Modernisierung verbessert. Einer der Vorteile der Verbindung von produktiver Arbeit und Schulbesuch, die von den höheren Klassen der Hauptschule an praktiziert wird, bestand darin, daß jedermann besser in der sorgfältigen Behandlung und Pflege von Maschinen, aber auch in ihrer sachgemäßen Benutzung unterwiesen wurde.

Während wir bei Dr. Lin in Peking waren, besuchten wir eine ganze Station von Frauen, die sich von Krebsoperationen eines speziellen Karzinomtyps erholten: des Choriocarcinoma oder Uteruskrebs. Die virulenten Zellen greifen im ganzen Körper rasch an und verursachen Metastasen in der Leber und in der Lunge. „Früher hielt man ihn für inoperabel", sagte Dr. Lin. „Man pflegte zu sagen: ‚Wenn du meinst, du hast ein Choriokarzinom geheilt, dann *war* es kein Choriokarzinom.' Jetzt benutzen wir eine kombinierte Behandlung mit Chemotherapie. In etwa 61 Prozent der Fälle erzielen wir Heilungen selbst dann, wenn der Krebs in der Brust schon Metastasen gebildet hat, und in etwa 40 Prozent der Fälle können wir den Uterus retten."

Dr. Lin hielt inne, um uns eine ihrer Kolleginnen, Dai Ju-hua, vorzustellen, die selbst durch Chemotherapie von einem Choriokarzinom geheilt worden war. Ihr Uterus konnte gerettet werden und sie hatte seitdem einem gesunden Baby das Leben geschenkt. Tränen stiegen in Dr. Dais Augen, als Dr. Lin erklärte, daß ihre Heilung zum Teil auch dem Glauben an Mao Tse-tung zu verdanken war. Dr. Dais Baby hieß „Starke Verfassung". Bedeutete das „Gesundheit"? Keineswegs. Das Kind wurde so zu Ehren der neuen, vom Neunten Parteikongreß verabschiedeten Parteiverfassung genannt. (Später war ich in der Provinz Schensi natürlich schon weniger überrascht, als ich

---

[2] Roderick MacFarquhar, *The Hundred Flowers,* London, New York 1960.

eine Bäuerin kennenlernte, die ihre beiden kleinen Kinder „Anti-revisionistisch" und „Anti-imperialistisch" benannt hatte. Verlangen Sie keine Erklärung von mir: das ist eben China – und die Kulturrevolution.)

Dr. Lin hatte sich freiwillig zur medizinischen Arbeit auf dem Lande gemeldet und war erst kürzlich von einem halben Jahr in einer Kommune in der Provinz Hunan, südlich des Jangtse, zurückgekehrt. Dort hatte sie geholfen, Hebammen und „barfüßige Ärzte" auszubilden (sie heißen so, weil sie zusammen mit den Bauern in den Feldern arbeiten). Ein großer Prozentsatz des medizinischen Personals ist aus den Städten ins Landesinnere gegangen, um in Bauernkommunen zu praktizieren und diese „barfüßigen Ärzte" mit ihrer Arbeit vertraut zu machen, die etwa dem Ausbildungsniveau ausgebildeter Krankenpfleger entspricht. Ihre Ausbildung – einige werden in Kreis- oder Stadtkrankenhäuser geschickt – wird von ihren Arbeitsgruppen oder Brigaden bezahlt, und sie bleiben Kommunemitglieder. Dr. Lin fuhr fort: „Die Bauern verlassen sich lieber auf die barfüßigen Ärzte, die an Ort und Stelle arbeiten, als auf Krankenhäuser. Natürlich brauchen wir beides, aber für leichtere Krankheiten und Unfälle sind barfüßige Ärzte die richtige Antwort. Sie sind auch für die Verteilung der Pille und für die Erziehung zur Familienplanung verantwortlich."

9.

„Bei der medizinischen Arbeit den Schwerpunkt auf die Dörfer legen"

Szenenwechsel. Wir befinden uns jetzt in einem anderen allgemeinen Krankenhaus in Peking. Es hat etwa 800 Betten, 13 Abteilungen, 251 westlich ausgebildete Ärzte, neun in der traditionellen Medizin ausgebildete Ärzte, 254 Krankenschwestern und elf Stationen. Es behandelt täglich 2500 bis 3000 Patienten ambulant. Erbaut von den Russen und ursprünglich auch mit russischem Personal, trug es einst den Namen „Hospital der Chinesisch-Sowjetischen Freundschaft". Während der Kulturrevolution wurde es in *Fan-hsiu I-juan* umbenannt, was soviel wie „Antirevisionistisches Hospital" heißt, und wird jetzt „Freundschaftshospital" genannt. Trotz seines Namenswechsels heißt eine Abteilung noch immer „Ausländische Freunde". Bevor wir einen Rundgang durch die verschiedenen Stationen antreten, sitzen wir an einem langen Tisch mit Wang Guang-dschou zusammen, einem Vertreter des Revolutionskomitees der Pekinger Gesundheitsbehörde, zwei „Verantwortlichen" (das heißt Komiteevorsitzenden) des Propagandateams der Volksbefreiungsarmee, das zum Krankenhaus gehört, und mit Dschang Weeschen, einem bekannten Kinderarzt, auch ein alter Freund, der früher stellvertretender Direktor des Hospitals war und nun als Arbeiter einer Brigade von „armen Bauern und unteren Mittelbauern" in einer weit entfernten Kommune lebt. Er hat zur Zeit einen Kurzurlaub. Außerdem nehmen noch zehn andere Personen an dem Gespräch teil, medizinisches Personal und Mitglieder des Revolutionskomitees, unter ihnen fünf Frauen.

Bevor wir von diesem Komitee über die Veränderungen hören, welche die Kulturrevolution mit sich brachte, ist es nützlich, sich zu erinnern, welche ungeheuren Gesundheitsprobleme die Volksrepublik vor 20 Jahren geerbt hat. Wiederum möchte ich mich auf die Dokumentation des Berichts stützen, den Dr. William Y. Chen von der amerikanischen Gesundheitsbehörde einem Symposium amerikanischer Ärzte gab.

„Bevor die Kommunisten die Macht übernahmen", schreibt er, „befanden sich die medizinischen Einrichtungen und das öffentliche Gesundheitswesen noch in den allerersten Anfängen und lagen weit hinter modernen Anforderungen zurück. Armut und Krankheit waren die Regel." Vier Millionen starben jährlich „an ansteckenden und parasitären Krankheiten", 60 Millionen Menschen jährlich „hatten Mittel für eine tägliche Behandlung nötig". Der Umfang des Problems ergibt sich aus den Schätzungen Dr. Chens aufgrund des von ihm als „Mindeststandard" angesehenen Verhältnisses von einem Arzt auf 1500 Menschen und fünf Krankenhausbetten auf 1000 Personen. „Die Gesamtzahl der wissenschaftlich ausgebildeten Ärzte wurde (1949) jedoch nur auf 12000 geschätzt. Für die 500 Krankenhäuser, die das Land besaß, konnte es jährlich nur 500 akademische Nachwuchskräfte ausbilden . . .", und es besaß nicht mehr als insgesamt 71000 Krankenhausbetten. „Da 84 Prozent der Gesamtbevölkerung in den ländlichen Gebieten private ärztliche Behandlung nicht bezahlen konnten, hielt man ein staatliches (oder sozialisiertes) Behandlungssystem für die einzige Lösung dieser katastrophalen Zustände." Diese Ansicht wurde schon 1937 von führenden chinesischen Ärzten vertreten, und „der Gedanke von Gesundheitszentren in den einzelnen Kreisen wurde zum größten Teil von in Amerika ausgebildeten Ärzten gefaßt, ausgebildet und durchgeführt. Viele von ihnen leben jetzt noch in China und bilden faktisch das Rückgrat der chinesischen Medizin und des chinesischen Gesundheitswesens."

Die Zahl der Krankenhausbetten und der voll ausgebildeten Ärzte im westlichen Sinn ist innerhalb der ersten Jahre auf das Vier- bis Fünffache gestiegen. Diese Zahl liegt weit unter Dr. Chens „Mindestanforderungen", er berichtet jedoch von „größeren Fortschritten in der Verbesserung der sanitären Einrichtungen, der Gesundheitserziehung und der Vorbeugungsmaßnahmen . . . Typhus, Rückfallfieber und andere ‚meldepflichtige‘ und ‚meldenswerte‘ Infektionskrankheiten sind unter Kontrolle gebracht worden. Große Verbesserungen sind auch in der Bekämpfung der wichtigsten parasitären Krankheiten zu beobachten . . . Millionen von Malariapatienten sind behandelt worden, und das Malariavorkommen ist offensichtlich auf einen Stand von weniger als drei Prozent gesunken" . . . 36 Millionen Patienten wurden vom Hakenwurm geheilt.[1]

Ein Bericht, der die Kenner des alten China beeindruckte, wurde von britischen Ärzten erstattet, die nur sieben Jahre nach der Revolution die Volksrepublik besuchten. Er sprach von der „erfolgreichen Fliegenbekämpfung, den unratfreien Straßen und der fanatischen Sauberkeit im Haushalt". Professor Brian Maegraith, Dekan des Instituts für Tropenkrankheiten in Liverpool, fand, daß die Arbeit der Dorfgesundheitskomitees unter den Massen, sanitäre und hygienische Maßnahmen auf den Straßen „einen tiefgehenden Einfluß auf die Verbreitung von Magen- und Darminfektionen haben". Für alle, die den Schmutz des alten ländlichen China kennengelernt haben, wird der folgende Abschnitt aus dem Bericht von Dr. Maegraith besonders interessant sein:

„Eine weitere Methode zur Bekämpfung der Saugwürmer (Erreger der Bilharziose), die ständig weitergeführt wird, veranschaulicht, wieweit das Volk zur allgemeinen Mitwirkung herangezogen werden konnte. Solange künstliche Düngemittel noch nicht in ausreichendem Maße hergestellt werden können, bleiben die menschlichen Exkremente der billigste und wertvollste Dung. Glücklicherweise leben die gefährlichen Saugwurmeier nicht lange, wenn die Fäkalien nicht mit Wasser in Berührung kommen. Durch Abschließung können die Exkremente somit nicht-ansteckend gemacht werden. Dank geschickter Propaganda ist diese so wichtige Aufbewahrung der menschlichen Ausscheidungen eine wichtige wirtschaftliche und soziale Tatsache geworden. Jede Familie hat jetzt ihr eigenes ‚Klosett', einen tragbaren, in bunten Farben bemalten Topf. Jeden Morgen wird der Inhalt in große, gemeindeeigene Steingutgefäße geschüttet. Sobald diese voll sind, werden sie verschlossen und solange stehengelassen,

---

[1] Dr. William Y. Chen, op. cit.

bis der inzwischen gebildete Ammoniak die Eier abgetötet hat, worauf die Exkremente gefahrlos als Dünger auf den Feldern verwandt werden können. Das Einsammeln der Exkremente wird dadurch sichergestellt, daß man der Familie bestimmte Sätze pro Tag und – unter Berücksichtigung des Alters – pro Person zahlt. Das gleiche System wird jetzt auch zur Bekämpfung der Wasserverseuchung durch die Fischer angewandt. Jedes Boot hat jetzt seinen eigenen Sammeltopf, der zugleich als Einkommensquelle angesehen wird."[2]

Chinakenner standen mit ihrem Erstaunen nicht allein. Als ich 1960 die gute Christin Dr. Lin fragte, was für sie die unerwartetste Folge der Revolution gewesen sei, rief sie aus: „Die Fliegen! Ich hätte nie gedacht, daß sie die loswerden könnten!"

Bis 1970 waren alle epidemischen und ansteckenden Krankheiten ausgerottet oder unter Kontrolle gebracht und eingedämmt worden, einschließlich der Bilharziose und der Lepra. Geschlechtskrankheiten waren (man höre und staune) in den 26 Provinzen ausgerottet (und sogar in Tibet unter Kontrolle gebracht) worden – und zwar in einem derartigen Ausmaß, daß die venerologische Abteilung des Instituts für Haut- und Geschlechtskrankheiten in Peking aufgelöst werden konnte und Dr. Hatem, ihr früherer Leiter, in wohlverdiente Halbpension als Krankenhausarzt gehen konnte. Polio, Masern, Paratyphus und Typhus werden durch Impfungen und hygienische Maßnahmen verhindert. 1969 waren unter den 900 000 Patienten des Antirevisionistischen Hospitals nur ganze zwei Fälle von Dysenterie beobachtet worden. Augenblicklich waren die häufigsten Todesursachen Herz- und Gefäßerkrankungen sowie Krebs.

Nun zurück zu Dr. Wang Guang-dschou von der Gesundheitsbehörde. Seine Verantwortlichkeit erstreckt sich auf die Sondergebietsverwaltung Peking mit einer Bevölkerung von etwa sechs Millionen, die zehn stadtnahe Kreise mit 280 Volkskommunen einschließt. In diesem Gebiet befinden sich 17 kommunale Krankenhäuser und 30 Distriktkrankenhäuser mit zusammen 29 000 Betten; nicht eingeschlossen sind in dieser Zahl Kranken-

---

[2] New Scientist, London, 31. 12. 1957.

betten in Kommune- und Werkskliniken. Das Gebiet verfügt über 8600 Absolventen einer medizinischen Hochschule – gegenüber 1960 eine Steigerung um 59 Prozent – zuzüglich etwa 2000 in der traditionellen Medizin praktizierender Ärzte.[3]

Wang Guang-dschou unterbreitet uns einige Fakten, die mit den „revolutionären Veränderungen" der letzten Zeit in Zusammenhang stehen:

„1965 sagte der Vorsitzende Mao: ‚Das Gesundheitsministerium ist ein städtischer Herrscher. Bei der medizinischen Arbeit und Gesundheitspflege muß der Schwerpunkt auf die Dörfer gelegt werden.' (Man gewöhnt sich allmählich daran, daß die Wiederholung – wie die Politik – ‚bei allem die Führung innehat'.) Wir studieren jetzt die Gedanken des Vorsitzenden Mao lebensbezogen und wenden sie schöpferisch an. In den letzten drei Jahren sind 3600 Ärzte und Mitarbeiter der Gesundheitsbehörde aus Peking aufs Land gegangen. 6000 Ärzte und medizinisches Personal sind in 430 ‚mobilen Ärzteteams' organisiert, die bis nach Szetschuan, Yünnan und in die Innere Mongolei kommen. Unsere Ärzte, Krankenpfleger und Kader teilen sich turnusmäßig in diese Arbeit.

Die Zahl der barfüßigen Ärzte in diesem Gebiet beträgt 13000; es handelt sich sowohl um Männer als auch um Frauen; ihr Durchschnittsalter ist 20. Sie werden drei Monate in Kliniken oder Krankenhausschulen ausgebildet – in westlicher Medizin und in Akupunktur – und kehren dann in die Kommunen zurück, um dort für eine bestimmte Zeit unter Anleitung des örtlichen Hospitals zu arbeiten. Dann kehren sie zu einer erneuten vierteljährlichen Ausbildung zurück. Harmlose Fälle werden von ihnen in der Wohnung des Patienten oder in einem Brigadehospital behandelt; ernstere Fälle kommen in das Kommunehospital. Nur schwierige Fälle werden in die städtischen Krankenhäuser überwiesen.

---

[3] Für ganz China waren offizielle Zahlen nicht erhältlich, aber die besten Schätzungen sprechen von etwa 150000 Ärzten mit Hochschulabschluß (sechsjähriges Studium) und rund 400000 „mittleren Ärzten" (zwei bis vier Jahre medizinischer Ausbildung).

In sämtlichen Kliniken werden außer den barfüßigen Ärzten auch noch ‚Rote Arbeiter-Ärzte' (Sanitäter) ausgebildet, die Stadtviertel- oder Fabrikkliniken zugeteilt werden, sowie die Sanitäter der Volksbefreiungsarmee. Peking verfügt über 2164 solcher Sanitäter der Volksbefreiungsarmee, die in 335 in der Stadt verteilten Erste-Hilfe-Stationen ‚dem Volke dienen'. Das Antirevisionistische Hospital bildet gegenwärtig 41 solcher Jugendlicher aus, jeweils ein Vierteljahr lang. Es hatte auch acht seiner Mitarbeiter in ein aus 50 Personen bestehendes Team abgestellt, die in Guinea medizinische Arbeit leisteten.

Im vorigen Jahr sind 96 Angehörige des medizinischen Personals aus diesem Krankenhaus aufs Land gegangen, um sich dort für immer niederzulassen. Etwa ein Drittel unseres Personals ist turnusmäßig ständig zur Außenarbeit eingesetzt. Die Mobilen Ärzteteams haben folgende Aufgaben: dem Volke auf direkte Weise dienen, indem sie vorbeugende und therapeutische Arbeit leisten und dabei ‚die Priorität auf die Vorbeugung legen'; an Ort und Stelle einfaches medizinisches Personal ausbilden; die Familienplanung propagieren; das Niveau der existierenden Dienstleistungen auf dem Gebiet des Gesundheitswesens heben; westliche und traditionelle Medizin miteinander kombinieren; revolutionäres sozialistisches Denken unter den medizinischen Arbeitern dadurch fördern, daß diese mit Arbeitern, Bauern und Soldaten zusammenwohnen, das gleiche essen, auf die gleiche Weise arbeiten, mit ihnen studieren und die bürgerliche Lebensweise kritisieren."

Kommunen sind Kollektive; von ihren eigenen Wohlfahrtsfonds – zu denen die Arbeiter beitragen – leisten sie die Krankenversicherung für ihre Mitglieder. In den Städten schließen die Kliniken Krankenversicherungsverträge mit Fabriken und anderen Organisationen ab, die diese ebenfalls aus ihren eigenen Wohlfahrtsfonds bezahlen, zu denen aber auch der Staat beiträgt. Arbeiter bezahlen (in Krankenhäusern) für ihr Essen 60 bis 90 Pfennig pro Tag, aber der Krankenhausaufenthalt selbst ist frei.

Ich wende mich an Dschang Wee-schen, der vom Lande zu Besuch bei uns weilt, schmal, braungebrannt, schon ein wenig grau an den Schläfen. Ich kenne ihn seit mehr als 30 Jahren, aus der Zeit, da ich an der Jendjing-Universität Vorlesungen hielt und er noch Medizinstudent war. Er studierte anschließend Medizin in den USA, kehrte aber dann nach China zurück, um für sein Land zu arbeiten. Es ist Jahre her, seit ich ihn das letztemal gesehen habe. Er spricht noch immer ausgezeichnet Englisch.

„Lao Dschang", frage ich, „aus welchem Grund haben Sie Peking verlassen?"

„Ich bin einer von den 96 Mitarbeitern des Hospitals, die aufs Land gegangen sind und sich dort für dauernd niedergelassen haben. Ich arbeite jetzt in einer Produktionsbrigade der Dsa Jui-Volkskommune, im Kreis Da Hsing. Wir sind 800 Menschen in der Brigade."

„Wer hat Sie denn dorthin geschickt?"

„Niemand hat mich hingeschickt. Ich bat darum, gehen zu dürfen, um mich mit den Bauern zu vereinen und meine Ideologie umzuschmelzen. Vorher war ich hier Leiter der Abteilung für Kinderkrankheiten und stellvertretender Direktor. Ich begriff erst in der Kulturrevolution, daß ich ein Reaktionär war. Als ich mit den mobilen Ärzteteams zusammenarbeitete, begriff ich zum erstenmal, wie sehr die Bauern ärztliche Versorgung und Ärzte brauchen. Ich bin als Kader zu ihnen gegangen, um körperliche Arbeit zu leisten, aber die Bauern erfuhren, daß ich Arzt bin, und kamen zu mir um Hilfe.

Zuerst nannten sie mich ‚Hsiän-scheng', oder ‚Älter-Geborener' und behandelten mich wie einen Intellektuellen. Sie sagten ‚habt Erbarmen', wenn sie Behandlung wollten. Ich schuftete Tag und Nacht mit ihnen bei der Aussaat und der Ernte. Jetzt nennen sie mich ‚Lao Dschang' (Alter Dschang), und wir sind gleichberechtigt. Ich bin sehr glücklich mit ihnen und fest entschlossen, mein Leben dort zu verbringen. In der Vergangenheit war ich von der Politik und den Massen abgekapselt. Ich wußte auch nichts von Akupunktur und traditioneller Medizin. Jetzt habe ich beides studiert und herausgefunden, daß sie für viele Dinge nützlich sind. So habe ich eine Menge dazugelernt. Ich vermisse das Großstadtleben nicht mehr. Ich bilde junge medizinische Arbeiter dort aus, wo sie gebraucht werden. Auf dem Land sehe ich eine großartige Perspektive für meine Arbeit." Und seine Familie? Sie lebt noch immer in Peking. Einmal im Monat kommt er sie besuchen. Vielleicht wird er wieder in die Stadt zurückberufen, wenn die neue Partei ihn braucht – und wenn er junge Menschen ausgebildet hat, die seine Arbeit in der Brigade weitertragen können. Vielleicht wird die Familie auch aufs Land nachkommen.

Dieser fragmentarische Auszug aus vielstündigen Gesprächen mit Ärzten, barfüßigen Ärzten, Krankenpflegern, Patienten und Mitgliedern der Revolutionskomitees im Gesundheitswesen kann vielleicht wenigstens einen Einblick in die Atmosphäre der Arbeit innerhalb des Gesundheitswesens in China geben, in einem Zeitraum, in dem sich die Abkehr von den bevorzugten Städten und ihres egozentrischen Professionalismus hin zu den ländlichen Gebieten und Dörfern im Landesinnern vollzog. Etwa 70 bis 80 Prozent der Bevölkerung leben dort – die Leute, die die chinesischen Kommunisten zur Macht gebracht haben. „Die Bauern unterstützen alle aus ganzem Herzen und begeistert den Vorsitzenden Mao", sagte Lao Dschang. In den elf Kommunen, die ich diesmal besuchte, hörte ich nichts Gegenteiliges, aber es wäre irrig anzunehmen, daß alle diese Leute vorbildliche sozialistische Menschen geworden seien. Mao selbst macht sich keine Illusionen darüber, daß die bäuerliche Seele doch noch nicht frei ist von „einem spontanen Bedürfnis, Kapitalist zu werden", wie er es ausdrückt. Einiges darüber, und auch über andere Probleme der Kommunen, wird in einem späteren Abschnitt behandelt werden.[4]

---

[4] Grundlegende Artikel zu den politischen Zielsetzungen, die hinter der Reform des chinesischen Gesundheitswesens stehen, finden sich u. a. in folgenden Nummern der Peking-Rundschau:
31/1968: *Die Richtlinien der Revolution in der medizinischen Ausbildung ersichtlich aus dem Heranwachsen der ‚barfüßigen Ärzte'* *
6/1969: *Ausbildung von roten Ärzten aus den Arbeitern* *
6/1970: *Unabhängigkeit und Selbständigkeit, Vertrauen auf die eigene Kraft bei Entwicklung der medizinischen Wissenschaft in China*
4/1971: *‚Barfüßige Ärzte' der ‚7. Mai'-Kaderschulen*

5/1971: *Vom ‚Krankenhaus für Herrschaften' zum Krankenhaus der Werktätigen* *

16/1971: *Pekinger medizinische Gruppe in Nordwestchina*

25/1972: *Ärztliche Betreuung auf dem Pamir-Plateau*

43/1972: *Ein neuer medizinischer Erfolg*

Die drei mit * bezeichneten Artikel finden sich auch in dem Sammelband: *Chinas sozialistischer Weg. Berichte und Analysen der ‚Peking-Rundschau'.* Herausgegeben von Frank Rainer Scheck. Fischer Taschenbuch Verlag, Frankfurt 1972 (A. d. Ü.).

Dritter Teil

Die Große Proletarische Kulturrevolution

10.

Abkühlung des Persönlichkeitskults

Bevor wir die Gesellschaft, die aus dem jüngsten inneren Kampf hervorgegangen ist, mehr aus der Nähe betrachten, müssen wir ein wenig in die Ursprünge und das Wesen der GPKR (Großen Proletarischen Kulturrevolution) eindringen. Von Anfang an überaus komplexer Natur, wurde sie zusätzlich kompliziert und verwirrt durch die propagandistischen Verzerrungen eines heißen Krieges, von dem die Öffentlichkeit hauptsächlich die Anklagen der Sieger zu hören bekam.

Es ist auch heute noch schwierig, die jetzt sichtbaren Fäden dieser faszinierenden Geschichte zu entwirren, und noch viele Jahre werden wir wohl nicht *alle* Fäden sehen oder in der Lage sein, einen kurzen, klaren Abriß der Ereignisse zu geben. Über die GPKR sind schon ganze Bücher erschienen, und ich weiß persönlich von weiteren „definitiven" fünf Bänden, an denen westliche Gelehrte arbeiten. Aber kein Buch über das heutige China kann es vermeiden, sich mit diesem Thema auseinanderzusetzen, weil es noch immer im Prozeß des „Werdens" begriffen ist. Unter der Einheit, die anscheinend auf dem IX. Parteikongreß 1969 geschlossen wurde, dauert eine Spannung fort, die wiederum zu einem „Kampf zweier Linien", wie es in der Parteisprache heißt, um das Steuer der Revolution ausbrechen kann.

„Die Mitglieder der Partei und die Bevölkerung unseres Landes dürfen nicht denken, daß nach einer, zwei, drei oder vier großen Kulturrevolutionen Ruhe und Frieden herrschen wird. Sie müssen stets auf der Hut sein und niemals in ihrer Wachsamkeit nachlassen", sagte Mao Tse-tung 1967.[1] Selbst „nach Ab-

---

[1] Volkszeitung, Peking, 5. Mai 1967.

schaffung der Klassen . . . wird es noch ideologische und politische Kämpfe unter den Menschen und auch Revolutionen geben", hat er an anderer Stelle erklärt, „. . . das Ungleichgewicht ist eine allgemeine, objektive Regel . . . *Das Ungleichgewicht ist normal und absolut, das Gleichgewicht dagegen zeitlich begrenzt und relativ.*"[2]

Einer der Schlüssel zum Verständnis der Ereignisse von 1966 ist die zentrale Rolle des Persönlichkeitskults um Mao Tse-tung, ein Faktor, den er selbst freimütig eingestanden hat. In gewissem Sinn ging der ganze Kampf darum, wer die Kontrolle über diesen Kult ausübte, wer ihn benutzte, und vor allem, für wen. Die Frage war, ob der Kult zum Monopol einer Parteielite wurde, die ihn für ihre eigenen Zwecke benutzte – wobei Mao auf die Rolle einer Büste auf einem Piedestal reduziert worden wäre –, oder ob Mao Tse-tung und seine wahren Anhänger die Mao Tse-tung-Gedanken dazu benutzten, „das Volk zu bewaffnen", nämlich es mit den ideologischen Waffen auszurüsten, um gegen diejenigen politisch zu handeln und ihnen die Macht zu entreißen, in denen Mao Usurpatoren sah, geführt von privilegierten, reaktionären, ja sogar konterrevolutionären Gruppen, die letztlich eine „neue Klasse" bildeten.

Emotionen, personen- und gruppenorientierte Loyalität und Rivalität, individuelle und nationale Selbstachtung, die sich mit dem Charisma Maos verbanden, alle diese subjektiven Faktoren waren so dicht mit den objektiven Realitäten vermischt, die das große Schisma verursachten, daß einige ausländische Beobachter vermuteten, es handle sich um nicht mehr als Palastgezänk.

War die Kulturrevolution vielleicht das chinesische Äquivalent

---

[2] Hervorhebung vom Autor. Eine Anthologie ohne Titel mit Schriften Mao Tse-tungs, herausgegeben von den Roten Garden und im allgemeinen für authentisch gehalten, datiert vom 19. 2. 1958, enthält die Schrift *Sechzig Punkte über Arbeitsmethoden. Ein Entschließungsentwurf des Amtes beim ZK der KPCh.* Zuerst in Current Background, American Consulate General, Hongkong, Nr. 892, 21. 10. 1969 übersetzt, später vom US-Außenministerium neu herausgegeben. Die hier veröffentlichte Version stammt von Jerome Ch'en, *Mao Papers, Anthology and Bibliography,* London 1970 (deutsch München 1970, S. 90/91).

zu allgemeinen Wahlen? In Wirklichkeit stellten die Angriffe der Kulturrevolution auf die Partei und den Überbau des Staates zwei Vorsitzende – und zwei Charismen – in einer Nation gegeneinander, die nur einen Präsidenten zur gleichen Zeit ertragen konnte. Auf der einen Seite stand das Prestige der Bürokratie, das sich in Liu Schao-tschi personifizierte, dem verfassungsmäßig gewählten Staatsoberhaupt, Chef des Nationalen Verteidigungsrats und mächtigen Organisator des Parteiverwaltungsapparats. Vorgeblich in Synthese mit diesem Überbau, aber in Wirklichkeit in steigendem Gegensatz zu ihm, stand Mao, das Heldenbild, der ideologische Mentor, die Vaterfigur der Revolution, und *de facto* Oberkommandierender der Streitkräfte vermittels seines Einflusses auf die Parteikommissionen für Militärfragen.

Daß es sich um eine wirkliche Revolution handelte, wurde klar, als Maos Offensive zu einem inneren Kampf führte, der praktisch die Arbeit der Partei lahmlegte und beinahe zur Auflösung des Staatsaufbaus führte. Während des Wiederaufbauprozesses wurde es nötig, sowohl die Parteistatuten als auch die Staatsverfassung zu erneuern und die Verfassungswirklichkeit transparent zu machen, indem man diejenigen Verfassungstexte entfernte, die den Anspruch auf einen von der Partei unabhängigen Staatsaufbau erhoben; ein Anspruch, den die Verfassung des Obersten Sowjets der UdSSR immer noch erhebt, nach dessen Vorbild die Verfassung des Nationalen Volkskongresses Chinas gestaltet worden war, der sich aber in eklatantem Widerspruch zur allgegenwärtigen Diktatur einer Partei befindet, die beansprucht, alleinige Vertreterin des Proletariats zu sein.[3]

Ich erwähnte schon, daß Vorsitzender Mao den endgültigen Bruch mit Liu Schao-tschi auf den Januar 1965 datiert – aber daß sich eine solche Möglichkeit schon 1959 oder früher abzeichnete. Da ich genau in diesem Januar 1965 in einem Gespräch mit dem Vorsitzenden die Frage des Persönlichkeitskults in

---

[3] Der Text des Parteistatuts von 1969 findet sich im Anhang III. Der Entwurf einer neuen Staatsverfassung wurde bislang vom Nationalen Volkskongreß noch nicht verabschiedet.

China aufgeworfen hatte, mag es relevant sein zu klären, warum ich diese Frage stellte.

Im Herbst 1964 und zu Beginn des Winters 1965, als ich mich zum erstenmal seit fünf Jahren wieder in China aufhielt, war ich sehr beeindruckt von den Veränderungen zum Besseren hin an nahezu allen Plätzen, die ich wieder besuchte. 1959 hatte die ideologische Spaltung zwischen China und Rußland sich zu einem Schisma ausgewachsen, als Chruschtschow nicht nur sein Versprechen zurückzog, China eine „Modell-Atombombe" zur Verfügung zu stellen, sondern ein Jahr später auch alle sowjetischen Berater abberief und Hunderte von Verträgen annullierte, die für die Industrialisierung Chinas lebensnotwendig waren. Einige Übertreibungen während des „Großen Sprungs vorwärts" und der Gründungsphase der Volkskommunen (1958–59), begleitet von Fehleinschätzungen und Irrtümern, trugen zusätzlich zu den schweren Produktionseinbrüchen bei. Außerordentlich ungünstige Witterungsverhältnisse und Mißernten verschlimmerten die Situation noch, so daß bis 1963 Bedingungen herrschten, die einer Hungersnot nahekamen.

1964/65 hatte die Wirtschaft jedoch ihr Gleichgewicht wiedergefunden. Die „Notjahre" von 1959–1962 waren vorüber, es gab relativ reichlich Nahrungsmittel, und lebenswichtige Güter und Dienstleistungen für den Verbraucher waren in größerem Umfang verfügbar. Die Industrie begann, ihre Verluste aufzuholen, und die kollektive Landwirtschaft schien gut zu funktionieren. Es herrschte eine entspannte und optimistische Atmosphäre vor; nur die Furcht vor einem Krieg mit den USA verbreitete sich von Vietnam aus.

Das Land schien wie nie zuvor hinter Mao Tse-tung geeinigt.

„Nur etwas in diesem Bild macht mir zu schaffen", sagte ich zu zwei alten Freunden, mit denen ich kurz vor meiner Abreise alleine zu Abend aß, „das ist die für meine Begriffe maßlose Verherrlichung Mao Tse-tungs." Riesige Porträts von ihm hingen überall in den Straßen, Büsten standen in jedem Raum, überall waren fast ausschließlich seine Bücher und Fotos ausgestellt. In dem vierstündigen Tanz- und Singfestspiel *Der Osten ist rot* war Mao der einzige Held. Als einen Höhepunkt in dieser

Aufführung – sie wurde, zu Ehren des zu einem Staatsbesuch weilenden Königs von Afghanistan, Mohammed Zahir Schah, und seiner Gattin in Gegenwart ihres Gastgebers, des Staatspräsidenten Liu Schao-tschi, mit einer Besetzung von 2000 Menschen veranstaltet – sah ich ein von mir selbst im Jahre 1936 aufgenommenes Foto Maos, auf zehn Meter Höhe vergrößert. Dieser Anblick gab mir ein sehr gemischtes Gefühl des Stolzes auf meine fotografische Leistung und unangenehmer Erinnerungen an ähnliche extravagante Erscheinungen des Stalinkultes, wie ich sie während des Zweiten Weltkriegs in Rußland gesehen hatte.

Bilder von Liu Schao-tschi, Tschou En-lai, Peng Dschen, Deng Hsiao-ping und anderen Politbüromitgliedern waren allerdings noch immer in Büros und Schulen zu sehen, und Lius Werke wurden überall verkauft. Noch hatte sich der Persönlichkeitskult eines Mannes nicht durchgesetzt, aber der Trend war unverkennbar.

Meine Gastgeber waren Gung Peng,[4] Absolvent in der Jendjing-Universität, und ihr Gatte, Tschiao Guan-hua, beide stellvertretende Außenminister. Ich fuhr fort: „Das Ausmaß dieser Propaganda ist das einzige, was mich die Frage stellen läßt, ob der Vorsitzende in diesem Land Feinde hat. Sicher weiß jeder, daß er der Hauptschöpfer der Revolution ist, sicher hat er persönlich diese Art übertriebener Lobhudelei nicht nötig. Ist das wirklich notwendig?"

Gung Peng lächelte verständnisvoll. „Ich weiß, daß viele Ausländer so denken. Ich will Ihnen eine Geschichte erzählen. Während der ersten Jahre der Revolution passierte etwas Seltsames. Als die Bauern zum Jahrestag (der Gründung der VR China) im Oktober kamen und vor der Tribüne vorbeizogen, machten viele Ko-tau vor dem Vorsitzenden Mao. Wir mußten Posten an diese Stelle beordern, um sie daran zu hindern, sich vor ihm niederzuwerfen. Es braucht seine Zeit, um dem Volk begreiflich zu machen, daß Vorsitzender Mao kein Kaiser oder

---

[4] Eine wirklich „hochgestellte Persönlichkeit"; sie starb 1970. Siehe Anhang: Von südlich der Berge zu nördlich der Meere.

Gott ist, sondern ein Mensch, der will, daß die Bauern aufrecht stehen wie Menschen. Hilft Ihnen das zu verstehen, zu welchen Exzessen an Verehrung sich einige Leute hinreißen lassen würden – und daß das, was erlaubt wird, im Grunde eine sehr milde Form des Respekts ist?"

Es half mir, daß sie mich an Chinas dreitausendjährige Geschichte der Kaiserverehrung erinnerte, und ich dankte ihr. Trotzdem fragte ich den Vorsitzenden, als ich ihn traf:[5] „In der Sowjetunion ist China beschuldigt worden, den Persönlichkeitskult zu begünstigen. Gibt es eine Basis für diesen Vorwurf?"

Mao antwortete, daß dies möglicherweise zutreffe. Es heißt, daß Stalin der Mittelpunkt eines Persönlichkeitskults gewesen sei und daß es so etwas bei Chruschtschow überhaupt nicht gegeben habe. Das chinesische Volk, behaupteten Kritiker, habe solche (Gefühle oder Praktiken). Vielleicht gebe es gute Gründe für etwas (mehr?) Persönlichkeitskult. *Wahrscheinlich sei Chruschtschow gestürzt worden, weil er gar keinen Persönlichkeitskult hatte.*

Die Anspielung war deutlich: Mao hatte wirklich Feinde. Gleichzeitig sagte er, 95 Prozent der Bevölkerung seien für den Sozialismus und nur fünf Prozent dagegen. Wer waren diese fünf Prozent? Ich wußte nicht (und auch die meisten Chinesen wußten nicht), daß derjenige sie anführte, der als Maos Nachfolger ausersehen war, und daß etwa die Hälfte des Politbüros zu ihnen gehörte. Es gab einige Anzeichen für Leute, die dergleichen zu interpretieren wußten, aber nach außen hin verbarg die Solidarität des Politbüros die meisten Risse, die in seiner Einheit aufgetreten waren.

An dieser Stelle möchte ich zu einigen Bemerkungen zurückkehren, die der Vorsitzende mir gegenüber gelegentlich unseres Treffens während der Oktoberparade 1970 machte.

Man habe mich, sagte er, wegen einiger schriftlicher Äußerungen kritisiert, aber er hatte sie in Auszügen gelesen und konnte nichts Schädliches in ihnen entdecken. Sie erwarteten nicht, daß jedermann mit ihnen in allen Punkten übereinstimme, und ich täte recht daran, mir einen unabhängigen Standpunkt zu bewah-

---

[5] Siehe das Interview im Anhang: Von südlich der Berge zu nördlich der Meere.

ren. Und was meine Äußerungen über den sogenannten Personenkult anlange, schließlich gab es ja so etwas, warum also nicht darüber sprechen?

Als er mich einige Monate später, am 18. Dezember, zu einem Frühstück einlud, brachte der Vorsitzende dieses Thema erneut zur Sprache. Er schätze die Forscher, die sich um die wissenschaftliche Erforschung (gesellschaftlicher Phänomene) verdient machten, sagte er: Darwin, Kant, einige amerikanische Sozialwissenschaftler, besonders Lewis Henry Morgan, der die primitive Gesellschaft erforscht habe, und dessen Werke von Marx und Engels sehr geschätzt worden waren. Morgans Untersuchungen über den Indianerstamm der Irokesen, die Ursprünge der Stammesreligion und das „Bedürfnis nach Verehrung" unterstützten den historischen Materialismus und den Begriff des Klassenkampfes, sagte Mao. Von früheren Unterhaltungen mit dem Vorsitzenden wußte ich, daß er lange über das Bedürfnis des Menschen nachgedacht hatte, an einen Gott, an Götter oder dergleichen zu glauben, und obwohl er den Atheismus von Marx und Engels teilte, hatte er politische Konsequenzen aus solchen Überlegungen gezogen.

Welcher Unsinn! rief Mao aus. Immer dieses Bedürfnis, verehrt zu werden. Falls niemand mich (Snow) verehrte, wäre ich glücklich? Wenn niemand meine Artikel und Bücher läse, nachdem sie erschienen seien, wäre ich zufrieden? Es bestehe ein Bedürfnis nach einer gewissen Verehrung des Individuums, und das gelte auch für mich. In meinem Land, den USA, wie könnte jeder einzelne Gouverneur, jeder Präsident, jeder Minister auskommen, ohne daß ihn einige verehrten?

Später erinnerte er mich daran, daß er 1965 gesagt habe, es gebe zwar einigen Persönlichkeitskult, aber möglicherweise sei etwas mehr davon vonnöten; zu dieser Zeit war die Macht in der Partei aus seinen Händen gewesen. Aber nun sehe es anders aus, sagte er. Er (der Kult) sei übertrieben worden; es gebe eine Menge Formalismus. Zum Beispiel die sogenannten „Vier Großen": Großer Lehrer, Großer Führer, Großer Oberkommandierender und Großer Steuermann. Was für ein Unsinn! sagte er wieder. Damit werde man früher oder später aufräumen. Nur das Wort „Lehrer" werde beibehalten; im Sinne von „Schulleh-rer". Er war immer ein Schullehrer gewesen und er war immer noch einer. Den Rest werde man fallenlassen.

„Manchmal frage ich mich", sagte ich, „ob diejenigen, die wirklich übertreiben, es eigentlich ernst meinen."

Nach seiner Ansicht zerfielen sie in drei Kategorien. Die erste Gruppe waren die Aufrichtigen; die zweite Gruppe bildeten die Mitläufer, die mit dem Strom schwammen – sie schrien, weil alle schrien *wan sui*! (Lang lebe!) Die dritte Kategorie waren die Unaufrichtigen. Ich dürfe mich durch solchen Unsinn nicht irreführen lassen.

11.
Die Kultur

Was aber versuchte der Lehrer zu lehren, und was war nicht zu den Massen durchgedrungen? Was war der Inhalt der Lehre, jenseits der Form.

Vier gewichtige Bände *Ausgewählte Werke*, ein weiterer Band mit *Ausgewählten Werken*, die noch nicht formell veröffentlicht waren, aber in der Partei zirkulierten, und zahllose vermischte Erklärungen und Berichte waren die Basis seiner Lehren. Aber die kürzeste Antwort auf diese Fragen gab das Elfte Plenum des Zentralkomitees (des Achten Parteitags) am 8. August 1966 zum Start der Kulturrevolution mit der Veröffentlichung seines Sechzehn-Punkte-Programms, in dessen 16. Punkt es heißt:

„Bei der Großen Proletarischen Kulturrevolution ist es notwendig, das große rote Banner der Ideen Mao Tse-tungs hochzuhalten und der proletarischen Politik die Befehlsgewalt einzuräumen ... die Ideen Mao Tse-tungs sollen bei der Aktion in der Kulturrevolution zur Richtlinie genommen werden ... (Es) müssen erst recht die Parteikomitees aller Ebenen die Werke des Vorsitzenden Mao gewissenhaft in schöpferischer Weise studieren und anwenden. Immer wieder müssen sie besonders die Schriften des Vorsitzenden Mao über die Kulturrevolution und die Methoden der Führung der Partei studieren, beispielsweise *Über die neue Demokratie, Reden bei der Aussprache in Yenan über Literatur und Kunst. Über die richtige Lösung von Widersprüchen im Volke, Rede auf der Landeskonferenz der KP Chinas über Propagandaarbeit. Zu einigen Fragen der Führungsmethoden* und *Arbeitsmethoden der Parteikomitees.*"[1]

---

[1] Siehe den vollständigen Text im Anhang: Beschluß des ZK der KPCh über die Große Proletarische Kulturrevolution.

Die Lehren des Lehrers zusammenzufassen – sie enthalten zugleich einen Abriß der Parteigeschichte und der Geschichte der Revolution – ist eine sehr schwierige Aufgabe. Gelöst wurde sie von Verteidigungsminister Lin Piao, der eine Zusammenstellung vornahm, die später als das „kleine rote Buch" der Mao-Zitate weltweit bekanntwurde. Lin begann 1962 mit der Veröffentlichung eines Mao-Zitats pro Tag im Organ der Volksbefreiungsarmee, der Tageszeitung Jiefangjun Bao (Zeitung der Volksbefreiungsarmee),[2] einer Veröffentlichung, die Mao-treu geblieben war.

1964 brachte er die überzeugendsten Texte (bei einigen handelt es sich um längere Auszüge, in wenigen Fällen sogar um den Abdruck des gesamten Textes) in einem handlichen Taschenbuch heraus, das ins Gepäck jedes Soldaten paßte, und ließ es von allen auswendig lernen – um die Armee gründlich zu indoktrinieren; anschließend versorgte er die Millionen von Bauern mit diesem Büchlein, und schließlich, 1966, überflutete er die Großstädte damit. Buchstäblich Hunderte von Millionen Exemplaren wurden hergestellt und verbreitet; nach und nach erschien das rote Büchlein in allen wichtigen Sprachen der Welt.

„Drei ständig zu lesende Artikel" in diesem Band geben ein gutes Beispiel für die schlichten Lektionen, die Mao im Geist jedes Chinesen einzupflanzen suchte.

„*Dem Volke dienen*" handelt von einem gewöhnlichen Soldaten, der „für die Interessen des Volkes" einen „würdigen Tod" starb, und enthält Maos Gedenkrede zu dieser Gelegenheit (1944), als er damit begann, Gedenktreffen für jeden Genossen abzuhalten, „der in unseren Reihen stirbt – wer immer es auch sei – ein Koch oder ein Kämpfer", und die Toten zu ehren, die „etwas Nützliches geleistet haben", und so „den Zusammenschluß des ganzen Volkes zu fördern" *(Dem Volke dienen)*.

Eine andere Trauergedenkrede aus dem Jahre 1939, *Dem Gedenken Bethunes*, des kanadischen Arztes, der im Dienste der chinesischen Revolution starb, preist Bethunes „absolute Selbstlosigkeit und absolute Hingabe", von der „jeder Kommunist lernen

---

[2] Amtliche Schreibweise, sprich: Djäfangdjün Bau (A. d. Ü.).

muß". Er war „ein edler Mensch mit klarem Charakter" und „dem Volke nützlich", seine „Gesinnung des Internationalismus" war ein leuchtendes Beispiel für die gegenseitige Hilfe aller Proletarier in der Welt *(Patriotismus und Internationalismus)*.

Ein dritter Artikel *Yü Gung versetzt Berge* basiert auf einer alten chinesischen Parabel und berichtet von einem Bauern, der das Unmögliche versuchte: mit seinen beiden Söhnen zwei Berge abzutragen, die sein Haus vom Weg abschnitten. Von weisen Männern verlacht, harrte Yü Gung („Närrischer Greis") doch aus: Generationen nach ihm würden die Arbeit fortsetzen, und schließlich würde es ihnen doch gelingen. Und so geschah es auch – in diesem Gleichnis – mit der Hilfe der Götter. Mao verglich die beiden Gipfel mit den beiden Übeln, die auf dem chinesischen Volk lasteten – Feudalismus und Imperialismus –, während „Gott niemand anders als die Volksmassen Chinas" war, die „mit uns zusammen diese Berge abtragen" und China von ihnen befreien würden.

Geschrieben im Jahre 1945, enthält die Parabel vom alten Mann ernsthafte politische Lektionen, einschließlich einer Warnung, sich auf die amerikanische Hilfe für Tschiang Kai-schek vorzubereiten, aber gleichzeitig einen Unterschied zwischen dem Volk der USA und ihrer Regierung zu machen – noch heute ein vertrautes Thema *(Selbstvertrauen und harter Kampf)*.[3]

Solche schlichten Exempel sind typisch für den Ton treuherziger Pfadfinder-Tugendlehre, der die Propaganda der chinesischen Kommunisten in ihrem Kampf gegen die „vier alten" („alte Gewohnheiten, alte Sitten, alte Ideen, alte Kultur", chinesische und westlich-bourgeoise), in denen die eigene Familie und das eigene Selbst zuerst und die Gemeinschaft an letzter Stelle kamen, stets charakterisiert hat. Darüber hinaus sollte die massenhafte Verbreitung einer exemplarischen Methodik objektiven

---

[3] *Worte des Vorsitzenden Mao Tse-tung*, Peking 1967, und *Fünf Schriften des Vorsitzenden Mao Tse-tung*, Peking 1968. Die in dieser Zusammenfassung verwendeten Termini der offiziellen deutschen Version weichen in Details von Snows auf der englischen Version fußenden Begriffen ab (A. d. Ü.).

Denkens, die man zur Analyse und „Zusammenfassung der Erfahrung" konkreter Probleme in einer systematischen, einheitlichen Weise braucht, durch gewissenhaftes Studium der wichtigsten theoretischen Werke Maos gesichert werden, vor allem seiner Schriften *Über den Widerspruch, Über die Praxis* und *Über die richtige Behandlung von Widersprüchen im Volk.*

Wenn es scheint, als sei ich weit von der Geschichte der Kulturrevolution abgeschweift, so deshalb, weil ihre „Ursprünge" nicht durch eine bloße chronologische Aufzählung verstanden werden können und nicht ohne einige Seitenwege, die etwas von der „Natur" der „Gedanken" sichtbar machen, die Maos Führung den Menschen einzuprägen suchte und sucht.

Stand Liu Schao-tschi damals im Widerspruch zu solchen Tugenden und Moralpredigten, für die die oben zusammengefaßten „drei ständig zu lesenden Artikel" als Beispiel stehen mögen? Sicherlich nicht. Zur Auseinandersetzung zwischen Mao und Liu kam es deshalb, weil die Partei unter Liu einer pragmatischen Politik folgte, einer Politik des *ju-ming wu-schi* (den Namen ohne die Wirklichkeit haben), und Maos Ideologie nicht in das tägliche Leben des Volkes integrierte. Liu bemühte sich nur insoweit, Mao zufriedenzustellen, um die Einheit zu bewahren; gleichzeitig stärkte und schützte er seine Organisation gegen Eingriffe, indem er praktisch-administrative Aufgaben in einer systematischen, wenn auch kleinlichen, schwerfälligen und bürokratischen Weise löste.

Liu und Mao waren sehr verschieden in ihrem Arbeitsstil und in ihrem Temperament. Liu, sieben Jahre jünger als Mao, stammte aus Maos Heimatprovinz Hunan; beide studierten im gleichen Lehrerseminar, um Lehrer zu werden, aber ihre Vorstellungen vom Lehren gingen weit auseinander. Beide stammten aus reichen Bauernfamilien, aber Mao rebellierte gegen seinen Vater, im Gegensatz zu Liu. Beide schlossen sich 1921 der Partei an, aber Liu wurde in Moskau durch die Komintern für die Partei geworben, während Mao Mitgründer der sich in Schanghai bildenden und im Lande selbst entstandenen Partei wurde.

Liu war nicht pro-russisch, aber seine frühen Jahre in Rußland haben ihn beeinflußt; Mao lernte die Revolution, indem er

Bauern als Partisanen rekrutierte. Liu kümmerte sich nicht um das Leben der Bauern; er zog die konspirative Untergrundtätigkeit in den Großstädten vor und war ein fähiger Organisator von Arbeitern und Intellektuellen. Er neigte dazu, Ergebnisse weniger von Anstrengungen und gutem Zureden zu erwarten als vom Funktionieren einer professionellen menschlichen Maschine, einem reibungslos aufeinander eingespielten Stab.

Mao mochte das Leben in den Städten nicht und mißtraute ihm; er verbrachte den größten Teil seines Lebens vor 1949 als Krieger-Politiker; er verachtete „Experten" und Intellektuelle, die niemals einen Schuß abgefeuert oder ein Feld umgegraben hatten; er empfand Hochachtung vor den armen Bauern, die seine besten Soldaten waren; er suchte die „neuen Arbeiter", die zum großen Teil aus den Reihen des ländlichen Proletariats stammten, gegen die Korruption der Städte zu verteidigen und zu schützen; er pries den bewaffneten Kampf. Er fesselte jugendliche Schüler an sich durch seinen Appell an ihren Glauben an sich selbst, ihren Idealismus und Patriotismus, so wie er die Themen für seine Gedichte aus verklärter Vergangenheit, klassischen Anspielungen auf den Kampf des Menschen um die Zähmung der Natur und einem Bild vom Menschen, der „Gott wurde", schöpfte.

In einer Zeit, in der China sich im Übergang von einer vorwiegend agrarischen zu einer vorwiegend industriellen Gesellschaft befand, schienen diese beiden Männer bei all ihren Gegensätzen dazu geschaffen, einander zu ergänzen. Auch 1958 schien das noch so zu sein, als Mao als Präsident der Volksrepublik China zugunsten Lius zurücktrat, um sich – wie es damals hieß – ganz der Parteiarbeit zu widmen. In diesem Jahr hinterließ er der Partei als Vermächtnis sein bemerkenswertes Dokument *Sechzig Punkte über Arbeitsmethoden,* zu dem er den Kommentar gab: „. . . die wesentlichen Punkte (über Regeln und Vorschriften) wurden mit den Genossen aus den Regionen beraten . . ."[4]

Einmal haben Zeitpunkt und Form der Spaltung mit Rußland

---

[4] Jerome Ch'en, *Mao Papers,* München 1972, S. 82 (der Satz endet: „. . . und vom Genossen Liu Schao-tschi aufgezeichnet" A. d. Ü.).

und Meinungsverschiedenheiten über diesen Punkt von 1959 an die Zusammenarbeit zwischen Mao und Liu gestört. Die chinesisch-russische Krankheit war zuerst auf der Moskauer Konferenz von 1957 ausgebrochen; ihre Verheerungen wurden weltweit offenbar nach Chruschtschows Besuch in Camp David 1959, kurz nachdem Chruschtschow sein Versprechen zurückgezogen hatte, China die Atombombe zur Verfügung zu stellen. Im September 1959, im gleichen Monat, in dem sich Chruschtschow mit Eisenhower traf, mußte Peng De-hwai von seinem Posten als Verteidigungsminister zurücktreten. Dieser Rücktritt folgte auf die entscheidende Plenarsitzung des Zentralkomitees in Luschan, auf der Peng Mao herausgefordert hatte und Mao sein gesamtes Prestige in die Waagschale werfen mußte, um eine Abstimmung gegen Peng zu gewinnen.

Wer war Peng De-hwai? Mit dem Oberbürgermeister von Peking, Peng Dschen, dessen Laufbahn städtisch orientiert war, ist er trotz der Gleichheit des Familiennamens nicht verwandt. Peng De-hwai war ein rauher Krieger, der vom Lande stammte und nicht mehr als zwei Jahre lang eine Schule besucht hatte. 1899 in dem gleichen Kreis der Provinz Hunan geboren, aus dem auch Mao stammte, lief er der Tyrannei seiner bäuerlichen Familie davon, schlug sich kläglich durch und wurde schließlich mit 17 Jahren Soldat. 1928 war er der Kommandeur eines nationalistischen Regiments, führte einen Aufstand an und schloß sich mit seinen Soldaten den Partisanen Mao Tse-tungs an. Danach unterstützte er Mao, der sein politischer Tutor war. Peng machte viele militärische und ideologische Fehler (und gab sie freimütig zu), aber er entwickelte sich zu einem fähigen Taktiker; Mao vertraute ihm und mochte ihn. Seinen schnellen Aufstieg verdankte er hauptsächlich dem Vertrauen Maos.

Im Koreakrieg war Peng, mit Ausnahme der kurzen Anfangsphase, in der Lin Piao das Kommando innehatte, der Führer der chinesischen „Freiwilligen". Als solcher wurde er zum Nationalhelden und wurde zum Range eines Feldmarschalls, Verteidigungsministers und Chefs der Volksbefreiungsarmee erhoben. Während er in Korea eng mit den Russen zusammenarbeitete, ließ er sich von der sowjetischen Logistik und ihrer Hilfe für die

Modernisierung der chinesischen Rüstungsindustrie beeindrukken. 1959 besuchte er Rußland und Osteuropa im Verlauf einer längeren Reise; während dieser Reise traf er sich mit Chruschtschow kurz vor dessen „fataler" Camp-David-Tour. Propagandistische Angriffe beschuldigten ihn später, er habe Chruschtschow einen Brief übergeben, in dem er Maos Führung kritisierte, aber bisher ist dieser Brief nicht vorgelegt worden.

Es steht aber fest, daß er nach seiner Rückkehr während der Luschan-Konferenz die Mißerfolge der Partei unter Maos Führung scharf angriff und angeblich Mao für die schweren Verluste verantwortlich machte, die durch den „Großen Sprung vorwärts", die Volkskommunen, die „Generallinie" und den Bruch mit der UdSSR eingetreten seien. Er stellte auch ernsthaft die übertriebenen Erfolgsmeldungen von Kampagnen wie die der „Hinterhof"-Stahlproduktion in Frage, ein Experiment, das, wie er behauptete, China eine Milliarde Dollar gekostet habe. Zu den Sympathisanten Pengs gehörten Huang Ke-tscheng, sein Stabschef, und der frühere Generalsekretär der Partei Dschang Wen-tien, ein alter Mao-Gegner.

Als ich Peng De-hwai 1936 zum erstenmal begegnete, war er stellvertretender Kommandeur der 1. Roten Front-Armee, derb, zäh, ein Mann von grenzenloser Energie und revolutionärer Begeisterung, aber in marxistischer Schulung ein wenig zurückgeblieben. Intellektuell wäre er nie ein ebenbürtiger Gegner Maos geworden. In der Auseinandersetzung von 1959 wurde er offensichtlich ohne Schwierigkeit ausmanövriert. Offensichtlich gedemütigt, gab er seine Fehler zu und entschuldigte sich. Da Mao in Pengs Mut und seiner Loyalität zur militärischen und politischen Strategie und Taktik seines Chefs dessen Hauptvorzüge sah, muß ihn sein Abfall persönlich tief enttäuscht haben. Peng wurde zwar aus dem Politbüro entfernt, blieb aber im ZK. Er sagte, er wolle sich nun „der Landwirtschaft widmen".

Trotzdem fand Peng 1960/61 Zeit – angeblich von Liu Schao-tschi dazu ermutigt – Reisen im Land zu unternehmen und fünf „Berichte über Felduntersuchungen" zu verfassen, die auf weitere Kritik an Maos Führung hinausliefen. Diese Berichte wurden den Mitgliedern des ZK zugestellt. Auf der Zehnten Plenarsitzung des Zentralkomitees im September 1962 legte Peng ein Dokument von 80 000 Wörtern Umfang vor, in dem er seine Kritik wiederholte und erheblich erweiterte. Diesmal wurde er wahrscheinlich von Liu Schao-tschi und dem Generalsekretär der Partei, Deng Hsiao-ping, unterstützt, die eine „erneute Beurteilung und Rehabilitierung" für Peng wollten.

Zwei weitere Tatsachen müssen hier beachtet werden, auf die schon angespielt worden ist. Die heimlichen Anhänger Pengs in der Armee – gelegentlich die „Professionellen" genannt – waren für einen zumindest zeitweiligen Kompromiß mit Rußland. Sie brauchten russische Hilfe für die technische Modernisierung der Armee, einschließlich der Bombe. Diese Hilfe konnten sie nur dann erhalten, wenn sie eine nicht gleichberechtigte Rolle in einem Bündnis zu ungleichen Bedingungen akzeptierten, ähnlich dem Status der Satelliten im Warschauer Pakt – und in diesem Punkt war Mao unerschütterlich anderer Meinung. Aber sie hatten auch noch ein zweites Motiv, und dieses stellte die zweite wichtige Tatsache dar.

Fortführung der russischen Waffenhilfe bedeutete Fortführung der engen Verbindung zwischen den chinesischen Führungsstäben und dem russischen Oberkommando auf operativer Ebene. Das wiederum bedeutete die Schaffung einer „Profi-Clique" oder -Gruppe in China, die in der Lage war, ihre Abhängigkeit von Rußland dazu zu benutzen, ein Gegengewicht gegen die hauptsächlich von Mao ausgeübte souveräne Macht zu bilden und diese einzudämmen. Sie wollten eine Armee von Berufsoffizieren nach russischem Vorbild, die von nichtmilitärischen Produktionsaufgaben und „Armee-fürs-Volk"-Verpflichtungen befreit wäre und mit der ebenso professionellen Bürokratie eng zusammenarbeitete. Sie wollten Maos Einfluß auf die Armee schwächen und ihre Unabhängigkeit von ihm nutzen, um den Personenkult einzuschränken oder unter ihre Kontrolle zu bringen und die Militärpolitik selber zu bestimmen.

Daß Peng auch in der Propagandamaschine der Partei Anhänger hatte, wurde deutlich, als ein populärer Film, *Woge des Zorns,* und ein Roman, *Die Verteidigung von Jenan,* in den fünfziger Jahren erschienen, in denen Peng auf kaum verschleierte Weise verherrlicht und Mao entsprechend in seiner Bedeutung herabgesetzt wurde. Film und Buch wurden wieder ausgegraben und zusammen mit späteren literarischen Produktionen, wie *Hai Jui wird entlassen,* scharf angegriffen, als die Kulturrevolution begann, „das Hauptquartier zu bombardieren" und damit Liu Schao-tschi, dessen Position in der Auseinandersetzung wir uns nun zuwenden müssen.

Vor 1962 hatte Liu Schao-tschi Mao niemals offen persönlich angegriffen. In Luschan akzeptierte er, wenn auch lauwarm, Lin Piao als Ablösung für Peng. In seinen publizierten Reden und Artikeln aus den Jahren 1959 und 1960 verteidigte Liu getreu Maos oberste Führung und pries Volkskommunen, den Großen Sprung und die „Generallinie".

Im Dezember 1960 jedoch erschien eine seltsam anachronistische Bemerkung in einer Rede, die während seiner Moskaureise veröffentlicht wurde, Monate nach dem entscheidenden Bruch zwischen Mao und Chruschtschow. In zehn publizierten Reden, die er in Rußland hielt, zollte er keinerlei Tribut an Maos Führung; nur in einer einzigen Rede zitierte er Mao in einem Zusammenhang, aus dem er merkwürdigerweise den Schluß zog, daß Mao wünsche, „dem sowjetischen Weg zu folgen". Dazu stellte er fest: „Auch meine persönliche Erfahrung hat das bewiesen." Von 1961 bis 1966 brachte Liu in Ansprachen, die er in China und auf Reisen in Korea, Pakistan, Südostasien und Indonesien hielt, nur gelegentlich symbolische Hinweise auf den Vorsitzenden Mao.

Inzwischen (1960/61) war das Zentralkomitee gezwungen, auf seinem Weg zum Sozialismus einen zeitweiligen Rückzug anzutreten – vergleichbar etwa Lenins Neuer Ökonomischer Politik in den zwanziger Jahren.

„Zunächst der Landwirtschaft dienen" gewann nun die Priorität über die Schwerindustrie, das Grundeigentum ging auf die Kommunedörfer (Kooperativen) über, der Familienbesitz der Bauernhäuser und kleine private Parzellen wurden garantiert, und begrenzte freie Märkte wurden gestattet; in der Industrie wurden das Bonussystem und andere materielle Anreize eingeführt. Es war die Zeit für den Pragmatisten (oder Opportunisten), und ein Trend zum Libermanismus[5] – in China „Öko-nomismus" genannt – war unverkennbar; neureiche Bauern entwickelten sich zum Kulakenstatus.

Maos „drei rote Banner" – die Volkskommunen, der Große Sprung vorwärts und die „Generallinie" (des sozialistischen Aufbaus) – wurden von Liu 1962 auf Parteiversammlungen kriti-siert, deren Protokolle natürlich vor der Kulturrevolution nicht veröffentlicht wurden. Im gleichen Jahr gab es ein spektakuläres Ereignis – dessen außerordentliche Bedeutung von den zahlrei-chen ausländischen China-Spezialisten wieder einmal nicht er-kannt wurde. Die Propagandaabteilung der Partei unter der Leitung des Politbüromitglieds Lu Ding-ji befahl den Neudruck von Liu Schao-tschis Schrift „*Über die Selbstschulung von Kom-munisten*" in großer Auflage.[6]

---

[5] Liberman, Jewsei Grigorjewitsch, geb. 1897, Professor an der Univer-sität Charkow. Seine wirtschaftswissenschaftlichen Schriften betonen die Rolle von Profit und Rentabilität in planwirtschaftlichen Syste-men (A. d. Ü.).

[6] In Schulungskursen für Mitglieder des Kommunistischen Jugendbun-des und auch älterer Kader in weitem Umfang benutzt. Lius Schriften *Über den innerparteilichen Kampf* und *Über Internationalismus und Nationalis-mus* galten als grundlegende Schulungstexte und wurden vor der Kulturrevolution in Parteischulen aller Ebenen benutzt.

12.

Verschwörung durch Propaganda

Als Lius Schrift „*Über die Selbstschulung von Kommunisten*" 1939 in Jenan zuerst erschien, waren die Kommunisten ein kleine Minderheit im Volk; sie versuchten, schwankende Intellektuelle, Kleinbürger und nationalgesinnte bürgerliche Elemente für ihre Führung im Patriotischen Antijapanischen Krieg zu gewinnen. *Selbstschulung*[1] bagatellisierte die Rolle des Klassenkampfes und betonte die Bedeutung der Disziplin und der Selbstkritik; die Schrift legte den Gedanken nahe, Kommunist zu sein hänge von einer tugendhaften geistigen Haltung ab, die jedermann erreichbar sei. *Hsiu-yang* (Selbstschulung) hatte seine Wurzeln im Konfuzianismus und implizierte „Klassenharmonie" als kommunistisches Ideal.

Dazu bestimmt, den politischen Bedürfnissen der Einheitsfront-Periode Rechnung zu tragen, enthielt die Schrift Anachronismen, die kaum für die sechziger Jahre paßten, in denen sich die Diktatur des Proletariats durchgesetzt hatte und China mit der Sowjetunion um die ideologische Führung der Weltrevolution wetteiferte. Liu Schao-tschi strich einiges und fügte einiges hinzu, aber der Tenor und die wesentlichen Aussagen blieben die gleichen.[2] Was war falsch an ihnen? In einem wichtigen Abschnitt, in dem Lenin zitiert wurde, hatte Liu unverantwortlicherweise folgende Passage weggelassen: „Die Diktatur des

---

[1] Vgl. zum folgenden Text: *Verrat an der Sache des Proletariats – Der Kernpunkt des Buches über die „Selbstschulung"*, Peking 1967, S. 12, dem auch die folgenden Zitate entnommen sind. Das Pamphlet enthält auch Hinweise auf die altchinesischen Anklänge von Lius Schrift (A. d. Ü.).

[2] *Collected Works of Liu Shao-ch'i*, 1958–1967 (Foreign Languages Press, Peking).

Proletariats ist ein zäher Kampf, ein blutiger und unblutiger, gewaltsamer und friedlicher, militärischer und wirtschaftlicher, pädagogischer und administrativer Kampf gegen die Mächte und Traditionen der alten Gesellschaft."[3] Noch merkwürdiger mutet an, daß die Ausgabe von 1962 im folgenden Satz noch immer die kursiv gedruckten Stellen ausläßt: „Aus allen diesen Gründen ist *die Diktatur des Proletariats notwendig und* der Sieg über die Bourgeoisie unmöglich ohne einen langen, hartnäckigen, erbitterten Krieg auf Leben und Tod . . ."[4]

Nirgendwo in seinem Buch, im wesentlichen einem moralistischen Essay, der eine anspruchsvolle Ethik zur individuellen Selbstvervollkommnung predigt, hat Liu sein Anliegen in Maos Lehre vom „Volkskrieg" gegen Feudalismus und Imperialismus und vom bewaffneten Kampf als Basis für die Machtergreifung des Proletariats integriert. Vor allem ignorierte er völlig wichtige Werke Mao Tse-tungs, die während des Krieges oder in der Nachkriegszeit entstanden waren, wie *Über die demokratische Diktatur des Volkes* und *Über die richtige Behandlung der Widersprüche im Volke.*

Während diese Punkte in der später gegen Liu geführten scharfen Polemik betont wurden, enthielt sein Buch auch Passagen, die seine Unterstützung Peng De-hwais und seine Opposition gegen die Führung des Vorsitzenden Mao verraten. In der Partei gab es, so erklärte Liu, „gewisse Vertreter des Dogmatismus, die zu gewissen Zeiten sich noch schlimmer aufführten . . . Sie betrachteten sich selbst als den „chinesischen Marx" oder „den chinesischen Lenin" und hatten die Unverschämtheit zu verlangen, daß die Mitglieder unserer Partei sie verehren sollten wie Marx und Lenin, sie als „die Führer" unterstützen und ihnen Loyalität und Ergebenheit beweisen müßten . . . Und tatsächlich wurden sie von unseren Parteigenossen abgesetzt. Aber können wir zuversichtlich sagen, daß solche Leute nicht wieder aus der Versenkung hochkommen? Nein, das können wir nicht sagen . . .

---

[3] *Verrat an der Sache des Proletariats*, a. a. O., S. 20 (A. d. Ü.).
[4] *Verrat an der Sache des Proletariats*, a. a. O., S. 17 (A. d. Ü.).

Kein Mitglied unserer Partei hat irgendein Recht zu verlangen, daß die anderen ihn als Führer unterstützen und behalten sollen."

Ursprünglich war Lius Kritik klar auf Maos frühere Rivalen gemünzt, solche Parteigrößen wie Wang Ming und Li-Li-san, die ihren Einfluß und ihre Posten inzwischen verloren hatten. Das Buch enthielt viele andere doppelsinnige Passagen. Warum ließ Liu sie erneut im August 1962 drucken – obwohl er andere nicht mehr zeitgemäße Passagen streichen ließ –, und zwar zum gleichen Zeitpunkt, als Peng mit Lius Wissen seine 80000-Wörter-Kritik in der Partei zirkulieren ließ?

Gleichzeitig ließ Liu seine *Selbstschulung* (50000 Wörter) noch einmal von der Pekinger Volkszeitung und der Roten Fahne (dem theoretischen Organ der Partei) veröffentlichen und in weitem Umfang als Schulungsmaterial einsetzen. Und warum sorgte Lo Jui-tsching, Stabschef der Volksbefreiungsarmee, im gleichen Augenblick für die Verbreitung der *Selbstschulung* als Instruktionsmaterial für die Truppe, als sein Vorgesetzter Lin Piao sich darum bemühte, die ideologische Schulung durch den massenhaften Gebrauch der Mao-Fibel zu vereinheitlichen? Lancierte die Partei, wenn nicht Mao selbst, Liu deshalb, weil sie Maos Lehren und Mao selbst ersetzen wollte? Es sah so aus, als baue Liu eine revisionistische Schule der Gegenpropaganda auf. Jedenfalls wurde dies 1967 zum Generalthema mißtönend orchestrierter ideologischer Angriffe gegen „Chinas Chruschtschow".

Noch ein menschlich und politisch enthüllender Zug. Von 1961 an waren Liu und Mao oft für längere Perioden getrennt, wenn Mao – wie es seine Gewohnheit war – sich von Peking entfernte, um das Land und die Armee zu besuchen. Einige wichtige Entscheidungen wurden auf Sitzungen des Politbüros und auf „Arbeitskonferenzen" der Partei getroffen, ohne Mao zu konsultieren. Mao beklagte sich später über Deng Hsiao-ping, Generalsekretär und Mitglied des Ständigen Ausschusses des Politbüros, wie folgt: „Deng Hsiao-ping ist schwerhörig, aber bei Sitzungen saß er stets weit von mir entfernt. In den sechs Jahren seit 1959 hat er mir nicht ein einziges Mal über seine Arbeit

Bericht erstattet. Er stützt sich für die Arbeit im Sekretariat nur auf Peng Dschen."[5]

Zu den wichtigeren Punkten, über die Deng Hsiao-ping möglicherweise nicht Bericht erstattet hatte, gehörte eine Politik, die im Chinesischen als *San-dse ji-bao* abgekürzt wird (drei Freiheiten und eine Festlegung). Gemeint sind 1. die erhöhte Zuteilung von Ländereien für private Nutzung, 2. die Errichtung von mehr freien Märkten und 3. von kleinen Betrieben mit eigener Verantwortung für Gewinn und Verlust sowie 4. die individuelle Festlegung der Ertragsquote jeder Bauernfamilie.[6]

Tendenziell lief dieses System auf die Einführung des „Ökonomismus" und Revisionismus hinaus und widersprach diametral der Sozialistischen Erziehungsbewegung, die es schließlich im Rahmen der „Vier Säuberungen" (sozialistische Berichtigungskampagne auf den Gebieten der Politik, der Ideologie, Organisation und Ökonomie) abschaffte.

Die Wirtschaft erholte sich bis 1964, und die neopragmatistischen Kader versuchten, die materiellen Anreize beizubehalten und zu erweitern.

In Gegensatz zu ihnen stellte sich Mao, mit Hilfe der Armee, in einer Gegenoffensive, die in der Armee begann und sich auf dem Lande als Sozialistische Erziehungsbewegung verbreitete. Das Programm der S. E. B. wurde später stark radikalisiert und zur Basis des Sechzehn-Punkte-Manifests der Kulturrevolution, das schließlich im August 1956 verkündet wurde. Inzwischen baute Lin Piao durch die Allgemeine Politische Abteilung – der Parteisektion der Volksbefreiungsarmee – ein

---

[5] Nach von den Roten Garden veröffentlichter Literatur: *Chairman Mao's Selected Writings, „Speech at C. C. Political Work Meeting* (24 Oct., 1966)", (Joint Publishing Research Service, 49826 Feb. 12, 1970, Washington, D. C.), p. 12.

[6] Hier zitiert nach: *Mao Tse-tung, Der Große Strategische Plan. Dokumente zur Kulturrevolution.* Eingeleitet und herausgegeben von Joachim Schikkel. Edition Voltaire, Berlin 1969, S. 582. In diesem Buch werden die wichtigsten in diesem Kapitel erläuterten Dokumente erörtert. (A. d. Ü.)

Korps von etwa einer Million maoistischer „Aktivisten" auf. Sie nahmen führenden Anteil an den Maßnahmen gegen diejenigen Bauern auf dem Lande, die an „dem spontanen Bedürfnis, Kapitalisten zu werden", krankten. Der Zug zum Revisionismus in den Kommunen wurde mit Hilfe der Mehrheit von „armen Bauern und unteren Mittelbauern"[7] gestoppt und der Drang opportunistischer Bauern zum Schnell-reich-Werden gebremst. Nun waren die Städte an der Reihe.

Warum „Kultur"-Revolution? Sie wurde deshalb so benannt, weil sich ihr erster Schlag gegen die Propagandabosse in der Partei richtete, von denen man sagte, daß sie auf kulturellem Gebiet einen bourgeoisen oder „kapitalistischen Weg" beschritten, um Maos Ideen zu unterminieren. In den frühen sechziger Jahren hatten die Angriffe gegen Maos Führung verstohlen in der Kunst und in der Presse begonnen, wo man schließlich immer häufiger offene kritisch-allegorische Hinweise auf den Vorsitzenden fand.

Ende 1965 wurde zunächst Wu Han als „Dämon" und „Monster" ausersehen, einer der sechs stellvertretenden Bürgermeister von Peking und intimer Freund des Oberbürgermeisters Peng Dschen. Dieser, aus der Gewerkschaftsbewegung hervorgegangen und Protegé von Liu Schao-tschi, war das führende Politbüromitglied Nordchinas. Wu Han war Historiker und ein ziemlich fruchtbarer Schriftsteller, der sich auf die Ming-Periode spezialisiert hatte. Ich hatte ihn als bürgerlich-liberalen Historiker kennengelernt. Er wurde niemals Parteimitglied, unterstützte aber die Kommunisten in ihrem Kampf gegen Tschiang Kai-schek. Jetzt schrieb er einige Stücke zum Preis seiner bevorzugten historischen Figur, Hai Jui, einem vorbildlichen, aufrechten Bürokraten der Ming-Dynastie, der gewagt hatte, den Kaiser zu kritisieren, und zu Unrecht bestraft worden war. *Hai Jui*

---

[7] Vgl. dazu: „*Wie erstellt man die Klassenanalyse in ländlichen Gebieten?*" Anhang C: in William Hinton, *Fanschen. Dokumentation über die Revolution in einem chinesischen Dorf*, Bd. 2, S. 403. Frankfurt am Main 1972 (A. d. Ü.).

schmäht den Kaiser war Wus erstes Stück; seine Fortsetzung, *Hai Jui wird entlassen,* wurde 1961 mit Erfolg aufgeführt.

Ermutigt durch die heimliche Unterstützung einflußreicher Persönlichkeiten in der Hierarchie, hatte Wu – ein „gehorsames Werkzeug"? – sich auch mit anderen zusammengetan, die in äsopischer Sprache und unter so unverdächtigen Titeln wie *Abendgespräche am Jenschan* und *Notizen aus dem Drei-Familien-Dorf* eine lange Reihe an Zeitungsessays veröffentlichten[8]. Zwei enge Mitarbeiter von Wu waren Deng To, ein Anhänger Peng Dschens in der Kulturpolitik, und Liao Mo-scha, Pengs Experte in der Einheitsfrontarbeit. Das Trio schrieb unter einem gemeinsamen Pseudonym. Es wäre ihnen nicht möglich gewesen, ihre Arbeiten ohne die stillschweigende Unterstützung des für Propagandafragen zuständigen Politbüromitglieds Lu Ding-ji und seines Stellvertreters Dschou Jang, ebenfalls eines ZK-Mitglieds, zu veröffentlichen.

Die geschickte Verschleierungstaktik des Trios Wu Han, Deng To und Liao Mo-scha verbarg aber den eingeweihten Parteikreisen gegenüber nicht ihre doppelbödige Absicht, durch die Wiedergabe scheinbar unschuldiger historischer Anekdoten und Fabeln Mao und die „drei roten Banner" satirisch ins Lächerliche zu ziehen. Das wurde ihnen jedenfalls später vorgeworfen, obschon nicht ein einziger Chinaspezialist, auch kein chinesischer, damals solche Analogien zog. Warum hatte Mao nichts getan, um diese Fabeln zu unterdrücken, als sie in den Jahren 1961 bis 1963 ihre Fäden immer weiter zogen?

Ob es wirklich Wu Hans phantasievolle Absicht war, die Schwerter mit Mao zu kreuzen oder nicht, jedenfalls bestand kein Zweifel daran, daß einige Parteiführer *Hai Jui wird entlassen* entsprechend interpretierten. Für sie war dieses Stück Teil eines Abnutzungskrieges gegen Maos Macht, heimlich geführt von

---

[8] In der Form von Dialogen zwischen Dorfbewohnern und Intellektuellen griffen diese Essays indirekt, vermittels mythologischer Anspielungen oder historischer Anekdoten, die „drei roten Banner" und die Generallinie Maos an.

Peng Dschen. Stand Liu Schao-tschi voll hinter Peng Dschen? Später leugnete er dies ab. „Die Crux der Entlassung Hai Juis liegt im Faktum der Entlassung", schrieb Mao 1967. „Kaiser Dschia Tsching entließ Hai Jui; 1959 setzten wir Peng De-hwai ab. Peng ist Hai Jui."[9] Aber Mao sagte das erst 1967; 1965 wäre es nicht richtig gewesen, wenn er selbst den Angriff offen und unverblümt eröffnet hätte. Wer würde diese Aufgabe für ihn übernehmen?

Was mit dazu beitrug, Mao davon zu überzeugen, daß nichts weniger als eine zweite Revolution zum Sturz einiger oberster Parteiführer notwendig war, um die Nation auf den revolutionären Weg zurückzuführen – für ihn der einzige Weg –, war die Tatsache, daß er in Nordchina weder eine geeignete Persönlichkeit in der Partei noch irgendeinen Intellektuellen finden konnte, der bereit gewesen wäre, Wu Han zu exponieren, da dieser offensichtlich unter mächtigem Schutz stand. Er mußte nach Schanghai gehen, um seinen Mann zu finden: Jao Wen-juan, ein relativ junger Schriftsteller, der 1957 Maos Lob für eine gelungene Polemik gegen bourgeoise Auswüchse in Kunst und Journalismus gewonnen hatte. Vielmehr war es Djang Tjing (Frau Mao), die mit Jao Wen-juan, einem guten Freund, zusammentraf. Sie selbst war zu dieser Zeit (1965) sehr aktiv im Kampf gegen Wu Han und die Liu-Anhänger in der Partei in Schanghai, die sich ihren Vorstellungen von neuen Dramen, Opern und Balletten mit proletarischem Inhalt widersetzten: Stücken, die Maos Gedanken über eine Massenkunst treu sein sollten, Stücken, denen sich der Kultur- und Propagandaapparat in Peking heftig widersetzte.

Jao Wen-juan selbst entwarf die Kritik an Wu Han und seinem Stück *Hai Jui*. Elfmal überarbeitet, wie es heißt, und sowohl von Djang Tjing als auch von Mao gebilligt, wurde sie schließlich im November in Schanghai veröffentlicht –, weil, wie wir gesehen

---

[9] In einem als Selbstkritik beschriebenen Statement gab Peng De-hwai später zu, daß mit Hai Jui er selbst gemeint gewesen sei.

haben, Mao zunächst die Parteipresse in Peking nicht dazu bringen konnte, sie zu drucken.

Jaos Artikel warf Wu Han schwere *ideologische* Fehler vor; er idealisiere eine feudalistische Persönlichkeit, ignoriere aber den dominierenden Klassenkampf der Massen gegen Kaiser, Bürokraten und Landbesitzer. Die Grenze für Hai Juis „Reform" habe darin bestanden, daß die Hälfte des von korrupten Beamten geraubten Landes den ursprünglichen Besitzern zurückgegeben werden solle, um die Stabilität des „Systems" zu sichern. Rasch erschienen weitere Artikel mit detaillierteren Anklagen; sie setzten zum Gegenangriff nun auch auf höhergestellte Persönlichkeiten mit der Verfügungsgewalt über die Propagandamaschinerie an; an Namen aber wurde weiterhin nur der Wu Hans genannt.

Peng Dschen, jetzt ernsthaft unter Druck gesetzt, suchte nach einem Ausweg für Wu Han, dessen Dilemma zu seinem eigenen geworden war. Man würde ihn verantwortlich machen, wenn Wu und andere enge Verbündete zu ideologischen Feinden erklärt wurden und damit in die Nähe von Konterrevolutionären rückten. Peng Dschen war Mitglied einer Fünfergruppe für die Kulturrevolution, die das Zentralkomitee im Oktober 1965 heimlich eingesetzt hatte. Im Februar 1966 ließ Peng Dschen ein Telegramm an alle Parteistellen im Namen dieser Gruppe herausgehen, das versuchte, Wu Hans Verfehlungen als bloßen „akademischen" Irrtum abzutun. Gleichzeitig verharmloste dieser Bericht die Hauptziele der Kulturrevolution, die Mao bereits klar als die Beseitigung „führender Machthaber in der Partei, die den kapitalistischen Weg gehen" definiert hatte. Anstatt dessen forderte Peng eine Bewegung, die sich darauf beschränken sollte, Kritik „mit Zustimmung der betroffenen leitenden (Partei)gremien" zu üben.

Mao beschuldigte Peng, daß dessen Telegramm weder von den anderen Mitgliedern der Fünfergruppe noch von Mao selbst gesehen worden sei. Erzürnt berief der Vorsitzende eine außerordentliche Sitzung des Zentralkomitees ein und setzte die vollständige Mißbilligung des Berichtes durch. Das war am 16. Mai 1966. So vernichtend war das Rundschreiben des Zentralkomitees vom 16. Mai, daß es Peng unter die Spitzengruppe derer einrückte, die sich als „Vertreter der Bourgeoisie . . . in die Partei, in die Armee und in die verschiedenen Bereiche der Kultur eingeschlichen haben"; mit anderen Worten: „Ein Häuflein von konterrevolutionären Revisionisten". Das Rundschreiben schloß unheilverkündend: „Sie werden, sobald die Bedingungen dafür reif sind, die politische Macht an sich reißen und die Diktatur des Proletariats in eine Diktatur der Bourgeoisie umwandeln. Wir haben bereits einige dieser Leute durchschaut, aber manche noch nicht; manche genießen jetzt noch unser Vertrauen und werden zu Nachfolgern ausgebildet, wie zum Beispiel Leute vom Schlage Chruschtschows, die noch neben uns nisten."[10]

Von nun an war der „Bürgerkrieg ohne Waffen" erklärt – mehr oder weniger.

---

[10] *Rundschreiben des Zentralkomitees der Kommunistischen Partei Chinas (16. Mai 1966)*, Peking 1967 (eine ausführliche Schilderung dieser Anfänge der Kulturrevolution findet sich u. a. in Giovanni Blumer, *Die chinesische Kulturrevolution 1965/67*, Frankfurt 1968, in Adrian Hsia, *Die chinesische Kulturrevolution*, Neuwied 1971, und in Joachim Schikkels Dokumentation *Der große strategische Plan*, op. cit. (A. d. Ü.).

13.

Offener Kampf

Seit Herbst 1965 war Mao nicht mehr in der Öffentlichkeit gesehen worden; auch das Kommuniqué des ZK-Treffens vom 16. Mai 1966 sagte nichts über seinen Aufenthaltsort; beides blieb bis zum folgenden Jahr Parteigeheimnis. Offensichtlich war Maos jeweiliger Aufenthalt nur den Mitgliedern der kleinen Gruppe für die Kulturrevolution im ZK bekannt, die Peng Orchens Gruppe ersetzt hatte. Es verbreitete sich der Eindruck, daß Mao entweder krank sei oder sich von einer Krankheit erhole.

Es ist möglich, daß ich unwissentlich zu diesem Eindruck beigetragen habe. In einem Interview, das mir der Vorsitzende im Januar 1965 gab, erschien er etwas weniger kräftig als gewöhnlich. Zweimal machte er die rätselhafte Bemerkung, daß er „bald Gott sehen" werde,[1] und einige andere Hinweise legten die Vermutung nahe, er schicke sich an, die Zukunft seinen „Nachfolgern" zu überlassen – was kaum darauf schließen ließ, daß er Vorbereitungen für einen unmittelbar bevorstehenden großen Kampf traf. Später sagte man mir in Peking, daß derartige Bemerkungen sehr wohl die Absicht verfolgt haben könnten, seine Gegner irrezuführen – sie zu ermutigen, sich weiter vorzuwagen, während die Strategie für den Angriff geplant wurde. Natürlich ist das bloße Spekulation.

In Wirklichkeit besuchte Mao im November heimlich Schanghai und sprach dort zu jungen Parteirebellen, zukünftigen Avantgardisten der Kulturrevolution wie Jao Wen-juan und Dschang Tschun-tjao, die bald eine Rebellion zum Sturz der Gefolgsleute Lius in Partei, Gewerkschaften und kulturellen Institutionen in

---

[1] Siehe Anhang 1.

108

Schanghai organisieren und anführen sollten. Weit davon entfernt, krank zu sein, bereiste Mao den Süden und gab Direktiven aus. Im Norden rüstete die Gruppe des ZK für die Kulturrevolution zum entscheidenden Schlag gegen Peng und „den obersten Machthaber in der Partei, der den kapitalistischen Weg geht", aber noch nicht öffentlich beim Namen genannt wurde. Auf der 10. Plenarsitzung des ZK 1962 hatte Mao gesagt: „Um eine politische Macht zu stürzen, ist es notwendig, vor allem die öffentliche Meinung zu schaffen und in der ideologischen Sphäre zu arbeiten. Das trifft zu für die revolutionären wie auch für die konterrevolutionären Klassen."[2]

Jao Wen-juans Kritik Wu Hans war in der nichtoffiziellen Presse[3] Schanghais erschienen, zu einer Zeit, als sich die offizielle Parteipresse dort und in Peking, mit Ausnahme der Organe der Volksbefreiungsarmee, noch außerhalb der Kontrolle Maos befand. Im Juni 1966 übernahm die Armee-Zeitung in Peking die Volkszeitung, offizielles Organ des Zentralkomitees, und Hung-tji, das theoretische Organ des Parteizentrums.[4] Sie kündigte einen „scharfen Klassenkampf" zur Eliminierung „der schwarzen Antiparteilinie" an und nahm sich vor, proletarische Ideologie in Erziehung, Literatur, Journalismus, Theater und anderen kulturellen Bereichen zu verbreiten.

Am 3. Juni veröffentlichte die *Volkszeitung* eine „Entscheidung des Zentralkomitees", das frühere Herausgeberkomitee der *Volkszeitung* zu entlassen. Die gleiche Entscheidung erklärte, das Parteikomitee von Peking sei „unter der Leitung von Li Hsuehfeng reorganisiert worden", einem Veteranen des Langen Marsches, Mitglied des Politbüros und Minister für Öffentliche Sicherheit. Peng Dschens Name wurde nicht erwähnt, aber von diesem Zeitpunkt an war er von allen Positionen in Staat und Partei ausgeschlossen. Mit ihm verschwanden Wu Han und alle

---

[2] Zitiert nach: Stuart R. Schram, *Das Mao-System,* op. cit., S. 325 (A. d. Ü.).

[3] Wen Hui Bau (Abendzeitung).

[4] Unter „Zentrum" wird das Zentralkomitee der Partei verstanden, besonders das Ständige Komitee des Politbüros, das als inneres Exekutivorgan des ZK dient.

„akademischen" Verbündeten Pengs von der politischen Szene. Eine weitere Anordnung von großer Bedeutung betraf die Entlassung Lu Pings und Peng Pee-juans von ihren leitenden Posten an der Peking-Universität. Das unter ihrer Führung stehende Parteikomitee sollte unter einer neuen „Arbeitsgruppe", die vom neuen Pekinger Parteikomitee ausgewählt worden war, „reorganisiert" werden.

Wie solche Entscheidungen des Zentralkomitees zustande kamen, wer genau bei der geheimen Sitzung des ZK am 16. Mai anwesend war, blieb unklar. Waren die Teilnehmer an solchen Sitzungen sorgfältig ausgewählt oder durch zivile und militärische ZK-Kandidaten „ausgefüllt" worden? Ob Mao die zum Sturz des verfassungsgemäß gewählten Staatspräsidenten notwendige Mehrheit im Zentralkomitee oder ob er den anderen Weg vorzog, jedenfalls entschied er sich, sich an die nicht in der Partei organisierten Massen zu wenden, Millionen von Jugendlichen zu mobilisieren und zu indoktrinieren (die Armee war angewiesen, die „Linke" zu unterstützen), um die antimaoistischen Bürokraten („Revisionisten") abzulösen, die sich in den politischen und akademischen Machtpositionen festgesetzt hatten.

Bis zum Juni hatte sich die Revolution zur Durchführung des Kommuniqués vom 16. Mai überall entfaltet, zur Vorbereitung der 11. Plenarsitzung des Zentralkomitees, die für den August einberufen worden war. Schulen wurden geschlossen, Rote Garden stritten um die Kontrolle über alle kulturellen Einrichtungen, und eine Woge von *da dse bau* überschüttete das Volk mit globalen Anschuldigungen und Enthüllungen über „Dämonen", „Ungeheuer" und solche, die den „kapitalistischen Weg gehen". Während der Sturm anschwoll, tauchte Mao Tse-tung auf dramatische Weise wieder an der Oberfläche auf; am 16. Juli schwamm er bei Wuhan, der großen Industriestadt in Zentralchina, über den Jangtse-Fluß. 5000 „revolutionäre Rebellen" und ein Schwarm von Presse- und Fernsehleuten begleiteten ihn. Die „einzige Sonne in unseren Herzen", wie er auf den Spruchbändern genannt wurde, befand sich sichtlich bei bester Gesundheit, voller Kampfeslust und bereit, das Steuer zu übernehmen. Anschließend kehrte er im Triumph nach Peking zurück.

Es scheint nicht, daß Liu Schao-tschi irgendeinen ernsthaften geplanten Versuch machte, sich Maos Herausforderung in offenem Kampf zu stellen; ja man hat nicht einmal den Eindruck, daß er vor dem August voll begriff, daß er selbst das Ziel Nr. 1 war. Daß er darauf zielte, Maos Macht zu unterhöhlen, indem er den Maokult zu einer bloßen Fassade reduzierte, hinter der die Macht in der Partei von denjenigen ausgeübt wurde, die sich an die Spielregeln hielten, das scheint offensichtlich. Aber war nicht das Parteistatut klar darauf abgestellt, die Herrschaft durch den Kult des Individuums zugunsten der kollektiven Führung zurückzudrängen?

„. . . unsere Partei verabscheut die Vergottung des Individuums. Das Zentralkomitee hat sich stets gegen die Übertreibung der Rolle von Führern in Kunst und Literatur gewandt. Selbstverständlich ist der Persönlichkeitskult ein gesellschaftliches Phänomen mit einer langen Geschichte und spiegelt sich notwendigerweise auch in unserer Partei und im öffentlichen Leben in gewisser Weise wider. Es ist unsere Aufgabe, die Opposition des Zentralkomitees gegen die Erhöhung und Verherrlichung der Persönlichkeit treu zu befolgen."[5]

Nun war dieser Organisationsmensch Liu, Legalist, Chef des Parteiestablishments mit seinem festen Glauben an Parteistatuten, wahrscheinlich von seinem Temperament her unfähig, das wahre Ausmaß von Maos Kühnheit zu erahnen. Konnte es tatsächlich Maos Absicht sein, den Parteiapparat – für Liu das Leben der Partei – zu zerbrechen und eine Revolution durchzuführen, indem er die Kontrolle über den Kult übernahm? Lius ganze vorherige Erfahrung mit Maos Umformungsbewegungen hatte ihn für etwas so Drastisches nicht vorbereiten können.

Wer hätte die Roten Garden vorhersehen können? Enthielt das Rundschreiben vom 16. Mai ein Wort der Autorisation für sie? Gewiß nicht. Sie waren nach Lius Auffassung illegal. Wer hätte vorhersehen können, daß der Parteigründer sich an die Massen

---

[5] *The Constitution of the Communist Party of China*, und Deng Hsiao-ping, *Report on the Revision* . . . Eighth National Congress of the C. C. P., Foreign Languages Press, Peking, 1956.

wenden würde – nicht etwa an die fest im Apparat verankerten Jungkommunisten, disziplinierte und „gehorsame Werkzeuge", die Lius Parteischulungsprogramm durchlaufen hatten, sondern an die nicht in der Partei organisierten, undisziplinierten Volksmassen – damit sie gegen das Establishment selbst rebellierten? Tatsächlich verletzten die Rebellen nahezu jede Regel im Parteistatut von 1956 – diesem so eng an sein russisches Vorbild angelehnten Dokument –, an dessen Formulierung Liu und Generalsekretär Deng Hsiao-ping lang und hart gearbeitet hatten. Konnten sie die Gesetze der Staatsverfassung brechen und illegale Handlungen gegen den gewählten Präsidenten des Nationalkongresses unternehmen? Und all das mit Maos wohlwollender Billigung? Wie war das möglich?

Nicht daß Liu untätig geblieben wäre. Von Mai an war seine Hauptanstrengung darauf gerichtet, die Organisation, die er und Deng so mühevoll aufgebaut hatten, vor Maos destruktivem Kurs zu bewahren. Die Geschichte, die ich aus dem Munde von Teilnehmern der Rebellion hörte, war überall die gleiche. Die Alte Garde versuchte, dem Ansturm beizeiten zu begegnen, indem sie Hunderte von Kadern in „Arbeitsgruppen" in Schulen, Fabriken und Institute entsandte. um die Revolution in harmlose Kanäle zu „führen", das Auseinanderbrechen der Parteizellen zu verhindern und die „Unruhestifter" zu diskreditieren.

Aber Maos Kulturrevolutionsgruppe im ZK hatte ebenfalls ihre eigenen Kader eingesetzt; am Anfang waren es nur wenige, aber sie waren fest entschlossen. Das ZK hatte alle Schulklassen zur Revolutionierung der Lehrpläne entlassen. Debatten und ungehinderte Angriffe auf die Führung waren an der Tagesordnung, Rebellion war gerechtfertigt, ebenso wie Wandzeitungen, die Angriffe gegen die Autorität richteten.

Die Roten Garden erschienen Ende Mai zuerst an der *Bei-da* (Bei-djing da-hsüeh, Peking-Universität) und wurden von Lius „Arbeitsgruppen" sofort als „parteifeindlich" unterdrückt. Wer sie in Bewegung gesetzt hat, war unbekannt. Der General, den ich in Hangtschau traf und der mit Maos Gesamtstrategie während der Kulturrevolution wohlvertraut war, sagte mir, das

Erscheinen der Roten Garden dort sei etwas gewesen, was niemand geplant oder auch nur vorausgesehen habe. Mao erkannte jedoch rasch ihr Potential. Die Roten Garden an der Bei-da schöpften wieder Mut, erhoben sich von neuem und verbreiteten sich auch anderswo. Sie wurden wiederum unterdrückt, und ein Kampf mit wechselndem Kriegsglück folgte. Im Juni erklärte Mao dann: „Die Roten Garden sind gut", und die Nation sah eine Explosion von Roten Garden.

Äußerungen der Selbstkritik[6], die später Liu Schao-tschi zugeschrieben wurden, mögen echt sein oder nicht, aber sie verraten eine gewisse einsame Würde und einen Mangel an übertriebener Selbsterniedrigung, die einigen Punkten einige Glaubwürdigkeit verleiht. Eine der Erklärungen besagt, daß Liu nach dem 1. Juni, bevor Mao nach Peking zurückkehrte, durch seine Arbeitsgruppen intensive Anstrengungen unternahm, das auszuführen, was er für die Ziele der Kulturrevolution hielt. Erst nachträglich sah er, daß er die Revolution sabotierte, indem er versuchte, die Rebellen zu isolieren und sich „Auseinandersetzungen mit dem Ziel, die Kader aus ihren Ämtern zu entfernen, widersetzte".

„Ich war von der Furcht", heißt es in diesem Statement, „vor Unordnung, Ultrademokratie und konterrevolutionären Aufständen ergriffen." Selbst nach Maos Rückkehr fuhr Liu jedoch persönlich fort, den Versuch zu machen, Kader und Arbeitsgruppen anzuleiten, denn, sagte er, „vor dem 5. August" erkannte er immer „noch nicht seinen Fehler in Linie und Orientierung" und „zielte häufig auf die Aufrechterhaltung der alten Ordnung und widersetzte sich dem Geist der revolutionären Rebellen . . ."

Und was geschah am 5. August? Das war eine Woche vor der entscheidenden 11. Plenarsitzung des Zentralkomitees, das die 16 Punkte des Programms für die Kulturrevolution verabschiedete und Liu Schao-tschi von der zweiten Stelle in der Hierarchie an die achte Stelle verbannte. Und der 5. August war der Tag, an dem Mao Tse-tung seine eigene Wandzeitung schrieb.

---

[6] *Collected Works of Liu Shao-ch'i*, 1958–67, op. cit., S. 357–69.

Ihr Inhalt – *„Bombardiert das Hauptquartier!"* verbreitete sich sofort im ganzen Land. Nicht lange danach legte Mao eine rote Armbinde an und bekannte sich öffentlich zu den revolutionären Rebellen der Roten Garden. Zwischen diesem Zeitpunkt und November nahm er am Tor des himmlischen Friedens Aufmärsche von nicht weniger als 11 Millionen Jugendlichen aus allen Teilen Chinas ab, die sich am Sturz des alten Establishments beteiligten.

Am 5. August endlich erkannte Liu, daß mit dem „Hauptquartier" er gemeint war, als er in der „Volkszeitung" folgende Zeilen von Mao las:

„. . . in den letzten über 50 Tagen haben gewisse führende Genossen – von der zentralen bis hinunter zur lokalen Ebene – in genau entgegengesetzter Weise gehandelt. Indem sie sich den reaktionären Standpunkt der Bourgeoisie zu eigen machten, haben sie eine Diktatur der Bourgeoisie ausgeübt und die schwungvolle Bewegung der großen proletarischen Kulturrevolution niedergeschlagen. Sie haben die Tatsachen auf den Kopf gestellt, aus Schwarz Weiß gemacht, die Revolutionäre eingekreist und unterdrückt, alle Meinungen, die von ihren eigenen abwichen, erstickt und einen weißen Terror errichtet; und sie haben all dies mit großer Selbstgefälligkeit getan."[7]

„Vorsitzender Mao selbst und das Zentralkomitee der Partei haben mich gebeten", schrieb Liu, „die Verantwortung für die Arbeit des ZK zu übernehmen, wenn Vorsitzender Mao nicht in Peking ist", und in dieser Lage befand sich Liu in diesen 50 unruhigen Tagen.

Wie hätte er, ohne ausdrückliche Anweisungen, wissen können, daß von ihm erwartet wurde, sich selbst und den Parteiapparat, an dessen Spitze er stand, abzuschaffen? Er konnte nur so handeln, wie er es immer getan hatte und wie Mao vielleicht vorhergesehen hatte, daß er handeln würde – „die Kader schützen" – und so in eine wohlvorbereitete Falle gehen. Vielleicht war er nicht weniger überrascht gewesen als alle

---

[7] zitiert nach Peking-Rundschau 33/1967, auch in Schickel, *Der große strategische Plan,* op. cit. S. 144 f. (A. d. Ü.).

114

anderen im Land, als der Vorsitzende Mao Mitte Juli wieder auftauchte und in aller Ruhe den Jangtse durchschwamm.

Damit war der Kampf für Liu so gut wie zu Ende – wenn er ihn überhaupt je zu Maos Bedingungen begonnen hatte – aber erst ein Jahr später wurde er als der „chinesische Chruschtschow" namentlich in der Presse identifiziert. Und erst im Herbst 1968 wurde er aus dem ZK ausgeschlossen und in Unehren aus der Partei ausgestoßen.

Während dieser vielen Monate schritt die Revolution von einem Stadium zum anderen, während die Jugend die alten Strukturen zerschlug und die Kulturrevolutionsgruppe sie dazu anzuleiten suchte, auf allen Ebenen die Macht zu übernehmen und etwas Besseres zu schaffen. Mao hatte geglaubt, das Ganze werde etwa ein Jahr dauern; aber schließlich dauerte es über drei Jahre. Ebenso überraschend wie Maos führende Rolle bei einem Volksaufstand gegen die Machthaber in der Partei, die er aufgebaut hatte, war der verbissene Widerstand des großen Apparats gegen solch massiven Angriff. Das Schiff war solider gebaut, als viele gedacht hatten – und das neue konnte nicht in einem Tag gebaut werden.

Wie schon gesagt, ist diese Zusammenfassung weit davon entfernt, zureichende Geschichtsschreibung zu sein. Sie ist unvollständig. Die Besiegten kommen in ihr nicht wirklich zu Wort. Sie läßt viele wichtige und modifizierende Fakten außer Betracht: einschneidende Ereignisse wie den Einfluß auf das Leben der alten Revolutionäre und das Zerbrechen alter Loyalitäten, die zu einem echten, wenn auch begrenzten Bürgerkrieg zwischen den zerspaltenen Gruppen führte, der in allen Bereichen der Gesellschaft, einschließlich der Armee, ausbrach. Wie fügt sich zum Beispiel Tschou En-lai in dieses Bild ein – der Mann, der fast allein die Hauptkräfte in Produktion und Verwaltung zusammenhielt, während der große Umsturz das ganze Land erschütterte?

Diese Frage, wie so viele andere, ist vielleicht leichter zu beantworten – wenn auch nur zum kleinen Teil –, wenn sich unser Bericht von der jüngsten Vergangenheit wieder der Gegenwart zuwendet, der relativen Ruhe nach dem Sturm.

Vierter Teil

Die Armee, die Partei und das Volk

14.
Eine Militärdiktatur?

Ganz China ist eine große Schule der Gedanken Mao Tse-tungs, und die Armee ist Chinas Schulmeister. „Wir sind alle mit der Armee verbunden", sagt Ministerpräsident Tschou En-lai, und er könnte hinzufügen: „Die Armee verbindet uns alle." Ministerpräsident Tschou erklärte mir geduldig, warum es irreführend ist, einzelne Personen in der wiederaufgebauten Partei und in der Regierung als „militärische" oder „nichtmilitärische" einzustufen. Ist Mao Tse-tung etwa nicht „militärisch"? Vater der Armee, die er gemeinsam mit Dschu Deh organisierte und anfänglich führte, ist er auch ein Leben lang Parteichef gewesen. Als Mao (bis 1958) noch Staatsoberhaupt war, vereinigte er in sich die Trias Partei–Armee–Staat; als langjähriger Vorsitzender der Parteikommission für militärische Angelegenheiten war er *de facto* Oberkommandierender seit 1935. Tschou En-lai selbst war kommandierender General der Ostfrontarmee in Schensi, als ich ihn 1936 in den Tagen der alten chinesischen Roten Armee kennenlernte – bevor sie zur Volksbefreiungsarmee wurde. Lin Biao trug die Sterne eines Feldmarschalls, bevor er im Jahre 1965 die Rangabzeichen abschaffte. Im Anfang war das Wort, und das Wort war die Partei. Aber „ohne eine Volksarmee", sagte Mao, „hat das Volk nichts", und auch die Partei nicht. Beide wuchsen zusammen und hingen voneinander ab „wie Lippen und Zähne", um eine chinesische Redensart zu gebrauchen.

Als ich die alten Basen der Roten Armee in Nordwestchina während des Bürgerkrieges zuerst sah, waren für einen Außenstehenden die Parteikader von der kämpfenden Truppe nicht zu unterscheiden. Alle trugen die gleiche blaue oder graue (je nachdem, wie verblichen sie war) Uniform aus Baumwollstoff ohne jedes Rangabzeichen, ausgenommen die roten Kragen-spiegel (die sie auch heute wieder tragen), sie teilten das gleiche oder ähnliche Quartier, aßen etwa das gleiche Essen wie die Bauern, setzten sich den gleichen Gefahren und Entbehrun-gen aus und empfingen gleich wenig materielle Anreize. Kom-missare waren oft gleichzeitig Truppenkommandeure und umge-kehrt, und beide lernten voneinander. Dies blieb während des ganzen Krieges gegen Japan und des erneuten Bürgerkrieges so.

Nach dem Sieg 1949 sagte Mao Tse-tung: „Die Armee ist eine Schule. Unsere Feldarmeen von 2 100 000 Mann ersetzen meh-rere tausend Universitäten und Mittelschulen. Wir müssen uns in der Hauptsache auf die Armee verlassen, um unsere Kader zu rekrutieren."

22 Jahre pausenlosen bewaffneten Kampfes waren nötig gewe-sen, um diese revolutionäre „Schule" zu schaffen; zivile Rekru-ten mußten diese Erfahrung aus zweiter Hand nachholen.

Ein großer Teil der städtischen Arbeiterklasse war zu dieser Zeit politisch schwach und in seinem Weltbild eher kleinbürgerlich. Es waren hauptsächlich die kämpfenden Kommunisten in der Armee, meist bäuerlicher Herkunft, welche die proletarischen Kader organisierten und schulten und so die Erwartungen des klassischen Marxismus auf den Kopf stellten.

Die große Aufbauperiode der nicht aus Soldaten bestehenden Partei kam schnell, nachdem die Kommunisten 1949 die Regie-rungsverantwortung für eine Nation von der Größe eines Erd-teils übernommen hatten.

Schon 1956, als die Volksrepublik gerade sieben Jahre alt war, hatte die Partei zehn Millionen Mitglieder, von denen etwa 80 Prozent der Partei nach der Revolution beigetreten waren. 1960 waren es 17 Millionen; 70 Prozent von ihnen waren nach dem Koreakrieg Mitglieder geworden. Um 1965 soll die Mit-gliedschaft etwa 18 Millionen umfaßt haben, dazu etwa 30 Mil-lionen Jungkommunisten. Noch immer waren zwei Drittel der Mitglieder Bauern, aber unter den Verwaltungsbeamten waren viele Techniker und Intellektuelle bürgerlicher Herkunft. Ab-gesehen von den höheren Rängen waren die *Veteranen* in der Partei eine abnehmende Minderheit.

Trotzdem war die Armee noch immer die „große Schule" und das ideologische Saatbeet. Zusammen mit der Miliz enthielt sie eine weitaus größere Konzentration höherer Kader als alle anderen Zweige des öffentlichen Dienstes.

Verwickelte historische Umstände, die bisher bei uns nur wenig durchleuchtet worden sind, hatten ein Generationsproblem und mehr als das zwischen denjenigen Veteranen geschaffen, die sich auf den Langen Marsch oder die Tage in Jenan zurückführen konnten, auf der einen „Front", und denen, die später kamen, auf einer anderen „Front". In der relativ sicheren und zum Teil bereits „sozialisierten" Zufluchtsbasis in Nordwestchina, wo Mao den Marxismus ideologisch an die chinesischen Bedingungen adaptierte, waren die Erfahrungen mit dem Einfluß von Grundbesitzerklasse und Bourgeoisie gering gewesen im Verhältnis zu Ostchina, wo neue Kräfte in den *hinter* den japanischen Linien ständig behaupteten Guerillagebieten ausgebildet worden waren. Diese hatten mit verwickelteren Klassenproblemen zu tun, wie sie sich aus der von der Gentry beherrschten Wirtschaft der volkreichen großen Ebenen und Täler ergaben, die bis zur Küste reichten.

Die „zwei Fronten" vereinigten sich 1949, aber die Kluft zwischen ihnen wurde niemals ganz geschlossen. Liu Schao-tschi war oberster Kommissar des Politbüros in den ostchinesischen Ebenen gewesen und hatte die Untergrundarbeit in den Städten geleitet. In der Periode nach dem Sieg wurde er der führende Parteibürokrat, der die Verantwortung für die Organisation und die Ausbildung neuer Kader trug. Mit der Zeit wurde Liu zur Personifikation der städtisch orientierten Partei mit ihren engeren Bindungen an einige führende und mehr oder weniger stark von westlich-bürgerlichem Denken beeinflußte Intellektuelle, an diejenigen, die später mit dem technischen Hilfsprogramm der UdSSR zu tun hatten, und an einen Teil der Arbeiterklasse, die ihrerseits von kleinbürgerlichen Traditionen geprägt war. Mao dagegen verkörperte die vollkommen eigenständige revolutionäre Erfahrung, die tief im weiten chinesischen Land verwurzelt war, mit egalitären Traditionen, wie sie in der Armee und ihren engen Bindungen mit den Bauern verwirklicht waren.

Die vorstehenden Beobachtungen liefern keine simple „Formel“, die „alles erklärt“ – keine Formel vermöchte das –, sie weisen nur auf eine vernachlässigte wichtige Facette dieses komplexen Prismas hin. Es empfiehlt sich sehr, sich daran zu erinnern, wenn man die Grenzen des Einflusses der Armee im chinesischen Leben von heute verstehen will.

Es gibt überzeugende Hinweise dafür, daß Mao Tse-tung gehofft hatte, diese „Kluft“ zu schließen, die erwähnten Unterschiede gründlich zu beseitigen und die „zwei Fronten“ zu vereinigen, als er 1956 die Wahl Liu Schao-tschis als seines Stellvertreters durch die Partei akzeptierte, und noch einmal, als er 1958 beiseite trat, um Liu die Verantwortlichkeit des Staatsoberhaupts einzuräumen. Schon 1959 begriff Mao, daß sich die Kluft eher vertiefte als verminderte und daß Liu wahrscheinlich eine unglückliche Wahl war. Wir sahen schon, wie sich die Ereignisse zur Kulturrevolution von 1966–1969 entwickelten.

Was Liu und die übrigen in der Verwaltungsbürokratie eingenisteten Abtrünnigen (als solche sah Mao sie) anbetraf, war das Hauptziel der Revolution keine bloße Säuberung, sondern totale Zerstörung des von ihnen errichteten Gebäudes staatlicher Macht. Das Aufbaustadium – die Frage, „wem“ die Macht übertragen werden solle, war noch schwieriger. Während des ersten Stadiums, das durch die Direktiven des Rundschreibens vom August 1966 in Bewegung gesetzt worden war, erhoben sich rasch Millionen „unterer Ränge“ – Kader, Studenten, Arbeiter, nicht in der Partei organisierte Massen –, um den lange unterdrückten Beschwerden gegen einige aus der Parteielite Ausdruck zu geben. Teile der Partei und ihrer Randorganisationen – Jungkommunisten, Gewerkschaften, Parteischulen – wurden von „revolutionären Rebellen“, ermutigt von Maos Kulturrevolutionsgruppe „im Zentrum“, praktisch aufgelöst.

Neue Massenorganisationen – geführt von Roten Garden, Arbeiterkongressen, Parteirebellen – ergriffen auf lokaler Ebene die Macht. Die Verfechter der „alten Ordnung“ schlugen zurück, indem sie Schein„rebellen“ einsetzten, um die Kontrolle zurückzuerobern. Ein provisorisches Komitee nach dem andern wurde eingesetzt und abgesetzt; neue Führer standen auf und fielen

rasch wieder. Unter den Direktiven der „Gruppe im Zentrum"
war Schanghai die erste Stadt, in der eine „Dreierverbindung"[1]
gebildet wurde – ein Revolutionskomitee, das aus „verläßlichen
Parteikadern", Vertretern der neuen Massenorganisationen und
Armeedelegierten bestand. Sehr langsam und unter stürmischen
Begleitumständen folgten die anderen Städte und Provinzen.

Vielfach konnten sich die Rebellen nicht auf neue Formen und
Führer einigen, sie zerfielen in Gruppierungen, bekämpften
einander, und es kam zu fast anarchischen Zuständen. Die Armee, vom „Zentrum" angewiesen, keine Waffen zu gebrauchen,
sondern „die Linke zu unterstützen" – das heißt, die wirklichen
Rebellen und nicht Marionetten der „alten Ordnung" – intervenierte, um Staatseigentum zu schützen. An gewissen Plätzen
beschlagnahmten die Roten Garden Waffen von der Miliz und
stellten Kommandoposten auf; unter ihnen waren einige Personen, die später als Konterrevolutionäre bezeichnet wurden. Bald
herrschte eine Atmosphäre beginnenden Bürgerkriegs.

Die Allgemeine Politische Abteilung der Armee war die einzige
erfahrene Parteiorganisation, die intakt blieb. 1967 war Mao
gezwungen, sie zu Hilfe zu rufen, um das Chaos zu beenden
und, notfalls unter Einsatz von Waffen, „die Industrie zu unterstützen, die Landwirtschaft zu unterstützen, die breiten Massen
der Linken zu unterstützen, die militärische Kontrolle sicherzu-
stellen und die ideologische und militärische Ausbildung anzuführen". Ministerpräsident Tschou sagte mir, die Armee habe
„Hunderttausende von Verlusten" erlitten, bevor und nachdem
sie begonnen hatte, Waffengewalt zu gebrauchen, um die Extre-
misten zu entwaffnen, den Kampf zwischen feindlichen Gruppierungen zu beenden und alle Sektoren zur Bildung von Revolutionskomitees zu veranlassen. Zwei Millionen „maoistischer
Aktivisten" wurden aus der Armee herausgezogen, um diese
Aufgabe durchzuführen. Aus den Revolutionskomitees sollte

---

[1] Vgl. Peking-Rundschau 12/1967: *Über die Revolutionäre „Dreierverbindung"*. Dokumente über die Kulturrevolution in Schanghai sind
gesammelt in: *Die Januar-Revolution von Schanghai*, Neuer Arbeiterver-
lag, Berlin 1972 (A. d. Ü.).

allmählich eine gereinigte „Nachfolger"-Partei und ein reorganisierter proletarischer Staat entstehen. So ging die Armee übergroß aus der Kulturrevolution hervor und ragte gewaltig in die Zukunft. Größer als die Partei? Jedes System, ob feudal, bürgerlich oder sozialistisch, hängt letzten Endes für sein Überleben von seinen bewaffneten Streitkräften ab. Aber die Armee ist nach der Lehre von Marx ein Instrument der Klassenherrschaft und kann nicht unabhängig sein von den Klasseninteressen, die hinter ihr stehen. „Politische Macht wächst aus den Gewehrläufen", hat Mao gesagt, und die Armee ist eine „führende Komponente" der Diktatur des Proletariats; aber Mao hat auch gesagt, daß „die Partei den Gewehren befiehlt und die Gewehre niemals der Partei befehlen dürfen."

Es ist also die *Partei*, die der Armee befiehlt.[2] Sie befiehlt auch dem Staatsaufbau, wie kürzliche Ereignisse wiederum gezeigt haben und wie im neuen Parteistatut auch offen zugegeben wird. Wenn Mao während der Kulturrevolution Direktiven an die „Parteiarmee" gab, so handelte er als Vorsitzender dieser Partei, welche die Identität mit den Interessen des Volkes, der großen Mehrheit, des „Proletariats", für sich beansprucht. Vom Zentrum aus sollte die Partei die Befehlsgewalt über alle ihre Teile ausüben, und die Armee kann keine Ausnahme davon machen. Aber wenn es Spaltungen im Parteizentrum gibt, spiegeln sich diese natürlich auch in der Armeeführung.

In ihrer Arbeit für die Partei und unter den Direktiven der Partei ist die „Volksarmee" Chinas ein wichtiges Verbindungsglied zum Leben der Massen, mit dem sie sich gründlich durch Organisations-, Propaganda-, Produktions- und Dienstleistungsaufgaben zu integrieren sucht.

Die Parole „Jedermann ein Soldat" – die auf die frühe Parteigeschichte zurückgeht –, ist zum Teil verwirklicht. Alle einsatzfähigen Erwachsenen, Männer und Frauen, sind durch den allgemeinen Dienst in der Miliz Teil der Armee. Wozu dient die Reserve von mehreren 100 Millionen in der Miliz Ausgebilde-

---

[2] In dieser marxistischen Utopie wird die Armee erst verschwinden, wenn der Klassenkampf endet und der Staat „abstirbt".

ten? Sie machen sich mit Waffen, Taktik und Gelände vertraut; sie durchleben revolutionäre Schlachten unter der Führung von Veteranen erneut; sie lernen die Prinzipien der Führung, die Beziehungen zwischen Produktion und Verteidigung; sie vereinen sich und „bewaffnen sich mit dem Mao-Tse-tung-Denken und erfahren die Armee als eins mit dem Volke – nicht als eine von ihnen getrennte, unproduktive, steuerfressende professionelle Elite. Zumindest wird das angestrebt.

„Ein wichtiger Grund, warum die Rote Armee so harte Kämpfe durchfechten kann, ohne auseinanderzufallen, liegt darin, daß ,die Zelle der Partei auf Kompanieebene aufgebaut' ist", hatte Mao 1928 geschrieben.[3] Heutzutage ist die ganze Bevölkerung „auf Kompanieebene" organisiert.

Nicht nur die Miliz, sondern die ganze Gesellschaft ist „militärisch" in Stil und Organisation. Vom Kindergarten an aufwärts arbeiten Schüler in Gruppen, Zügen, Kompanien und Brigaden; ebenso die Arbeiter in Fabriken, Institutionen und Kommunen. Jede Stadtstraße hat ihr Nachbarschaftskomitee, das auf ähnliche Weise aufgebaut ist. In einem Nebenbetrieb, in dem Hausfrauen und Angehörige von Arbeitern einer großen Lokomotivfabrik arbeiten, die wir besuchten, hörte ich, daß die Frau in mittleren Jahren, die den Betrieb leitete, von den anderen Frauen als „Kommandeur" angeredet wurde, während sie alte Lumpen wuschen und Hosen und Schuhe flickten.

Die oberste Pflicht dieser Armee ist es, „dem Volke zu dienen". Dazu muß sie das Mao-Tse-tung-Denken propagieren und anwenden. Glücklicherweise handelt es sich nicht um *Mein Kampf*. Es enthält keine rassistische Doktrin und spricht nicht von fremder Eroberung und bewaffnetem Export der Revolution. Es fordert Unterstützung sozialer Revolutionen, aber nicht bewaffnete Aggression. Im Innern lehrt es Befreiung durch die Verwirklichung der proletarischen Macht – einschließlich des „Rechts auf Rebellion" gegen falsche Führung – und Bereitschaft für einen Kriegsfall.

---

[3] *Der Kampf im Djinggang-Gebirge*, in: Ausgewählte Werke I, S. 92, Peking 1968.

Bis zu diesem Grad ist China in der Tat militarisiert – sicher beunruhigend für viele, die der Reglementierung mißtrauen. *Wie* die chinesische Armee benutzt wird – um „dem Volke zu dienen" – das macht ihre Einzigartigkeit und Faszination aus.

15.

„Dem Volke dienen"

Wir befinden uns in einer Schule für „taubstumme" Kinder in Schenjang, Hauptstadt der Provinz Liauning in Nordostchina, die früher von den Westlern Mandschurei genannt wurde. Die Schule wird von einem Sanitäts- und Propagandateam der Volksbefreiungsarmee geleitet, das aus fünf Akupunkturexperten besteht. Die Schüler, die hierherkommen, können weder hören noch sprechen, aber sie sind nicht von Natur aus taub. Sie haben ihr Gehör durch Masern, Meningitis oder durch hohes Fieber verschiedener Art verloren.

Der Kern der Schule existierte schon vor der Kulturrevolution, erzählt uns Li Dschun-schan, der das Team der Armee leitet. Früher brachte man den Schülern Zeichensprache bei. 1966, als Vorsitzender Mao Millionen Rote-Garde-Rebellen empfing, sandte diese Schule ebenfalls eine Gruppe nach Peking, die Mao mit dem kleinen roten Zitatenbuch zuwinkten.

„Als die Schüler Vorsitzenden Mao sahen, weinten sie vor Freude", sagte Li, „aber sie konnten nicht mit den anderen rufen. Sie konnten nur mit den Füßen stampfen. Als unsere Kommandeure dies sahen, erinnerten sie uns an die Direktive des Vorsitzenden Mao ‚Die chinesische traditionelle Medizin und Pharmakologie sind eine großartige Schatzkammer' und leiteten uns an, dem Volke zu dienen. Wir hatten bereits mit einem Akupunkturverfahren zur Heilung der Taubheit experimentiert. Jetzt intensivierten wir unsere Experimente an uns selbst und führten die Nadeln über die bisher als ‚verbotene Zone' angesehene Stelle hinaus, so tief, wie wir es ertragen konnten.

Im November 1968 wurden wir mit der Leitung der Ausbildung für Gesundheit und Akupunktur an dieser Schule betraut. Wir brachten den Mitarbeitern unsere Techniken bei und gewannen ihre Unterstützung. In kurzer Zeit konnten zahlreiche Schüler hören und sprechen. Das erste, was sie sprechen lernen, ist: ‚Lang lebe Vorsitzender Mao!' In zwei Jahren haben wir 582 Schüler behandelt, und über 98 Prozent haben ihre Hörfähigkeit wiedererlangt. Über 80 Prozent von ihnen können kurze Zitate aufsagen und ‚Der Osten ist rot' singen. Ein grundlegender Wandel ist eingetreten. Sie sehen keine Zeichensprache mehr. Jetzt hören Sie Singen und lautes Lesen."

Naiv? Man muß die ergreifenden Gesichter dieser Kinder gesehen und ihre angestrengten hohen Stimmen gehört haben. Sie sind zwischen neun und zwanzig Jahren alt: gesund, warm gekleidet, mit leuchtenden Augen schauen sie auf den Armeekommandeur Li, als sei er ein Gott. Wir sehen ihre täglichen Akupunkturbehandlungen: Nadeln werden tief hinter wohlgewaschene Ohren gestochen. „Weder Entbehrungen noch Tod scheuen!" ruft ein Junge, den Tränen nahe. „Denke an den närrischen alten Mann, der die Berge versetzte!" ruft ein anderer.

Wir besuchen fortgeschrittene Klassen, wo Schüler rezitieren oder laut lesen. Ihre Arbeit an dieser Schule bringt sie bis zum Mittelschulabschluß (entspricht der Gesamtschule bei uns). Wir ermutigen ihre Arbeit mit Beifall. Sie lauschen dem ausländischen „Onkel" und der „Tante" mit einem rührenden Lächeln voller Vertrauen und Hoffnung. Sie nehmen unsere Hände in die ihren, während wir die Gänge entlanggehen. Dann geben sie uns mit Unterstützung des Orchesters einer nahegelegenen Mittelschule eine Aufführung mit Liedern und Tänzen. Sie folgen uns bis auf die Straße, noch immer lächelnd und in die Hände klatschend.

„Wo-men-di Mee-guo peng-yu, dsai-djien", hallt ihr schriller Abschiedsgruß, „kommt wieder, amerikanische Freunde."

Solche Schulen gibt es heute in vielen chinesischen Klein- und Großstädten. Ich fragte einen holländischen Arzt und seine Frau, die ich später in Peking traf, nach ihrer Meinung. Sie hatten beide jahrelang in einer Schule für Gehörlose in Amsterdam gearbeitet und fortgeschrittene europäische Techniken angewandt. Sie schüttelten den Kopf. „Es ist wie Lourdes", meinten sie, „Heilung durch Glauben."

Akupunktur ist möglicherweise durch die Wissenschaft der Anatomie noch nicht zu erklären, aber es ist doch etwas mehr als Lourdes, wie immer mehr westliche Akupunkturisten heute bezeugen können.[1]

In einem Kommunedorf in Nordhobee halte ich an, um ein attraktives steinernes Bauernhaus zu fotografieren. Als ich eintrete, finde ich es leer mit Ausnahme einer hübschen jungen Frau, die Nadeln in ihren Armen und in ihrem Gesicht trägt, und einem uniformierten jungen Mann neben ihr. Sie ist eine „barfüßige Ärztin", die von einem Sanitäter der Volksbefreiungsarmee weitere Ausbildung in Akupunktur erhält. Auf dem breiten *kang* (der heizbaren Schlafplattform aus Ziegeln in nordchinesischen Häusern) erblicke ich große Haufen von Gräsern, aromatischen Kräutern, getrockneten Knollengewächsen und anderen Ingredienzien der chinesischen Arzneikunst. Das Arbeitsteam des jungen Mädchens hat sie in den Bergen gesammelt. Auf dem *kang* befindet sich auch ihre Rote-Kreuz-Ausrüstung mit anderen Arzneien, zu denen auch die Pille gehört. Und dieses Bild findet man in Tausenden chinesischer Dörfer.

Wir verbringen eine Nacht im Haus einer Bauernfamilie in Scha Schih Yu (Sandstein-Bergschlucht-)Brigade, nicht weit unterhalb der Großen Mauer. Es ist ein sauberes, wohlgebautes Haus mit drei Zimmern und breiten geschweiften Balken unter einem Ziegeldach. Vor dem Haus befindet sich ein hübscher Garten mit sehr grünem Gemüse und einem mit Steinen eingefaßten privaten Schweinestall (Bevölkerung: zwei); das Ganze in einem Dorf mit ähnlichen Häusern. Die Mutter ist Witwe mit drei erwachsenen Söhnen unter 30; die beiden, die im Hause leben, sind unverheiratet, und da es weiter keine Angehörigen gibt, liegt ihr Einkommen über dem Durchschnitt. In den Zimmern stehen Truhen, die mit Bettzeug und Kleidern gefüllt sind, eine

---

[1] Vgl. Spiegel-Titelgeschichte in Nr. 51/1972 und Fu We-kang, *Die Entwicklung der Akupunktur in China*, in: *Akupunktur*, Peking 1972 (A. d. Ü.).

Uhr, ein Radio, große Vakuumflaschen, elektrische Birnen, Fahrräder und ein großes Porträt des Vorsitzenden.

Kein Sohn in der Armee? Die Witwe, eine kräftige Frau mit pechschwarzem Haar, die selbst an der Feldarbeit teilnimmt, errötete direkt bei meiner Frage. Obschon gesund und stark, sehen ihre Söhne nicht gut genug, um den strengen Anforderungen der Armee zu genügen. Dann hellt ihr Gesicht sich auf; sie sind natürlich Mitglieder der Miliz. Sie zeigt ein Foto ihres Sohnes, der von zu Hause abwesend ist. Er arbeitet mit der Armee, sagt sie, als Freiwilliger, an einem neuen Staudamm- und Kraftwerkprojekt im Bezirk – „er dient dem Volke".

Armeeeinheiten werden zum Katastropheneinsatz bei Fluten und drohenden Seuchen verwendet, zur Ausbesserung oder zum Ausbau von Bewässerungskanälen und für Vorträge vor Schulkindern. Zahlreiche Soldaten-Helden werden als Vorbilder zur Nachahmung hingestellt, als Vollbringer guter Taten. Unter ihnen ist Lei Feng der Bekannteste. Was tat er mit seinem Sold? Gab er ihn für sich selbst aus? Nein, er sparte sein Geld, um es in Not geratenen Leuten zu leihen. Was fing er mit seiner Freizeit an? Ging er zum Angeln? Nein, er nähte Knöpfe für seine Kameraden an, er pflegte Kranke: er diente anderen. Das „Lied von Lei Feng" war bei den Roten Garden beliebt und wirksame Armee-Propaganda vor und während der Kulturrevolution.

Wir verbrachten einen Morgen außerhalb Schenjang mit einigen 100 Männern und Frauen der Miliz, die sich im Scharfschießen übten. Meist unter 25 Jahre alt, kommen sie aus verschiedenen Fabriken und Schulen, um ihre Fertigkeiten im Drill und in der Handhabung von Handgranaten, Gewehren, Maschinengewehren, Granatwerfern und panzerbrechenden Geschützen an simulierten stehenden und beweglichen Zielen zu zeigen, bei Entfernungen bis zu 300 Meter. Es herrscht Ferien- oder Sportfestatmosphäre: es gibt eine Menge Beifall, und überall Lächeln.

Die Miliz, erklärt uns der diensttuende Offizier der Volksbefreiungsarmee, ist in zwei Gruppen eingeteilt: 1. die eigentliche „bewaffnete Miliz" der bis zu 25jährigen, die ihre Waffen am Arbeitsplatz aufbewahren und pflegen, und 2. die „gewöhnliche Miliz", deren Mitglieder, im Alter von 25 bis 50 oder mehr,

Reservisten und Spezialeinheiten umfassen. Alle leichten Waffen werden in der näheren Umgebung hergestellt.

Vor einer überzeugenden Dorfeckenattrappe sehen wir einen feindlichen Angriff. Durch Partisanenlist gelingt es den Dorfbewohnern leicht, mit den Eindringlingen fertig zu werden. (Beifall.) Japaner, Russen, Amerikaner? Schwer zu sagen, aber zweifellos handelt es sich um „fremde Teufel". Als nächstes tritt eine ganze Familie namens Hsu vor: Großvater, 60 Jahre alt, seine Frau, 58, ein Sohn, Schwiegertochter und vier Enkel. Die Erwachsenen arbeiten in einer Lokomotivfabrik. Mit Maschinenpistolen und Gewehren zerstören sie ihre Ziele auf 100 Meter Entfernung rasch, mit Ausnahme des Jüngsten. Der Achtjährige, der die Uniform eines kleinen Roten Soldaten trägt, ein bißchen prahlerisch, nimmt sich eine Menge Zeit, um mit einem gewöhnlichen Gewehr dreimal ins Schwarze zu treffen.

„*Hai mee-ju tjang gau*", sagt ein Offizier mit breitem Lächeln. „Er ist nicht mal so groß wie sein Gewehr."

„Sie scheinen unwillkommene Besucher zu erwarten", bemerke ich. „Aus welcher Richtung?"

„Wir sind bereit für sie, aus welcher Richtung sie auch kommen."

Die Zielscheiben sind unparteiisch beschriftet: „Nieder mit dem amerikanischen Imperialismus!" „Nieder mit dem sowjetischen Sozialimperialismus!" und „Nieder mit Revisionisten aller Art!"

16.

Die Armee als Baumeister

Tief in der Provinz Schensi in Nordwestchina liegt das enge Nanniwan-Tal, ungefähr 200 Kilometer nördlich von Sian und 90 Kilometer südöstlich von Jenan, zehn Jahre lang (1937–1947) Hauptquartier der chinesischen kommunistischen Partisanen-streitkräfte, damals unter dem Namen Achte Feld-Armee bekannt. Eine gute Asphaltstraße verbindet jetzt Jenan mit Nanniwan, das noch vor wenigen Jahren nur durch eine zweitägige Fußreise erreichbar war. Der Weg führt durch wildzerklüftete Canyons, mit Birkenbüschen, Fichten, Kiefern und Tamarinden bestanden, aus denen unser Wagen gelegentlich einen Fasan, eine Gazelle oder eine Bergziege aufscheuchte.

„Gute Jagd", sagte unser Freund und Gastgeber von der Ortsgruppe der Vereinigung für chinesisch-ausländische Freundschaft in Jenan. Die Soldaten, die Nanniwan besiedelten, hatten nur Wild, als sie zuerst hierherkamen."

Das bebaute Tal, das wir erreichten, war eng, aber mehrere Meilen lang, eingeschlossen von steilen, bewaldeten Bergen. 1941, als die Jenan-Basis von Süden und Westen von den nationalistischen Truppen und im Westen und Norden von den Japanern eingeschlossen war, war Nanniwan ein Musterprojekt, das als Antwort auf Maos Aufruf zur Selbstversorgung und zur Erzeugung „ausreichender Nahrung und Kleidung" durch eigene Anstrengung der Armee ins Leben gerufen wurde.

„Jene Militärangehörigen, jene Staatsbürger, die der Produktion keine Beachtung schenken, die gern essen, aber ungern arbeiten, können nicht als gute Militärangehörige, als ehrliche Staatsbürger angesehen werden", sagte Mao. „Falsch ist der (für die Kuomintang typische) Gesichtspunkt, demzufolge man, anstatt den Massen mit allen Kräften zu helfen, die Produktion zu entwickeln, nichts anderes weiß, als von ihnen Getreide und Geld zu fordern."[1]

Um ein Beispiel zu geben, machte die 359. Brigade, unter Offizieren, die meist junge Veteranen des Langen Marsches waren, das Tal von Nanniwan urbar; jeder Soldat war mit Gewehr, Hacke, Spaten und genug Saatkorn versehen, um eine Jahreszeit zu überdauern. Wie die amerikanischen Pioniere rodeten sie genug Land, um Kulturen anzulegen, sie bauten Höhlen und Schuppen, um den harten Winter zu überleben, scharten einige landlose Bauern um sich, die ihnen halfen, machten hölzerne Hacken und Pflüge, lernten auf Birkenrinde zu schreiben, brachten die erste Ernte ein, pflanzten von neuem, ernteten genug, um einen Überschuß zu verkaufen und dafür einiges Vieh einzuhandeln, bauten hölzerne Spinnmaschinen, webten ihren eigenen Wollstoff und trugen Gefechte aus, um Schmuggelhandel mit dem nationalistischen Gebiet offenzuhalten. Nach zwei Wintern nahe am Hungertod wurde Nanniwan eine sich selbst versorgende Waldgemeinde.

Die Geschichte erzählte uns ein Mann, der sie durchlebt hat; Dschu Schao-tjing, ein hagerer, wettergegerbter Held des Langen Marsches, jetzt zurückgekehrt in das Tal, das urbar zu machen er geholfen hatte. Dschu hatte Nanniwan 1944 verlassen und kämpfte in einer langen Reihe von Schlachten. Jetzt, mit 53 Jahren, war er Kommandeur des 40. Regiments des Aufbau-Korps der Volksbefreiungsarmee, und Nanniwan war eine Staatsfarm – „im Besitz des gesamten Volkes". In der Versammlungshalle, einem stabilen, aber einfach gebauten einstöckigen Gebäude aus Ziegelsteinen und mit Ziegeln gedeckt in einer Gruppe von ähnlichen Häusern, erklärte er kurz die Entwicklung des Gebiets.

Während der Periode der Landverteilung, nachrevolutionären Konsolidierung und Abrechnung mit den Konterrevolutionären (1948–1952), wurde Nanniwan eine Umerziehung-durch-Arbeit-Farm.[2] Für China existiert eine Kategorie „politische Gefan-

---

[1] Mao Tse-tung, *Ausgewählte Werke*, Band III. S. 153/54, Peking 1969.
[2] S. Edgar Snow, *Gast am anderen Ufer*, op. cit., S. 359–386.

gene" nicht – man nennt sie hier nur „Konterrevolutionäre" –, aber in der Praxis werden politisch motivierte Kapitalverbrechen strenger behandelt als nichtpolitische Verbrechen. Als Gefängnisfarm fiel Nanniwan unter die allgemeine Verantwortlichkeit von Lo Jui-tsching, lange Zeit Chef des Inneren Sicherheitsdienstes, einem der ersten Männer in verantwortlichen Positionen, die während der Kulturrevolution der Säuberung zum Opfer fielen.

Die Umerziehung-durch-Arbeit-Farm wurde offenbar 1965 aufgelöst und wurde Staatsunternehmen, in dem sich viele ehemalige Sträflinge als Bauernfamilien ansiedelten. Dschu sagte, daß einige jüngere Leute auch an Ort und Stelle rekrutiert wurden. Dann, in der Periode von 1966 bis 1968, war „Liu Schao-tschis Einfluß hier sehr schlecht. Viele der jungen Leute liefen weg, um sich den Roten Garden auf langen Reisen anzuschließen."

„Konnte Liu Schao-tschi wirklich auf so große Entfernung Einfluß ausüben?" unterbrach ich.

Offenbar zur Erklärung wurde ich mit einem alten Krieger bekannt gemacht, der neben dem Kommandeur saß. Er war stellvertretender Vorsitzender des Revolutionskomitees in einer der Farmbrigaden. Wang Ming-de, so hieß er, war ein Mann mit durchdringenden Augen unter kraftvollen Brauen in einem wettergegerbten Gesicht, der seine wenigen verbliebenen Zähne oft zu einem breiten Lächeln entblößte. Er sah aus wie ein 100jähriger, aber später sah ich, daß er sich mit der Gelenkigkeit eines jungen Mannes in den Feldern bewegte. Er war 66 Jahre alt, sagte er uns. Es stellte sich heraus, daß Wang und Dschu in den alten Tagen der Roten Armee in Hunan sich am gleichen Tag des Jahres 1933 dem gleichen Regiment, sogar der gleichen Gruppe angeschlossen hatten und seitdem praktisch immer zusammengeblieben waren.

Wang hatte hundert Schlachten geschlagen und schien darauf vorbereitet zu sein, im Verlauf seiner weitschweifigen Ausführungen jede einzelne zu beschreiben. Besonders beredt war er, wenn es darum ging, „sich vergangener Bitternis zu erinnern", zum Thema Nanniwan. Er erinnerte mich an jenen Kalifornier aus John Steinbecks Erzählung „Der Führer des Volkes", der einen Wagentreck über die Rocky Mountains geführt hatte und nicht mehr zu reden aufhörte, wenn man ihn einmal auf dieses Thema gebracht hatte. Die Zeit verging während Wangs endloser, faszinierender Erinnerungen; eine seiner Geschichten, die darum ging, daß man wilde Gräser benutzte, um eine „schöne Farbe" für selbstgesponnene Wolle aus den Pioniertagen zu gewinnen, dauerte so lange, daß wir irgendwie die Frage nach Liu Schao-tschi aus den Augen verloren, und so erfuhr ich niemals, wie er die Situation in diesem entlegenen Flecken Erde beeinflußt hatte. Nach den „schlechten Jahren" 1966/67 hatte die Armee die Farm übernommen, und nun, 1970, hatte sich die Produktion erheblich gesteigert. Man hatte sich Ziele gesteckt, die Nanniwan ebenso hohe Erträge bringen würden wie den meisten Staatsfarmen – sie liegen im allgemeinen weit über dem Durchschnitt der Kommune-Kollektive.

Nach den Angaben des Kommandeurs Dschu bewirtschaftete die Farm Nanniwan jetzt insgesamt 18000 Hektar – Land für den Anbau von Getreide, Obst und Wald. Etwa 30000 Menschen standen unter seinem Befehl. Unter den Arbeitskräften befanden sich seit langem ansässige Bauernfamilien (einschließlich einiger ehemaliger Grundbesitzer und ehemaliger Sträflinge), Parteikader, Studenten und ehemalige Rote Garden. Rückgrat des Ganzen war ein Regiment von Bauern-Arbeiter-Soldaten.

Die gesamte Farmproduktion hier gehörte dem Staat. Die Entlohnung geschah, wie in anderen Staatsunternehmen, auf Lohnbasis. Unterkunft war frei, und der Durchschnittslohn belief sich auf 40 *yuan* im Monat, etwas weniger als der Durchschnittslohn eines angelernten Fabrikarbeiters, aber mehr als das Bareinkommen eines Volkskommunemitglieds. Dafür muß der Arbeiter in Nanniwan für seine Verpflegung selbst aufkommen, im Durchschnitt mit zwölf *yuan* im Monat. Die alteingesessenen Bauernfamilien, die eigene Häuser, Küchen und private Parzellen besitzen, werden, auf der Basis von Arbeitspunkten, etwas geringer in bar bezahlt.

Die interessanteste Stelle in Nanniwan war die 7.-Mai-Kaderschule für die Umerziehung hoher Parteifunktionäre. Ich werde sie genauer beschreiben, nachdem ich noch einiges zu weiteren Tätigkeiten der Armee bemerkt habe, wie man sie nicht jeden Tag zu sehen bekommt.

Viele dem Staat gehörende Güter, möglicherweise alle in Grenznähe, stehen seit langem unter einer Form von Oberaufsicht der Armee, aber während der Kulturrevolution hat sich dies erheblich verstärkt. Eine Staatsfarm in Kiamusze, nicht weit von der sibirischen Grenze, die ich früher besichtigt hatte, war zu 90 Prozent mechanisiert und eigentlich eher eine Fabrikfarm. Die Entlohnung geschah auf einer reinen Lohnbasis. In Landkommunen beträgt die Mechanisierung weniger als 15 Prozent; Eigentum und Abrechnung liegen theoretisch und zum großen Teil auch praktisch in der Hand der Dorfbewohner. Die letzte zugängliche Zahl über die Ausdehnung der Staatsfarmen gab diese mit etwas über vier Millionen Hektar an;[3] das entspricht etwa vier Prozent des gesamten bebauten Landes. Heute dürfte diese Zahl um etwa 50 Prozent höher liegen.

Staatsfarmen, die von der Volksbefreiungsarmee und ihrer Parteiführung geleitet werden, existierten in jeder Provinz und an jeder Grenze. Wo immer 7.-Mai-Kaderschulen neues Land erschlossen, wurde es zu Land, „das dem ganzen Volk gehört". An der Küste und entlang der Binnenwasserwege war das Aufbaukorps der VBA eifrig bei der Wiederurbarmachung von Land für die landwirtschaftliche Nutzung durch den Staat.

Von Turkestan bis zur eisigen sibirischen Grenze war die Armee beim Aufbau und der Ansiedlung neuer Gemeinden, die voll ins Verteidigungssystem integriert sind. Eine der Schwierigkeiten, die einem beiderseitigen Rückzug der chinesischen und russischen Streitkräfte entlang der 5000-Meilen-Grenze im Wege standen, lag anscheinend darin, daß in vielen Gebieten die chinesische Seite dicht besiedelt war, während weite Strecken auf der russisch-sibirischen und mongolischen Seite der Grenze mit Ausnahme der Truppen kaum besiedelt waren. Für die Russen war es eine weitaus aufwendigere Operation, eine Mil-

---

[3] Diese Zahl erhielt ich am 12. Dezember 1964 von Wu Dschen, Stellvertretendem Landwirtschaftsminister.

lion Grenzsoldaten ohne größere Unterstützung durch ortsansässige Produktion zu unterhalten, als für die Chinesen die Unterhaltung mehr oder weniger sich selbst versorgender Truppen, die in die Staatsfarmen integriert waren. Wenn die Streitkräfte auf beiden Seiten sich an einigen Stellen um zehn Kilometer zurückziehen würden, würde dies auf der russischen Seite ein Vakuum hinterlassen, aber Massen von Siedlern (und Milizsoldaten?) auf der chinesischen Seite. Diese Aussicht beunruhigte die sowjetischen Behörden.

Wer stellte die Ansiedler, die Arbeitskräfte, von den Streitkräften einmal abgesehen? Parteikader bildeten einen geringen Prozentsatz. Unter dem neuen Erziehungssystem verbrachten die Mittelschulabsolventen drei Jahre mit manueller Arbeit, bevor sie weiterführende Schulen besuchten, *falls* sie von ihren Gruppen und Kompanien dazu ausgewählt wurden. Ihre Schulen entschieden im Rahmen der von den regionalen Revolutionskomitees aufgestellten Pläne darüber, wie viele Schüler den Universitäten, den Streitkräften, den Fabriken, den Farmen oder dem Grenzdienst zugewiesen werden. Solche Jugendliche hatten den Status von Lehrlingen und erhielten nur Verpflegung und Kleidung frei sowie einige *yuan* „Taschengeld": Das Armee-Aufbaukorps bildete Hunderttausende aus — kein Ausländer wußte, wie viele — und setzte sie mit Fach- und Hilfsarbeitern aus den großen Städten zusammen ein. Viele ließen sich an der Stelle ihrer Aufbauarbeit ständig nieder.

Die Armee unternahm große Aufforstungs- und Wohnungsbauprojekte, baute strategisch wichtige Dämme, Kraftwerke, Brücken, Tunnels und Straßen. Sie spielte eine bedeutende Rolle bei der Kontrolle der Umweltverschmutzung. Während der Kulturrevolution vollendete das VBA.-Aufbaukorps die schwierige Tschengdu-Kunming-Eisenbahnlinie, die Vietnam mit Turkestan verbindet. In Peking baute sie die neue Untergrundbahn. In ganz China überwachte sie die Nachrichtenverbindungen. Das ausgedehnte Luftschutzprogramm wurde unter Leitung der Armee erstellt. Marineoffiziere leiteten die Schiffswerft in Schanghai, als ich dort dem Stapellauf einiger neuerbauter Ozeandampfer beiwohnte. In ländlichen Kommunen war die Armee durch die Miliz bis herab auf die Ebene der Produktionsbrigade und des Produktionsteams vertreten. Und selbstverständlich betrieb die VBA die gesamte Rüstungs- und Atomenergieindustrie.

In der Organisation des kulturellen Lebens spielten Armeeoffiziere führende Rollen durch ihre Leitungspositionen in den Revolutionskomitees. In diesen „Drei-in-eins-Allianzen" („verläßliche Parteikader", Delegierte der Massenorganisationen und „verantwortliche Vertreter des Militärs") waren die „Verantwortlichen" stets in der Minderzahl, und beinahe immer fand ich sie im Vorsitz. Nicht nur Universitäten und Krankenhäuser standen unter ideologischer Schulung der Politischen Abteilung der VBA; genauso war es auch beim Revolutionskomitee einer Balletttruppe, der wir in Sian einen Besuch hinter der Bühne abstatteten, und genauso bei einer Balletttruppe in Schanghai. Eine Stelle, wo ich keinen Uniformierten im Stuhl des Vorsitzenden fand, war die 7.-Mai-Kaderschule in Nanniwan.

17.

Alice in Nanniwan

Über die 7.-Mai-Kaderschulen außerhalb Chinas zu schreiben, verschafft einem das Gefühl, alles müsse sich hinter einem Spiegel abgespielt haben. An Ort und Stelle schien alles plausibel und eine recht einleuchtende Sache; aber wie soll man es Außenstehenden erklären? Man ist versucht, an den Rat zu denken, den die Herz-Königin Alice gibt: „Mach einen Knicks, während du nachdenkst, was du sagst. Es erspart Zeit." Oder noch besser: „Fang mit dem Anfang an, und fahr fort, bis du zum Ende kommst; dann höre auf."

In gewisser Hinsicht ist es zu schön, um wahr zu sein: Die 7.-Mai-Schulen sind Schulen zur Umerziehung der Umerzieher. In den Tagen von Nanniwans alter Umerziehung-durch-Arbeit-Farm waren ihre Insassen unfreiwillig dort: widerspenstige Grundbesitzer, Konterrevolutionäre und gewöhnliche Verbrecher, die ihre Strafe abarbeiteten, während sie die Texte des Sozialismus studierten, um sich in gute Bürger eines im Entstehen begriffenen proletarischen Staates zu verwandeln. In der 7.-Mai-Kaderschule in Nanniwan befanden sich Parteifunktionäre, die sich verpflichtet hatten, den Sinn des Sinns neu zu erlernen – den sozialistischen Sinn. Sie hatten „sich von der Produktion und der Wirklichkeit entfernt" und versuchten nun, „sich mit den Massen zu verbinden" und „von den Bauern und Arbeitern zu lernen".

In China, wie überall, ist alles, was geschieht, logisch und erklärbar, wenn wir es im Kontext der historischen Probleme sehen können, welche die Bedingungen für die politischen Mittel ihrer Lösung setzen. „Freiheit ist Einsicht in die Notwendigkeit", sagt Mao in Anlehnung an Marx. Wenn das so ist, bilden die 7.-Mai-Kaderschulen keine Ausnahme.

Sie wurden in Erfüllung einer Direktive eröffnet, die vom Vorsitzenden Mao am 7. Mai 1966 herausgegeben wurde: „Für körperliche Arbeit an die Basis zu gehen, bietet den breiten Massen der Kader eine ausgezeichnete Gelegenheit, aufs neue zu lernen. Ausgenommen diejenigen, die zu alt, die schwächlich, krank oder körperbehindert sind, sollten alle Kader entsprechend handeln. Auch jene, die weiter auf ihren Posten tätig bleiben, sollten abwechselnd gruppenweise zur körperlichen Arbeit an die Basis gehen.“[1]

Zu Beginn dieses Jahres begannen die Revolutionskomitees, die während der Kulturrevolution als Machtorgane eingesetzt worden waren und von der Armee-in-der-Partei geführt wurden, mit der Organisation von Trecks „einer großen Zahl von Kadern“ aufs Land, „um körperliche Arbeit zu leisten“. Einige von ihnen waren führende Verwaltungsbeamte großer Institutionen – Universitäten, Fabriken, Regierungsorgane in Stadt und Land –, und einige waren Parteilehrer oder Manager.

Warum zum Beispiel ein Universitätspräsident?

Das ganze intellektuelle Leben des Landes, sagte man, war in alte Strukturen zurückgefallen, die von der traditionellen Maxime des Menzius beherrscht waren: „Wer seinen Verstand gebraucht, regiert; wer mit seinen Händen schuftet, wird regiert.“ (Man kann aus einem Schweineohr kein Seidentäschchen machen.) Bürgerlich erzogene Mittelschul- und Hochschuldirektoren sonderten Schüler und Studenten bäuerlicher und proletarischer Herkunft – also diejenigen, die von Anfang an schlechtere Startbedingungen hatten – durch immer härtere Examen aus. Anstatt die Studiendauer zu senken und die Studien den praktischen Bedürfnissen anzupassen, dehnte man sie in vielen Fächern auf sechs, acht oder mehr Jahre aus.

„Die gesellschaftlichen Konsequenzen dieser Praxis waren kaum ermutigend für jemand, der eine radikal neue Gesellschaftsordnung schaffen wollte, denn vom Standpunkt Maos aus trugen die Universitäten zur gesellschaftlichen Schichtenbildung bei

---

[1] Zitiert nach: China im Bild 1/1969 und Peking-Rundschau 19/1972 (A. d. Ü.).

und bildeten eine Elite aus, deren Motivation selbstsüchtiger Ehrgeiz war", schrieb ein amerikanischer Gelehrter, John Gardner, in seinem Beitrag „Gebildete Jugend und die Ungleichheiten zwischen Stadt und Land" für ein sorgfältig recherchiertes Symposion über China. „Eine der Hauptkonsequenzen der erneuten Betonung des Professionalismus war die Verringerung der Zahl von Universitätsstudenten, die aus Arbeiter- und Bauernfamilien stammten, und ein entsprechender Anstieg der Studenten aus Familien höherer Kader und der ‚Ausbeuterklassen‘ . . . So fiel an der Peking-Universität die Zahl der Studenten aus Arbeiter- und Bauernfamilien von fast 67 Prozent im Jahre 1958 auf bloße 38 Prozent im Jahre 1962, während sich die Zahl der Studenten aus dem Milieu der ‚Ausbeuterfamilien‘ mehr als verdoppelte. Viele Universitätsprofessoren verachteten proletarische Studenten, die sie als ‚grobe Teetassen, an denen sich kein Zierat anbringen läßt‘ verspotteten. Sie nahmen es übel, daß solche Studenten die Zulassung zur Universität mit Hilfe von (politischen) ‚Leitern‘ erklommen hatten. Von 237 Studenten, die 1958 in acht verschiedenen naturwissenschaftlichen Fachbereichen zugelassen worden waren, bestanden nur 45 die Abschlußprüfung mit ihrer ursprünglichen Klasse; die übrigen waren relegiert oder zurückversetzt worden . . ."

An der Pekinger Technischen Hochschule wurden über 800 von 919 Kadern und Soldaten, die man als Studenten dorthin entsandt hatte, „herausgeprüft", an der Tsinghua 200. Von 108 Studenten, die von der Pekinger Wirtschaftshochschule relegiert worden waren, stammten etwa 94 Prozent aus der Arbeiterklasse . . . Han Suyin, eine gut informierte und in China gerne gesehene Besucherin, hat (1967) geschrieben: „Nachforschungen an den Universitäten und höheren Schulen brachten ein schokkierendes Ergebnis; nach 17 Jahren Sozialismus in China stammten immer noch mehr als 40 Prozent der Studenten aus dem Bürgertum, aus Grundbesitzer- und Kapitalistenfamilien, obwohl diese nur fünf Prozent der Bevölkerung darstellten!"[2]

---

[2] John Wilson Lewis (Hrsg.), *The City in Communist China*, Palo Alto, Calif., 1971, S. 266–67.

Die Revolution im Erziehungswesen ist in sich selbst ein außerordentlich wichtiges Thema; aber ein kleiner Einblick in ihre Bedeutung ist an dieser Stelle unerläßlich, um die 7.-Mai-Kaderschulen zu erklären. Die Schule in Nanniwan bestand aus einer Reihe von Lehrern, hauptsächlich aber aus gestandenen Parteikadern, die auf die eine oder andere Weise ebenfalls Verantwortung im Erziehungswesen trugen.

Liu Ju-scheng stellte sich als Stellvertretender Vorsitzender des Leitungskomitees vor. Er war groß, von aufrechter Gestalt, in den Dreißigern, sonnengebräunt und muskulös. Im übrigen war er ersichtlich ein „Intellektueller" – was vor Jahren oft nur bedeutete, daß jemand lesen und schreiben konnte, heutzutage aber bedeutet, daß jemand mindestens eine Mittelschule besucht hat. Liu war von der Eröffnung der Schule am 4. Oktober vor zwei Jahren an dabeigewesen. Sie hatte mit 467 Personen begonnen, die man aus elf Organisationen in Sian, der Hauptstadt der Provinz Schensi, zusammengezogen hatte.

Sie nannten sich nicht Studenten; sie waren „7.-Mai-Kämpfer", wie Liu erklärte. „Unsere Hauptaufgabe ist es, höhere Kader der Stadtverwaltung in Sian und des umliegenden Kreises auszubilden. Unsere Grundprinzipien sind: in Übereinstimmung mit dem Mao-Tse-tung-Denken zu handeln; unsere Weltanschauung umzugestalten; Kader von den Arbeitern und Bauern lernen zu lassen und sie dazu zu bringen, sich mit ihnen auf grundlegende Weise zu verschmelzen; Massenarbeit zu leisten, während wir studieren, und körperliche Arbeit zu leisten, während wir die bürgerliche Weltanschauung kritisieren.

Die alten Parteischulen waren der körperlichen Arbeit, den Massen, der Produktion und der Wirklichkeit entfremdet. Unsere Schule unterscheidet sich auch von den früheren Staatsfarmen, die sich nur mit der Produktion befaßten. Jetzt, nach zwei Jahren der Härtung, haben wir 414 revolutionäre Kader ausgebildet. Einige von ihnen sind in die Stadt zurückgekehrt, aber viele haben sich auf dem Land niedergelassen. Haben Sie weitere Fragen?"

Wer war Liu selbst? Ein Absolvent der Schule, der als ihr politischer Leiter dageblieben war. Was hatte er vorher gemacht?

„Leiter der Jugendarbeit in der Stadt" – wahrscheinlich war damit das Sekretariat des Kommunistischen Jugendbundes gemeint. Neben ihm saß eine recht hübsche junge Frau, die Parteivorsitzende der östlichen Sektion der *Dung Fang Hung*-(Der Osten ist rot-)Kommune in Sian gewesen war; jetzt arbeitete sie in der „ersten Reispflanzer-Kompanie" der Schule. Sie schien auch die Verwaltung der Küche unter sich zu haben, aus der (unter tätiger Mithilfe eines halben Dutzends der Leute, die mit uns am Tisch saßen) eine Reihe von Platten kamen, angehäuft mit frischem Schweinefleisch, Maiskolben, gerösteten Süßkartoffeln, Kürbis, Milch, Rühreiern, Äpfeln und einem Dutzend weiterer Produkte der Schulfarm.

Sie hatten 920 *mov*[3] Land, 53 Kühe, über 300 Schweine und zahlreiche Enten und Hühner. 800 *mov* waren mit Reis und anderem Getreide bebaut; die Ernte betrug im vorigen Jahr 170000 *catties* (85 Tonnen). 40 *mov* waren mit Obst und Gemüse bepflanzt, 50 mit Kartoffeln, 30 mit Hanf. Die Schulfarm zählte zur Zeit 216 arbeitsfähige „7.-Mai-Kämpfer", etwa ein Viertel davon Frauen; das Durchschnittsalter betrug 30 bis 40 Jahre, einige waren älter, bis zu 61 Jahren. Sieben von ihnen waren Ärzte. Die Farm konnte sich mit Nahrung, Wohnung und Energie anscheinend selbst versorgen (man hatte einen kleinen Damm und ein Kraftwerk gebaut), aber der Lebensstandard war noch recht primitiv.

Die „Kämpfer" hatten einiges Neuland erschlossen; sie erbauten Häuser (und zimmerten Möbel) aus mit eigener Hand gefälltem Holz, erledigten sämtliche Hausarbeit (mit dem Rat einiger Bauern, die man sich von der Staatsfarm ausgeliehen hatte) und widmeten sich in ihrer Freizeit dem Studium und der politischen Diskussion, unter der Leitung der Armee. In sechs Monaten oder einem Jahr konnten sie sich zu einem „Mao-Aktivisten" entwickelt haben. Was war ein Aktivist? Eine Person, die *von ihrer Gruppe zu einem solchen gewählt worden* war, mußte mehr aufweisen als ein erfolgreiches Studium; sie mußte „das Mao-Tsetung-Denken lebensbezogen anwenden".

---

[3] Siehe Anmerkung Seite 58.

Während ihrer Schulzeit, so sagte man mir, wurde den Mitgliedern der Lohn weitergezahlt, der ihrem Status im Kadersystem entsprach; ihre Familien zu Hause bestritten ihren Lebensunterhalt wie vorher.

30 Personen waren Mitglieder des Leitungskomitees; die Leiter verschiedener Abteilungen ließen sich interviewen, während wir ihr bescheidenes Bankett verzehrten. Und es machte Vergnügen, frische, einfache Kost zu essen, fern vom Gourmet-Stil der Hotels, zusammen mit den umerzogenen Umerziehern, die es produziert hatten!

Da war zum Beispiel Tan Dschung, 48 Jahre alt, der eine blaßlila Jacke trug und dessen gelöstes Lächeln schöne weiße Zähne enthüllte. Früher ein höheres Kadermitglied im Revolutionskomitee in Sian, war er nun für die Schweineställe in der Schule verantwortlich und gerade von „den Kämpfern in unserer Kompanie" zum Aktivisten gewählt worden. Er zitierte Maos Ausspruch über das „Aufs-Land-Gehen" und sagte, er habe „die Gelegenheit" ergriffen.

„Ich weiß, daß ich noch nicht sehr gut im Studium Maos bin. Ich war in einer führenden Position, aber der Realität entfremdet, so entschloß ich mich, hierherzukommen. Sie ließen mich im Schweinestall arbeiten, Scheiße schaufeln und lernen, wie man Schweine züchtet. Ich studierte Vorsitzenden Mao – ,fürchte weder Härte noch Tod' – und verband mich mit den Bauern, die meine guten Lehrer wurden. Es ist eine sehr interessante Arbeit. Allmählich komme ich den Massen näher und forme meine Weltanschauung um." Der letzte Satz bedeutete, daß er „sich selbst bekämpfen" und ein Proletarier in seiner Weltanschauung werden muß.

Da war Li Wan-dschun, etwa 50 Jahre alt, früher im Sekretariat des Parteikomitees in Sian tätig. Er hatte eine lange revolutionäre Geschichte hinter sich, die bis auf die Tage von Jenan zurückgingen, aber – von den „Zuckerkugeln" der Stadt korrumpiert – hatte er den Kontakt mit dem Land verloren. Jetzt „pflanzte er Mais und Reis", studierte das Denken Mao Tsetungs und andere marxistische Literatur, aber er hatte „immer noch einen weiten Weg vor sich".

Liu Wen-juan, ein Mann in den Vierzigern, hatte sich der Partei 1950 angeschlossen, 1960 sein Abschlußexamen an der Universität gemacht, und war zum Dekan der 24. Mittelschule in Sian befördert worden. Er hatte niemals erfahren, wie schwer Bauern arbeiten müssen. Wie konnte er andere etwas lehren? Jetzt war er ein *wu-tji dschan-schi*, ein 7.-Mai-Kämpfer, der „körperliche Arbeit auf den Getreidefeldern leistete". Er stand immer noch mitten im „Kampf" (um sich von einer schlechten Klassenvergangenheit zu lösen) und in der „Selbstkritik", mit der Hoffnung, sich in einen Genossen mit einer „neuen Weltanschauung" zu „verwandeln".

Neben ihm saß Wang Ji-ping, 38 Jahre alt, ehemaliger Sekretär des Kommunistischen Jugendbundes in Sian, der jetzt wieder neu aufgebaut wurde. 1948 war er Student in Jenan gewesen, aber in der Stadt den Verlockungen des leichten Lebens erlegen, verführt von den Parteiprivilegien unter den Revisionisten. Er hatte die Entbehrungen vergessen, war ein Bürokrat geworden; und, wie Mao sagt: „Bürokraten einerseits und Arbeiter und arme und untere Mittelbauern andererseits sind zum gegenwärtigen Zeitpunkt antagonistische Klassen." Die Bürokraten „wurden kapitalistische Vampire für die Arbeiter. Wie können sie genügendes Verständnis zeigen?" Wang, jetzt im zweiten Jahr in dieser Schule, war noch kein Aktivist, aber schon „Leiter der ersten Reispflanzer-Kompanie der Schule". Das war schon ein Fortschritt.

„Zu Beginn", sagte Direktor Liu, „hatten wir viele ‚Drehungen und Windungen', als wir ‚dem Kampf ausgesetzt' waren. Warum eine Waldschule 800 li (460 km) von Sian entfernt errichten? Einige Studenten ‚fürchteten Entbehrungen'. Um sie abzuhärten, machten wir es zur Tradition, daß alle, die hierher kamen, die 180 li (gut 100 km) von hier nach Jenan und wieder zurück marschieren mußten. Wir luden Veteranen der 359. Brigade ein, zu uns zu kommen und uns über ‚vergangene Bitternis' zu berichten. Allmählich haben wir tiefe proletarische Gefühle für Vorsitzenden Mao entwickelt und sehen nun die Richtigkeit der Entscheidung, Nanniwan als Sitz der Schule zu wählen.

Hier haben wir die revolutionären Lebensbedingungen wieder durchlebt. Zuerst war alles sehr ärmlich: verfallene Höhlen und ein paar Häuser, überwucherte oder verwilderte Felder, nur wenig Werkzeug. Hätten wir von Sian Hilfe erbitten sollen? Die Mehrheit sagte nein. Wir folgten der Tradition des ‚Sich-auf-die-eigene-Kraft-Verlassens‘ der 359. Brigade. Machten Betten und Möbel aus Bäumen, bauten Häuser auf die gleiche Weise, machten Werkzeuge und Körbe, lernten, Dachziegel zu fertigen. Wir bauten unseren eigenen Generator – dafür bekamen wir ein Darlehen. Im letzten Frühjahr hatten wir eine Überschwemmung, die vier Zoll Schlamm in die Überlaufrinne spülte und unsere Reisfelder verwüstete. ‚Der närrische alte Mann, der die Berge versetzte‘, kam uns zu Hilfe. In seinem Geist säuberten wir die Überlaufrinne, trugen mit den Händen 500 Kubikmeter Erde und stellten unsere Reisfelder rechtzeitig wieder her, um neu anzupflanzen und eine gute Ernte zu erhalten. Das Vertrauen auf die eigene Kraft veränderte unsere Weltanschauung. ‚Mit zwei Händen kannst du alles tun‘ wurde unsere Parole.‘‘

So ging es weiter. Wir verbrachten einen Nachmittag mit einem Umgang auf den Feldern, lernten mehr „Kämpfer‘‘ und ihre Bauerngenossen kennen, besichtigten die wohlbestellten Felder und die soliden neuen Gebäude und beendeten den Rundgang mit einer genauen Inspektion der Schweineställe, die sauber in Berghöhlen eingerichtet waren. Hier waren gute Menschen offensichtlich zufrieden damit, eine bescheidene Arbeit fast ebenso gut wie die Bauern zu tun. Damals war ich beeindruckt von ihrer bewundernswerten Haltung und sogar ein bißchen neidisch auf die Erfolge dieser strengen Gruppentherapie. Heute erst, während ich in bürgerlicher Umgebung über meine Notizen nachdenke, erinnere ich mich an die Weiße Königin. „Ich *kann* das nicht glauben!‘‘ sagte Alice. „Wirklich nicht?‘‘ sagte die Königin in klagendem Ton. „Du hast wohl nicht viel Praxis. Als ich in deinem Alter war, hab ich es immer für eine halbe Stunde am Tag getan. Ja, manchmal hab ich bis zu sechs unmögliche Dinge schon vor dem Frühstück geglaubt.‘‘

Millionen Menschen sind durch die 7.-Mai-Kaderschulen gegangen. Es heißt, daß in Zukunft alle Parteimitglieder solche Schulen durchlaufen sollen. Mein Dolmetscher Jao Wee hatte ein Jahr in solch einer Kommuneschule gearbeitet. Seine Frau, eine Spezialistin für Russisch, befand sich immer noch in einer 7.-Mai-Schule. Mein alter Freund Huang Hua, heute ständiger Vertreter Chinas bei den Vereinten Nationen, hatte 1969 eine solche „Härtung" mitgemacht, ebenso seine Frau, die ebenfalls eine führende Stellung in der Partei innehat. Alle chinesischen Diplomaten waren von ihren Überseeposten zurückbeordert worden und hatten in Kommuneschulen oder ähnlichen Einrichtungen gearbeitet.

Auch Künstler? „Wir wollen die Opernsänger, Lyriker, Dramatiker und Schriftsteller aus den Städten hinaustreiben und sie alle aufs Land schicken", wird Mao zitiert. „Schickt sie gruppenweise zu verschiedenen Zeiten ‚hinunter' in die Dörfer und Fabriken. Laßt sie nicht die ganze Zeit in den Büros verbleiben, sie können dort nichts zu Papier bringen."[4] Auch sie gingen, und viele von ihnen wurden noch immer draußen „gehärtet", während ich in den Städten nach ihnen fragte.

Sind alle diese Leute aufrichtig „umerzogen"? Sicher nicht alle. Viel weniger würden sich ändern, wenn man sie einfach durch höhere Gewalt „hinunterschickte". Das System arbeitet viel subtiler, wie mir ein alter Freund erklärte, der selbst sein Jahr im Freien verbracht hatte.

„Es funktioniert so. Wo immer du arbeitest, du gehörst zu einer Gruppe, der Unterabteilung einer Kompanie. Zwei Stunden am Tag, zwei oder dreimal in der Woche, hat man Studiensitzungen, und einmal in der Woche trifft man sich zusammen mit anderen Gruppen. Man sitzt nicht einfach da und lernt Mao-Texte auswendig. Man wählt sich ein Stück aus seinem Werk als Thema aus, liest es laut, und dann diskutiert man, was es für die praktische Anwendung bedeutet. Darauf gründet sich dann Kritik und Selbstkritik: Wie weit ist man in seiner täglichen Arbeit von der Wirklichkeit entfernt? Manchmal geht es wirklich heiß her, wird das Ich so klein und häßlich, entblößt sich

---

[4] Weisungen Mao Tse-tungs, zitiert nach: Jerome Ch'en *Mao Papers,* München 1972, S. 128.

die Seele so, daß man wirklich das Gefühl bekommt, eine Reinigung nötig zu haben. In diesem Augenblick meldet man sich freiwillig zum ‚Hinuntergehen' aufs Land."

So wie man religiös wird? Indem man zu Kreuze kriecht?

„Was passiert, wenn gewisse Leute dieses Gefühl einfach nicht bekommen?"

„Nun, das kann schon vorkommen, aber nach einiger Zeit sind alle gegangen außer dir; man erhält Hinweise, man beginnt zu spüren, daß die Blicke auf einen gerichtet sind, du bist an der Reihe – und du weißt, sie wollen dir *helfen*. Manchmal kommt es vor, daß die ganze Gruppe sich darum bewirbt, zusammen hinuntergehen zu können. Es ist gut für jeden, von der Routine wegzukommen – die körperliche Arbeit kennenzulernen. Ja, wir sind nach dieser Erfahrung alle besser zurückgekommen."

Wenn man jung ist, fällt es einem leichter und es kann Spaß machen. Wenn man älter ist und einen qualifizierten Beruf hat, kann es einem als eine schreckliche Verschwendung der wenigen Zeit vorkommen, die einem noch geblieben ist. Wenn man nicht an körperliche Arbeit gewöhnt ist, kann es sehr hart werden, besonders wenn die Gruppenleitung „schlecht" ist. Ich lernte Menschen kennen, die Monate in gebückter Haltung und kniend in Reisfeldern verbracht hatten, die schwere Lasten tragen mußten, die Aufgaben zu bewältigen hatten, die über ihre physische Kraft gingen, und die schwer, schwer litten. Öfter handelt es sich um seelische Leiden, bei Intellektuellen – und nirgendwo in der Welt haben Intellektuelle körperliche Arbeit arroganter verachtet als in China –, die es innerlich unmöglich finden, sich mit einem Bauern oder Soldaten gleichzustellen, der kaum lesen oder schreiben kann.

Daß man körperliche mit geistiger Arbeit verbinden kann, war für die meisten chinesischen Intellektuellen etwas so Unerhörtes, daß die Neuigkeit, so etwas gebe es selbst in der bourgeoisen amerikanischen Gesellschaft (wenn auch heutzutage seltener als früher), zu den „unmöglichen Dingen" gehörte, die man nicht glauben kann. Ehe ich 23 war, hatte ich als Druckergehilfe, Kellner, Landarbeiter und in anderen Gelegenheitsjobs gearbeitet, während der Schulferien oder nach der Schule, und war später stolz darauf gewesen, als Seemann zu arbeiten. So lernte ich, körperliche Arbeit zu respektieren und Müßiggang zu verachten. Aber solche Arbeit würde mich heute nicht mehr reizen, und ich begreife, daß arbeiten, um Geld zu verdienen oder Erfahrung zu sammeln nicht dasselbe ist wie aus politischen Gründen zu arbeiten; und ganz gewiß habe ich nicht versucht, mich Bauern und Arbeitern „gleichzustellen". In diesem Punkt fehlte meiner Praxis der geistige Inhalt – so wie er ganz offenbar der Arbeitsphilosophie in allen kapitalistischen Gesellschaften fehlt. Bevor ich dieses Thema verlasse, sollte erwähnt werden, daß ernsthafte Fälle von „Revisionismus" bis zu denen – und einschließlich derer , die als Konterrevolutionäre in China benannt worden waren, eine sehr viel schwerwiegendere Behandlung erfuhren als die freiwillige Meldung zum „7.-Mai-Kämpfer". Nach den Angaben der Roten Garden wurden einige Kuomintang-Spione und berufsmäßige Saboteure enttarnt. Obwohl Mao Tse-tung immer wieder betonte, daß selbst „Volksfeinde" niemals geschlagen oder körperlich mißhandelt werden sollten, wurden seine Worte in Tausenden von Fällen überhört. Viele wurden von Posten der Roten Garden in den frühen Tagen der Kulturrevolution unter falschen Anschuldigungen verhaftet. Waren sie einmal verhaftet, so mußte die ganze politische und familiäre Vergangenheit der Opfer untersucht werden. Und während Komitees an die Macht kamen und wieder stürzten, konnte es vorkommen, daß die von der einen Gruppe verhafteten von der nächsten befreit wurden und sich dann rächten, indem sie ihrerseits ihre Ankläger anklagten. Als die Armee intervenierte und die verfeindeten Cliquen beiseite fegte, mußten Zehntausende von Fällen wieder neu aufgerollt werden. In all diesen Übergangsphasen gab es immer Menschen, die ihre zeitweilige Macht mißbrauchten, um ihre ausgesuchten Opfer zu schlagen oder zum „Selbstmord" zu treiben – manchmal wichtige und nützliche Revolutionäre, die schlimmstenfalls „ein paar Fehler" gemacht hatten in ihrem Eifer, die Regeln der „Selbstschulung" zu befolgen.

Es gab zwei Dinge an der Großen Proletarischen Kulturrevolution, sagte mir Mao Tse-tung, die er mißbilligte. Das eine war die Lüge. (Offener Kampf war besser als arglistige Täuschung mit Worten.)

Das zweite, was den Vorsitzenden sehr unglücklich machte, war die Mißhandlung von „Gefangenen" (Verhafteten). Das entsprach nicht dem Stil der Roten Armee oder der Volksbefreiungsarmee während der vergangenen Kriege . . .

„Was ich dir dreimal sage", um wieder zu Lewis Carroll zurückzukehren, „das ist *wahr*." Aber niemand weiß besser als Vorsitzender Mao, daß, wenn er es auch 3000mal sagte, es immer Taube geben würde unter denen, die in seinem Namen die Macht beanspruchen. Und wer hatte schließlich gesagt: „Eine Revolution ist kein Festschmaus . . ."[5]

---

[5] Ein grundlegender Artikel über die „7.-Mai-Kaderschulen" findet sich in der Peking-Rundschau 19/1972 (A. d. Ü.).

18.

Die Armee und das Volk

Menschen in Uniform sind in China allgegenwärtig, aber die meisten von ihnen mischen sich unbewaffnet unters Volk, ihr Betragen in der Öffentlichkeit ist mustergültig, und jeder Besucher kann sich rasch davon überzeugen, daß die bewaffneten Streitkräfte beliebt sind. Die öffentlichen Schulen sind voll von „kleinen Roten Soldaten"; nahezu jede Familie, die ich kennenlernte, hoffte darauf, wenigstens einen Sohn oder eine Tochter zu haben, die den strengen Einstellungsbestimmungen der Volksbefreiungsarmee genügen würden. Die Staatsverfassung führt den Dienst in den Streitkräften unter den „Rechten und Pflichten" des Bürgers auf. Unter den Soldaten, die ich in Kasernen oder anderswo befragte, fand ich niemals einen, der es sich hätte vorstellen können, ein „Kriegsdienstverweigerer aus Gewissensgründen" zu sein – wenn man ihm erst einmal erklärt hatte, was das überhaupt war – oder in einen zukünftigen Krieg verwickelt zu sein, in dem sein Land „im Unrecht" sein könnte.[1] Die VBA ist eine hochdisziplinierte, demokratische Arbeiter- und Bauernarmee und auf der Höhe ihres Prestiges angelangt: sie spielt eine führende Rolle in den vielen Bereichen, von denen ich gesprochen habe. Sie fällt unzweifelhaft der Bevölkerung weniger zur Last als die meisten Armeen der Welt. Sie regelt ihre eigenen Angelegenheiten selbst. Sie baut den größten Teil der von ihr verbrauchten Nahrungsmittel selbst an; sie kennt keine Marketender; sie ist stets bereit, in Notfällen auf dem Feld oder in der Fabrik Hilfe zu leisten.
Seit 1959 hat die VBA fast wieder den „Arbeitsstil" der Tage von Jenan erreicht. Rangzeichen – Epauletten, geschneiderte

---

[1] Vgl. *Gast am anderen Ufer*, op. cit., S. 286 ff.

Uniformen, Offiziersmützen, Orden – und andere offen zur Schau getragene Zeichen einer Offizierskaste, die man von der russischen Armee übernommen hatte, verschwanden zu Beginn der sechziger Jahre. Die Möglichkeit der Kritik zwischen Offizieren und Mannschaften wurde ebenso wiederhergestellt wie die Tradition, daß jeder Offizier in regelmäßigen Abständen wieder als einfacher Soldat dienen muß. Alle Offiziere gingen wieder aus den Mannschaften hervor. Die Unterschiede in Bezahlung und Lebensbedingungen zwischen Offizieren und Mannschaften waren reduziert worden, obwohl sie noch immer weit von der „Gleichheit" der Jenan-Tage entfernt waren.

Die Ausbildung legt besonderes Gewicht auf die Politik, und Politik bedeutet die Beziehungen zum Volk. Die Regeln, die auswendig gelernt (und gesungen) werden, sind im wesentlichen noch immer die gleichen wie in der alten Roten Armee, so die „Acht Punkte zur Beachtung": „1. Sprich höflich! Man muß den Massen Achtung entgegenbringen und darf sich nicht anmaßend benehmen. 2. Sei ehrlich, wenn du etwas kaufst und verkaufst! Bei Kauf und Verkauf darf man sich nicht tyrannisch zeigen. 3. Gib zurück, was du entliehen hast! Nichts davon darf verlorengehen. 4. Bezahle für das, was du beschädigt hast! Gib keinen halben Heller weniger als den Wert. 5. Schlage und beschimpfe niemanden! Die Manieren von Militaristen muß man sich entschieden abgewöhnen. 6. Beschädige nicht die Ackerbaukulturen! Weder auf dem Marsch noch beim Gefecht darf dergleichen geschehen. 7. Belästige keine Frauen! Flegeleien dürfen nicht vorkommen. 8. Mißhandle nicht Gefangene! Man darf sie nicht schlagen, beschimpfen oder ihre Taschen durchsuchen." Außerdem gibt es die „drei Hauptregeln der Disziplin": 1. Gehorche dem Kommando in allem, was du tust! Nur im Gleichschritt marschierend werden wir siegen! 2. Nimm den Massen nicht eine Nadel, nicht einen Faden weg! Dann werden die Massen uns mit Freuden unterstützen. 3. Liefere alles Beutegut ab! Bemüh dich, dem Volk die Lasten zu erleichtern."[2]

---

[2] Hier zitiert nach dem Liedblatt „Ein Lied der Roten Armee", Beilage zu China im Bild (A. d. Ü.).

Schließlich gibt es den sogenannten „Drei-und-acht-Arbeitsstil", so genannt, weil er in drei Sätzen und acht Schriftzeichen ausgedrückt wird. Die drei Sätze: „1. Politisch fest und richtig orientiert. 2. Bei der Arbeit sorgfältig und schlicht. 3. In der Strategie und Taktik beweglich." Die acht Schriftzeichen (im Deutschen auf vier Wort verkürzt): „1. Einheitsgeist, 2. Einsatzfreudigkeit, 3. Ernsthaftigkeit, 4. Lebhaftigkeit."[3]

Einzelne Soldaten oder ganze Kompanien empfangen eine schriftliche Anerkennung, wenn sie sich in den „Vier Guten" hervorgetan haben, das heißt, wenn sie folgende Qualitäten haben: „1. Gute politische und ideologische Arbeit, 2. Guten ‚Drei-und-acht-Arbeitsstil‘, 3. Gute militärische Ausbildung, 4. Gute Organisation im Alltagsleben."[4]

Jeder, der eine solche „Vier-Gut"-Belobigung erhält, rahmt sie ein und hängt sie stolz neben sein Porträt des Vorsitzenden Mao.

Im allgemeinen besagt die Theorie, daß die eigentlich militärische Ausbildung der ideologischen unterzuordnen ist, entsprechend der Mao-Weisung: „Die Politik muß bei allem die Führung innehaben." Richtschnur sind die „Vier Ersten", eine Rangordnung, die besagt: „1. Handelt es sich um Mensch und Waffen, kommt an erster Stelle der Mensch; 2. handelt es sich um politische und andere Arbeit, kommt an erster Stelle die politische Arbeit; 3. handelt es sich um ideologische und andere politische Routinearbeit, kommt an erster Stelle die ideologische Arbeit; 4. bei der ideologischen Arbeit kommen die Ideen, die in direktem Zusammenhang mit dem Leben stehen, vor der Buchweisheit. Also gilt folgende Rangordnung: 1. der Mensch, 2. die politische Arbeit, 3. die ideologische Arbeit, 4. die Ideen, die aus dem Leben geschöpft werden."[5]

Diese Grundprinzipien geben Maos Überzeugung wieder, daß „der Mensch wichtiger ist als Waffen" und daß, wenn der

---

[3] Hier zitiert nach Joachim Schickel, *Der Große Strategische Plan,* op. cit., S. 580 (A. d. Ü.)
[4] Schickel, a. a. O., S. 583.
[5] Schickel, a. a. O., S. 583.

moralisch-politische Faktor nicht das Primat hat, überlegene Waffen oder Zahlen wenig bedeuten. Solche Vorstellungen wiederum zeigen, daß sich Mao früh mit den Lehren des Sun Tze vertraut gemacht hat (etwa 400–320 v. Chr.), dem Meisterstrategen des alten China, dessen *Kriegskunst* voller Weisheit steckt, die funkelt wie frisch geprägte Münzen. Sun Tze hat gesagt, daß es in der Strategie fünf Grundfaktoren gibt und daß „der erste Aspekt der Weg ist . . . Der Weg: Wenn man erreicht, daß die Gedanken des Volkes eins sind mit denen des Regierenden, wenn das Volk bereit ist, mit ihm zu sterben, bereit ist, mit ihm zu leben, wenn es weder Furcht noch Zweifel kennt."[6]

„Die Politik muß bei allem die Führung innehaben" bedeutet natürlich nicht, daß die VBA moderne Waffen und ihren richtigen Einsatz geringschätzt. „Wir müssen Politik und Technologie miteinander verbinden", sagt Mao. Das bedeutet: „Rot *und* sachkundig."[7] Ich kann hier nicht den Versuch machen, mit westlichen Geheimdiensten zu wetteifern und kann das chinesische Potential an Waffen nur in einem sehr allgemeinen Sinn einschätzen. Es wird kaum in Frage gestellt, daß die drei Millionen regulären Truppen der VBA die stärksten Landstreitkräfte in Asien darstellen; sie werden unterstützt von Millionen ausgebildeter Reservisten und Hilfskräfte. Ihre Infanterie- und Artilleriewaffen sind in Vietnam ebenso wirkungsvoll eingesetzt worden wie ihre Flak. Die VBA ist in all diesen Waffen und in ihrer gesamten modernen Ausrüstung Selbstversorger. Seit dem Beginn der sechziger Jahre hat China Düsentriebwerke für die im Land nachgebauten sowjetischen MIG-19 selbst hergestellt; 1970 wurde berichtet, daß die Chinesen ein neues Düsenflugzeug eigner Konstruktion herstellen, das der russischen MIG-21 angeblich überlegen ist. Leichte und mittelschwere Düsenbomber werden ebenfalls in begrenzter Zahl in China hergestellt.

---

[6] Hier zitiert nach: Sun Tze, *Die dreizehn Gebote der Kriegskunst*, deutsch von H. D. Becker, Einleitung Günter Maschke, München 1972, S. 49 (A. d. Ü.).

[7] In *Sechzig Punkte über Arbeitsmethoden*, nach Jerome Ch'en, *Mao Papers*, op. cit., S. 89–91 (A. d. Ü.).

Obwohl China mit den Supermächten in der Luft, mit Kriegsschiffen und Unterseebooten nicht konkurrieren kann, reicht sein vereinigtes Rüstungspotential doch aus, jeden Angreifer abzuschrecken, der die Versuchung spüren sollte, Verteidigungskraft mit konventionellen Waffen auf die Probe zu stellen. Ab 1971 gehörte dazu auch ein kleines, aber ernüchterndes Potential an Nuklearwaffen und ein dezentralisiertes Versorgungssystem. In jedem Fall trägt es dazu bei, das frühere Gefühl der Hilflosigkeit gegenüber atomarer Bedrohung zu mildern. Schon heute könnte keine Atommacht China zerschlagen, ohne selbst schwere Zerstörungen hinnehmen zu müssen. Chinas schon frühzeitig verfügbare Möglichkeiten, Atombomben auch interkontinental einzusetzen, spielten eine große Rolle beim Entschluß der Regierung Nixon, die Volksrepublik als eine Realität anzuerkennen und eine neue Beziehung zwischen Staaten in einem vernünftigen System friedlicher Koexistenz zu suchen.

Ich glaube, daß all das von der Mehrheit „des Volkes" verstanden wird, einschließlich kluger alter Bauern, die ich voller Stolz habe frohlocken hören über den Aufstieg Chinas aus eigener Kraft nach über einem Jahrhundert der Demütigung und beinahe der Vernichtung durch westliche und japanische Eindringlinge und die sich als Teilhaber an diesem Aufstieg begreifen. Für sie sind Chinas Waffen eine kollektive Errungenschaft – mit ihrer harten Arbeit sehr teuer erkauft –, und die Propaganda-Erziehung lehrt sie, diese Waffen als „ihr eigen" anzusehen. Glauben das alle? Mao selbst gestand zu, daß noch immer „fünf Prozent gegen den Sozialismus" seien. Ist für diese fünf Prozent – mehr oder weniger? – die Armee ein Bedrücker, der sie daran hindert, das Land ihrer Vorfahren wiederzuerlangen? Oder „reiche und hohe Beamte zu werden"? Oder vielleicht taoistische Mönche? Oder freie Künstler? Oder Verfasser von Büchern, die „der Realität entfremdet" sind? Die Mehrzahl der mehreren 100 Personen, denen es monatlich gelingt, nach Hongkong zu fliehen, scheinen von Träumen verführt, den schlichten alten Mist zu machen, der unter dem Namen Geld bekannt ist. Selten genug findet sich ein Veteran der Volksbefreiungsarmee unter ihnen.

„Die Armee ist eine große Schule", hat Mao immer wieder gesagt, in der die Soldaten lernen, individuelle Habgier zu verachten. „In dieser großen Schule soll sich die Armee mit politischer, militärischer und kultureller Ausbildung befassen und auch an der landwirtschaftlichen Produktion teilnehmen. Sie kann ihre eigenen mittelgroßen und kleinen Fabriken errichten, um Produkte für den Eigenbedarf und zum gleichwertigen Tausch gegen andere Güter herzustellen ... Auf diese Weise ist die militärische Arbeit mit der Erziehung, der Landwirtschaft, der Industrie und den Problemen des Volkes verbunden ... Auf diese Weise können wir die gewaltige Kraft von Millionen Armeeangehörigen für das Land einsetzen."[8]

Ein altes chinesisches Sprichwort sagte: Man nimmt kein gutes Eisen, um Nägel zu machen; aus guten Menschen macht man keine Soldaten." Im Kuomintang-China sah ich regelmäßig analphabetische Rekruten, die mit Stricken um den Hals zu ihrem Dienst geschleppt wurden. Offiziere unterschlugen in der Regel Teile des Solds und der Rationen, prügelten Soldaten, wenn sie sich beklagten, und ließen sich in Geschäfte und Schwarzmarktoperationen ein; sie dachten zuerst an ihre persönliche Karriere und an ihre Familien und erst ganz zuletzt an ihre Soldaten. (Nicht unähnlich gewissen Offizieren in der südvietnamesischen Armee von heute.) Ein „Kämpfer" der VBA kann lesen und schreiben, liest Maos Schriften über den vorbildlichen Offizier, kennt seine Rechte und kann sich bei „Kampf"- und „Kritik"-Versammlungen beschweren. Es gibt Fälle von Korruption bei Offizieren, aber sie sind vielleicht noch seltener als vorehelicher Geschlechtsverkehr.

Diese „Qualitäts"armee kostet das Volk unglaublich wenig, was Sold und Unterhaltungskosten betrifft. Wieviel ist das?

Im Oktober 1970 saß ich mit Nieh Jung-dschen zusammen, den ich 1936 zum erstenmal getroffen hatte, der später Marschall wurde und nun Leiter der Entwicklungskommission für Nuklearwissenschaften war. Ich erfuhr keine Bombengeheimnisse, aber

---

[8] *Die Weisung vom 7. Mai,* in: Jerome Ch'en, *Mao Papers,* op. cit., S. 138/39.

er sprach ausführlich über die VBA. Jeder Soldat erhielt drei Hemden im Jahr, Winter- und Sommer- oder Bergschuhe, vollständige Winter- und Sommeruniform und unbegrenzte Lebensmittelrationen. Rekruten werden in der Regel nicht akzeptiert, wenn sie zur Unterstützung ihrer Eltern gebraucht werden; in Ausnahmefällen wird für ihre Familien gesorgt. Der Durchschnittsrekrut, unverheiratet, erhält kostenlose Ausbildung, Erziehung, medizinische Betreuung und kostenlose kulturelle Veranstaltungen und hat so keinerlei Ausgaben für Essen, Wohnen oder sonstige Lebenshaltungskosten. Sein Grundsold von 6 *yuan* im Monat schien deshalb meinem Gesprächspartner ein reichlich bemessenes Taschengeld.

Später traf ich in Tschekiang General Dschou Wen-djang; er sagte mir, daß der Grundsold für einen einfachen Soldaten auf 12 bis 15 *yuan* pro Monat erhöht worden sei. General Dschou sagte mir auch, die meisten Offiziere hätten in eine freiwillige Kürzung ihrer Bezüge um 30 Prozent eingewilligt. Auf diese Weise würde ein General nur noch etwa 350 *yuan* im Monat verdienen, nach Lohnskalentabellen, die man mir in den sechziger Jahren zur Verfügung stellte.[9]

(Als ich Nieh Jung-dschen kennenlernte, erhielten Offiziere in der Roten Armee 5 *yuan* im Monat.) Ein Oberstleutnant in der Armeepropagandaabteilung sagte mir, sein monatlicher Sold betrage 70 *yuan* – nach einer Kürzung um etwa 40 Prozent. Ansonsten hatte die Kulturrevolution keine Angleichung der Bezahlung gebracht; der Sold der mittleren Offiziere blieb unverändert, während die Bezahlung der unteren Ränge gestiegen und die der höheren gefallen war.

Wie in zivilen Organisationen, folgte die Armee der sozialistischen Regel: „Jeder nach seinen Fähigkeiten, jeder nach seiner Leistung" – wobei Alter, Dienstjahre, Familienverpflichtungen und Rang berücksichtigt werden. Offiziere vom Major an aufwärts hatten viele zusätzliche Vorteile, inklusive besonders Wohnung und Wagenbenutzung.

Alles das mag sich gut anhören, aber gab es in China nicht ein

---

[9] Vgl. *Gast am anderen Ufer*, op. cit., S. 294.

gewisses Unbehagen über die Machtrolle, die der Armee nach dem Zusammenbruch der höheren Parteibürokratie zugefallen war? Früher setzte eine Bauernfamilie ihren Ehrgeiz darein, einen Sohn zur Schule zu schicken, damit er reich und mächtig wurde. „Kader werden, um hoher Beamter zu werden" war eine althergebrachte Mentalität, die ständig verurteilt wurde und einer der Gründe, die man mir für die Errichtung der 7.-Mai-Schulen nannte. Gab es jetzt so etwas wie eine Mentalität des „Soldat werden, um hoher Offizier zu werden?"

Man wurde daran erinnert, daß die Armeekader schließlich weniger als ein Zehntel der alten Parteimitgliedschaft darstellten. Konnten sie mit all ihren Produktions- und Verteidigungsaufgaben das riesengroße Land alleine leiten? Aber hieß es nicht auch von den ehemaligen „obersten Parteimachthabern, die den kapitalistischen Weg gehen", sie seien eine „Handvoll"? Was könnte eine militärische Parteielite daran hindern, der alten bürokratischen Elite in der Macht nachzufolgen?

Ich habe schon zum Teil die Antwort zitiert, die mir der Mann gab, der im Wiederaufbau der zerstörten Staats- und Parteistruktur von 1967 an die größte Verantwortung trug. Der erfahrenste nach dem Zusammenbruch der von Liu Schao-tschi beherrschten Machtstruktur in seinem Amt verbliebene Staatsaufbauer, Ministerpräsident Tschou En-lai, hatte weiterhin volles Vertrauen in alle drei Elemente jener Revolutionskomitees, die nach und nach zu geeinten Verwaltungsorganen verschmolzen werden mußten. Dies beinhaltete auch die delikate Aufgabe, diejenigen Techniker und erfahrenen Parteikader zu „befreien", die man in der von der Armee vollendeten Säuberung in die Mangel genommen hatte. Viele von ihnen zogen es vor, im Verborgenen zu bleiben oder neue Verantwortlichkeit zu vermeiden. Eine ebenso schwere Aufgabe lag darin, in diese Arbeitsgruppen genügend „frisches Blut" zu injizieren, das aus den Arbeiterkongressen (die an Stelle der Gewerkschaften getreten waren) und aus den Volkskommunen hervorgehen mußte, um den Staatskörper auf eine direktere Weise den Massen – der weder in der Partei noch in der Armee organisierten Mehrheit – verantwortlich zu machen.

Eine Armee-Elite? Ein bürokratisches Armee-Establishment? „In unserem sozialistischen Staat", gab Tschou En-lai zur Antwort, „sind wir innerhalb der Partei alle gleich, ob wir nun in der Regierung, in der Partei oder in der Armee arbeiten. Sobald Armeekader in Regierungsorganen arbeiten, sind sie Regierungsangestellte und nicht mehr für Armeeaufgaben verantwortlich. Sie werden de facto aus der Armee überstellt. In einigen Jahren werden sie genauso wie wir."

Genauso wie wir – wie Tschou En-lai also? 50 Jahre revolutionärer Erfahrung haben aus Tschou einen Allround-Mann gemacht. Konnte die neue Mixtur rasch genug proletarische Nachfolger schaffen, ehe die alten dahingingen? Darüber mußte ich nachdenken, während ich selbst ein wenig mehr „aufs Land hinunterging".

Fünfter Teil
Volkskommunen

19.

Anfänge

„Die Landwirtschaft ist die Grundlage und die Industrie der führende Faktor", diese Maxime ist seit 1960 das Leitprinzip der chinesischen Wirtschaft. Zu jenem Zeitpunkt drohenden Hungers und einer allgemeinen Krise nahmen die chinesischen Führer Abstand von der Bevorzugung der Schwerindustrie und der Unterinvestition in der Landwirtschaft. Ohne sowjetische Hilfe blieb China nichts anderes übrig, als die Parole anzunehmen „Sich auf die eigene Kraft verlassen". Man legte die übernommenen russischen Vorbilder beiseite, man „ließ die Industrie der Landwirtschaft dienen" und stellte es darauf ab, allein aus eigener Anstrengung das Hinterland zu entwickeln und ein besseres Gleichgewicht zwischen Stadt und Land herzustellen.

Vor allem suchte Mao die Umwelt des chinesischen Menschen zu verändern – und damit den Menschen selbst zu ändern. Die Stelle, wo die Modernisierung die dramatischsten Veränderungen schaffen mußte, waren die ländlichen Gebiete, die Heimat der überwältigenden Mehrheit.

1971 bestellten die Volkskommunen 95 Prozent des bebaubaren Landes. Alles war Kollektiveigentum mit Ausnahme von fünf bis sieben Prozent, die sich noch immer, in kleine Gartenparzellen aufgeteilt, im Privatbesitz der Bauern befanden. Kaum mehr als fünf Prozent wurde von nationalisierten oder Staatsfarmen bewirtschaftet, die „dem ganzen Volk gehören".

China hat die Ausmaße eines Kontinents – etwa von der Größe Europas und der europäischen Sowjetunion zusammengenommen – aber zwei Drittel seines Gebiets bestehen aus steilen Gebirgen oder Ödland oder Wüste. Die Neugewinnung von Land hing nach wie vor zum größten Teil von manueller Arbeit ab, und die gesamte bebaute Fläche betrug nur etwa 13 Prozent der

Gesamtfläche. Die bebauten und dicht besiedelten Gebiete liegen noch immer meist in der östlichen Hälfte Chinas. In den dicht besiedelten Deltagebieten standen weniger als 700 m^2 pro Person zur Verfügung, aber zwei- bis dreifache Ernten waren die Regel geworden; dazu trug die gesteigerte Anwendung organischen und chemischen Düngers – beides lokale Produkte – ebenso bei wie Bewässerung, Verwendung von hybridem Saatgut und andere verbesserte Anbaumethoden.

Chinas 1800 Kreise waren nach Angaben Tschou En-lais in etwa 70 000 Landkommunen aufgeteilt; diese wiederum waren in 750 000 Produktionsteams oder Dörfer untergliedert. Eine Brigade umfaßt mehrere Produktionsteams, die für kollektiven Landbesitz und Abrechnung die Grundeinheiten darstellen. Den Brigaden gehören die schweren Maschinen und die Kleinindustrie. In der Größe entsprechen sie einem *hsiang* oder Distrikt. Die Kommunen fassen eine Anzahl von Brigaden zusammen; sie sind die verwaltungsmäßigen Untereinheiten der Kreise.

In den Kommunen müssen etwa 550 Millionen Menschen sich selbst sowie die Kreis- und Großstädte ernähren und von den etwa 100 Millionen Hektar mit Getreide und 20 Millionen Hektar mit Baumwolle, Tee, Speiseölen, Tabak, Ramie, Seidenraupenzucht, Viehzucht und anderen „geldeinbringenden Kulturen" bewirtschafteten Landes einen Überschuß erzeugen, der ausreicht, ihnen selbst und dem staatlichen Einkaufsmonopol einen Profit zu verschaffen, *und außerdem noch* Kapitalersparnisse akkumulieren, um ihre eigene Modernisierung fast ohne Staatshilfe zu finanzieren.

Vom stetigen Wachstum des Wohlstandes, von der klugen Leitung und der hingebungsvollen Arbeit dieser Kommunen hängt die ganze Zukunft, hängt Erfolg oder Niederlage des Sozialismus in China ab.

Während dreier Besuche in der Volksrepublik China seit 1960 habe ich über 30 Kommunen besichtigt, vom fernen Norden nahe der sibirischen Grenze bis nach Jünnan an der Grenze nach Vietnam. Diesmal habe ich elf Kommunen gesehen, davon drei, die ich schon 1960 kennengelernt hatte und die wiedersehen zu können ich gebeten hatte. Diese erneuten Besuche zeigten Verbesserungen in den Anbaumethoden, den Bewässerungsarbeiten, der Elektrifizierung, der Mechanisierung, der Urbarmachung von Brachland, im Wohnungsbau und in der Kleinindustrie – viel mehr als in höheren Nettoeinkommen. Nach acht Jahren landwirtschaftlichen Wachstums glauben die meisten Bauern jetzt an die Verwirklichung der von den Parteidirektiven versprochenen „fünf Garantien" für diejenigen, die zu alt sind, um selbst zu arbeiten: angemessene Ernährung, Wohnung und Kleidung, Energie, medizinische Betreuung und ordnungsgemäße Bestattung (Einäscherung).

„Angemessen"? Die chinesischen Kommunen sind noch immer sehr arm, wenn man sie am Lebensstandard westlicher landbesitzender Bauern mißt. Die Lebensqualität, die sie bieten, ist allerdings „angemessen" und übertrifft bei weitem die früheren Träume der landlosen, ewig überarbeiteten, hungrigen Analphabeten, die im vorrevolutionären China die überwältigende Mehrheit der Bauern stellten.

20.

„Sentimental Journey"

Die ärmste Kommunebrigade, die ich 1970 sah, war Bao An (heute Tse Dan genannt), tief in Zentral-Schensi im Nordwesten Chinas. Dort betrug das durchschnittliche Bruttoeinkommen pro Haushalt etwas weniger als 250 Mark pro Jahr. (Das war immerhin doppelt so viel wie vor zehn Jahren.) Im Gegensatz dazu stand die reiche stadtnahe Kommune *Pferdebrücke* mit einer Bevölkerung von 36000 Menschen, etwa eine Autostunde von Schanghai entfernt. Durch den Anbau von Getreide und Baumwolle erzielte *Pferdebrücke* 1970 ein jährliches Bruttosozialprodukt, das einem Brutto-Haushaltseinkommen von 2300 Mark entsprach.

Vom Bruttoeinkommen der Brigade müssen drei bis acht Prozent an staatlichen Steuern abgeführt werden. Sie gehören zu den 40 bis 50 Prozent auf der Ausgabenseite. Zwischen 15 und 20 Prozent des Getreides gehören zum Ablieferungssoll, das dem Staat zu festgesetzten Preisen angeboten werden muß. Das Nettoeinkommen schließt die Industrieproduktion, die Ergebnisse der Viehzucht und die „verkäufliche Ernte" ein. Zwischen 10 und 25 Prozent oder auch mehr werden als öffentliche Reserve zurückgelegt; sie ist für Investitionen in der Ausrüstung und Modernisierungen, für Wohlfahrts- und Darlehensfonds, für Krankenversicherung und für die Versorgung der Alten bestimmt. Von der verbleibenden Summe behält die Brigade 80 bis 85 Prozent für sich; der Rest ist für Investitionen der Kommune und allgemeine Betriebs- und Verwaltungskosten.

Das Nettoeinkommen in *Pferdebrücke* im Jahre 1969 betrug etwa 325 Mark pro arbeitendem Mitglied; der Durchschnittshaushalt (4,5 Personen) erreichte damit ein Nettoeinkommen von etwa 875 Mark. In einer nichtmechanisierten Brigade in Bao An, wo offensichtlich die Steuern nur etwa drei Prozent des Bruttoeinkommens betrugen, lag das Nettoeinkommen anscheinend bei etwa einem Drittel dessen, was man in der halbmechanisierten *Pferdebrücke*-Brigade erzielte. Dort trugen von Kommune und Brigade betriebene Industrien – Bootswerften, Herstellung von Baumaterial, Maschinenbau, Herstellung von elektrischen Transformatoren und so weiter – mit über 25 Prozent zum gemeinsamen Produktionswert bei. Das ist außergewöhnlich viel und ein auf Landesebene noch längst nicht erreichtes Ziel, aber viele Kommunen besitzen heute eigene Maschinen-, Kleintraktor-, Zement- und kleine Düngerfabriken, die ihren eigenen Bedürfnissen auf dem Wege zur Modernisierung entsprechen.

Wenn hier *yuan* in Mark umgerechnet wird – und zwar zum offiziellen Wechselkurs von 1 *yuan* = DM 1,50 –, so kann das natürlich irreführen. In der chinesischen Landwirtschaft werden die Bauern meist in Getreide bezahlt. Sie verkaufen den Überschuß, den sie nicht selbst brauchen – zwischen 25 und 50 Prozent ihres Anteils – zu staatlich garantierten Marktpreisen. Ihr Bareinkommen in *yuan* hat eine weitaus größere Kaufkraft, als der offizielle Umrechnungskurs ausweist, wie ich schon bei der Besprechung der Preise zu Beginn gezeigt habe.

Viele Kommunen züchten heute ihre eigenen Fische in neu angelegten Teichen und Kanälen, und ein Teil des Fangergebnisses wird an die Mitgliederfamilien „frei verteilt". Gemüse wird entweder selbst gezogen, oder es ist so billig, daß es das Familienbudget kaum belastet. „Private Schweine" (auf den der Familie gehörenden Privatparzellen gezüchtet) tragen heute häufig zwischen 30 und 190 Mark pro Jahr zum Familieneinkommen bei. Natürlich kann die Familie auch häufiger Fleisch essen und weniger Bareinkommen erlösen. (In früheren Zeiten konnte sich der Durchschnittsbauer Fleisch nur zwei- oder dreimal im Jahr leisten.) Kommunefamilien haben ein eigenes Haus und brauchen keine Miete zu zahlen, aber sie können ihr Haus nicht verkaufen oder vermieten. Und der größte Anteil am Wohlstand der Kommunen ist nicht in Geld umsetzbar – der Anteil des Mitglieds an den kollektiven Investitionen ersparter Beträge in Verbesserungen und am gemeinsamen Landbesitz.

Die Löhne oder Anteile am Kollektiveinkommen werden jetzt durch eigene Einschätzung des Werts der geleisteten Arbeit durch den einzelnen bemessen, ausgedrückt in Arbeitspunkten – also ein Leistungslohnsystem. Diese Selbsteinschätzung wird dann vom Arbeitsteam entweder akzeptiert oder auch verringert oder erhöht. Da übertriebene Forderungen, die von den Nachbarn abgelehnt werden, einen Gesichtsverlust bedeuten, besteht eine Tendenz zur Mindereinschätzung. Die Arbeitsteams wählen ihre eigenen Leiter, ebenso wie Produktionsteams; die Leitung der Brigade besteht jetzt aus einem Revolutionskomitee, dessen Mehrheit von Bauern gestellt wird, diese sind damit in der Lage, willkürliche Entscheidungen von Parteikadern, wie sie vor der Kulturrevolution oft vorkamen, zu verhindern. Auf Brigade- und Kommuneebene sind die Verwaltung und die Verteilung der Gelder halbautonom innerhalb der allgemeinen Richtlinien der kommunalen und staatlichen Planung. Frauen haben theoretisch gleiche Stimme im Verhältnis zu ihrem Arbeitsbeitrag, der nicht sehr unter dem der Männer liegt, aber in der Praxis sind sie noch stark unterrepräsentiert.

Die Wohltaten, die das Kommuneleben dem Bauern gebracht hat, erschöpfen sich nicht in einem vollen Magen, warmer Kleidung, besserer Wohnung, guten Betten, Thermosflaschen, Fahrrädern oder ein bißchen Bargeld. Wenn es nicht mehr wäre als das, wird die Revolution in den Augen von Mao Tse-tung und seiner „Aktivisten" mißlingen. Die physische Transformation der alten chinesischen Erde durch kollektive Anstrengung zum Wohl der Gruppe und nicht nur zum privaten Gewinn – in einem Land, in dem man wie in keinem anderen persönliche Bereicherung ohne Rücksicht auf die anderen anstrebte – ist an und für sich ein so radikales Konzept, eine so neuartige Praxis, daß sie eine neue Philosophie und „Weltanschauung" hervorbringen muß. Nirgendwo sah ich die Axiome Maos „Aus Schlechtem kann man etwas Gutes machen" und „Bekämpfe dich selbst und diene dem Volk" auf befriedigendere Weise verwirklicht als in den kahlen und zerrissenen Bergen von Nord-Schensi, während ich in den Kreis Bao An zurückkehrte. 1936 betrat ich Bao An zum erstenmal. Damals war es die Basis der

Roten Armee nach dem Langen Marsch.[1] Mao Tse-tung hatte sein Hauptquartier in einer Felshöhle, auch die unter der Leitung von General Lin Piao stehende Akademie der Roten Armee war so untergebracht. Der Bürgerkrieg dauerte immer noch an. Den Roten nahestehende Nationalisten führten mich durch das Niemandsland. Von da an brauchte ich noch drei Tage Fußmarsch über gewundene Pfade, über Berge und durch Schluchten, um von Jenan nach Bao An zu gelangen.

Seit 1945 war kein Ausländer in Bao An gewesen, und nur wenige seit 1937, als Mao seine „Hauptstadt" nach Jenan verlegte und der erste Bürgerkrieg zwischen Nationalisten und Kommunisten in einer Einheitsfront gegen die japanischen Eindringlinge endete. Heute führt eine Autostraße nach Bao An, das etwa 120 Kilometer nordwestlich von Jenan liegt. Die weglose Öde, die ich gekannt hatte, bestand aus steilen, zerklüfteten Bergen, durch tiefe Schluchten voneinander getrennt, die außer in Hochwasserzeiten trocken waren; nur hier und dort sah man einen Flecken angebauten Getreides oder eine halbverfallene Höhle. Die wenigen Bauern waren in Lumpen gekleidet, ihre Kinder liefen ohne Unterricht und nackend herum; Salz, Nadeln und Streichhölzer waren kostbare Besitztümer. Diese Bauern konnten sich kaum durchbringen, wenn das Wetter günstig war, und sie verhungerten, wenn es schlecht war. Die Partisanenarmeen, die hier Zuflucht gefunden hatten, mußten Brach- oder Ödland erschließen und ihre eigene Ernte anbauen, zwischen den Schlachten – und dies war der Beginn der Umwandlung.

Denn in diesem Land steckten immer mehr Möglichkeiten, als man auf den ersten Blick geglaubt hätte, für Mais, Gerste, Weideland und Obstgärten. Ein Teil dieser Möglichkeiten ist nun verwirklicht worden, und die regenerierten begrünten Berge und engen Täler sind oft von atemberaubender Schönheit.

Die Autostraße, Teil eines Verkehrsnetzes, das in die Innere Mongolei führt, war für Lastwagen, Jeeps und Karren gebaut. Das Erscheinen eines Personenwagens brachte die ganze Bevölkerung zur Begrüßung auf die Beine, und die stillen Berge schie-

---

[1] Siehe Edgar Snow, *Roter Stern über China*, op. cit.

nen plötzlich lächelnde Kinder hervorbrechen zu lassen, die „Lang lebe Vorsitzender Mao!" riefen, während wir vorbeifuhren. Die aus steilen Lehmhängen und gelegentlich aus der Tiefe aufragenden Felsklippen heraus gehauene Straße war stellenweise infolge kürzlicher Regenfälle unterbrochen. An solchen Stellen waren Arbeitsteams über Funk aufgefordert worden, Schnellreparaturen vorzunehmen. Sie gruben einfach ein paar Lagen tiefer in das Lößbett der Straße und benutzten die Erde, um die Stützmauern zu verstärken.

Das Tal weitete sich, und wir konnten die Ereignisse der Neulandgewinnung sehen – Berge, deren Gipfel abgetragen waren, gartenartige Terrassen, die in Riesenschritten jähe Abhänge nahmen, neue Steinmauern, die das breite Flußbett eindämmten, und lange Reihen von Pappeln und Weiden, die angepflanzt worden waren, um den Fluß unter Kontrolle zu bringen und wertvollen neuen Talboden zu gewinnen. Herden von Ziegen und Breitschwanzschafen (drei pro Haushalt, wie man mir sagte) weideten an den Berghängen.

Glücklicherweise ist die Erde hier die qualvolle Anstrengung wert. Löß ist ein sehr fruchtbarer und tiefreichender Boden, der in vergangenen Jahrhunderten aus der Wüste Gobi hier angeweht worden ist. An solchen Abhängen wären Bulldozer nutzlos, und so gibt es auch keine; hier wird alles mit der Hand getan. Um eine einzige Terrasse mit den Händen zu bauen, erfuhr ich, müssen 20 000 Körbe mit Erde auf Menschenrücken getragen werden.

Wir erreichten Bao An nach etwa zwei Stunden und fanden die kleine Stadt im Tal von mehr Menschen bewohnt, als ich (von den Truppen einmal abgesehen) in all den Monaten meiner Reisen im Jahre 1936 in dieser Gegend zusammengenommen gesehen hatte. Damals lebten kaum 100 Zivilisten in dieser verfallenen Kreisstadt; heute zählt sie 3000 Einwohner. Die Roten hatten damals einen kleinen Familientempel für ihre Massenversammlungen benutzt. Jetzt kündigte ein Theater mit 1000 Sitzen *Die Rote Signallaterne,* eine Pekingoper im neuen Stil, an. Damals hatte es hier überhaupt keine Industrie gegeben; jetzt gab es hier 13 Manufakturbetriebe, eine Maschinenreparaturwerkstatt und ein Kraftwerk. 1936 sah ich im ganzen Kreis nur einen einzigen Laden. Jetzt war die Hauptstraße von Miniaturläden gesäumt. In einem kleinen Kaufhaus fanden wir so ziemlich die gleiche Auswahl wie überall, dazu ein großes Plakat an der Wand mit Instruktionen über den Schutz gegen Luftangriffe.

Li Schi-bin, Stellvertretender Vorsitzender des Revolutionskomitees, hieß uns im neuen Verwaltungssitz willkommen, der aus sauberen kleinen Gebäuden und Gästehäusern am Fluß bestand. Ein Fest im Freien wurde organisiert und wir aßen mit Kadern und Bauern, die geholfen hatten, dieses Essen zu produzieren: riesige Maiskolben, köstliche Yam-Wurzeln, scharf gewürztes Hühner- und Schweinefleisch, Reis nach Schensiart und eine Auswahl wohlschmeckender örtlicher Früchte.

21.

Die Reichen und die Armen

Die Neugewinnung von Nutzland war in Bao An ebenso schwierig wie in Dadschai, der berühmten Kommune in der Nachbarprovinz Schansi, die heute als nationales Vorbild gilt. „Von Dadschai lernen", hat Mao gesagt. Nach 25 Jahren des Schuftens, des Bergeplanierens, des Bauens von kilometerlangen Steinmauern zur Aufnahme von Speicherwasser, produziert die Brigade Dadschai etwa acht Tonnen Getreide pro Hektar und Jahr. (Ihr gegenwärtiger Vorsitzender, Tschen Jung-gui, ist Mitglied des Zentralkomitees der Partei, arbeitet aber immer noch auf den Feldern.)

Ebenso beeindruckend war die Geschichte der wohlhabenden Kommune-Brigade *Sandsteinschlucht,* mehr als 1000 Kilometer nordöstlich von Bao An, und nicht weit vom Meer entfernt. Früher wohnten hier ein paar zerlumpte Familien, die in jedem Winter nach Tangschan oder Tiantsin hinunter mußten, um ein paar Pfennige oder Abfälle zu erbetteln, bis sie wieder nach *Sandsteinschlucht* zurückkehren konnten. Nach der Befreiung begannen die ursprünglich 78 Familien fast ohne Hilfe vom Staat – man hatte nichts zur Verfügung als 17 Esel – damit, die Sandsteinberge umzugraben, Bäume und Getreide anzupflanzen. Man grub sehr tief und fand schließlich Wasser und schachtete natürliche Felsreservoirs aus.

1970 zählte *Sandsteinschlucht* 127 Haushalte und erntete 225 Tonnen Getreide sowie 115 Tonnen Äpfel, Pfirsiche, Birnen, Trauben, Datteln und Walnüsse von den einst unfruchtbaren Bergen, die nun durch Baumbestand und Terrassen gesichert waren. Auf einem einzigen Berg verbrachten 100 Menschen zehn Tage, um Erde hinzuschaffen und gerade *ein Fünfzehntel* Hektar bebaubaren Boden zu schaffen. Mit solchen Methoden

hat sich *Sandsteinschlucht* inzwischen über 80 Hektar halbbe-
wässertes Land geschaffen. Seine gedrungenen Häuser aus viel-
farbigen Steinen – beim Ausgraben von Quellen und Teichen
gefördert und auch zum Pflastern seiner sauberen Straßen benutzt – gehören heute zu den besten Bauernwohnungen in
China.

Noch ein Beispiel. In Schanghaier Kommunen – die Schanghaier Sondergebietsverwaltung schließt zehn Landkreise ein –
fand ich Brigaden, die drei Meter tiefe Gräben aushoben und
riesige Zementröhren, verbunden durch Pumpstationen, in
ihnen versenkten. Sie ersetzen auf diese Weise die Kanäle an der
Oberfläche und gewinnen etwa acht Prozent kostbaren Acker-
landes zusätzlich. Das Arbeitsprojekt, das auf drei Jahre veran-
schlagt ist und von der Arbeitsbrigade in den saisonbedingt von
Feldarbeit freien Zeiten mit selbstgefertigtem Zement durchgeführt wird, soll außerdem, so versichern sie, für den Notfall
Luftschutzraum zur Verfügung stellen.

22.

Rückblick und Ausblick

Die lange und manchmal blutige Geschichte der Kollektivierung des ländlichen China zu erzählen, würde ein eigenes Buch erfordern. Um es kurz zu machen: die Entwicklung nach der Revolution begann mit Landkonfiskation und ungleichmäßiger Landverteilung in kleine Parzellen (1960). Es folgten die Gruppen zur gegenseitigen Hilfe (1950/51); die einfachen Genossenschaften, in denen der Landbesitz noch privat blieb (1951–1953); die fortgeschrittenen Genossenschaften, in denen die Besitzurkunden verbrannt wurden und die Dörfer ihren Besitz an Land und Werkzeugen zusammenlegten (1955–1957); und schließlich 1958 die Kommunen, die mehrere dörfliche Arbeitsgruppen in Brigaden zusammenfaßten, um große gemeinsame Projekte durchzuführen – Kanäle, Straßen, Dämme, Industrie, Schulen, Krankenhäuser –, die kleinere Einheiten sich nicht leisten konnten.

In jeder dieser Phasen entstanden neue reiche Bauern, und „die spontane Begierde, Kapitalist zu werden", wurde mit Unterstützung der armen Bauern und Mittelbauern unterdrückt. Alte Grundbesitzer- und Wucherermentalität feierte Auferstehung: frühere Landbesitzer versuchten ihr Comeback, sabotierten, wurden zur Räsion gebracht, standen wieder auf und wurden durch pausenlose Propaganda und organisierte Indoktrination zurückgeschlagen. Aber in der Hauptsache wurde die Reaktion durch Parteiführer unterdrückt, die in der Lage waren, einer bankrotten Bauernschaft in einem Land, in dem auf einen Menschen weniger als ein Fünftel Hektar bebaubaren Landes kommt, immer wieder zu zeigen, daß es keinen Weg zu wachsendem Wohlstand gibt, der allen zugute kommt, als kollektives Kapital aufzubauen, und zwar durch unaufhörliche, auf die eigenen Kräfte zählende, kollektive Arbeit.

Eine große Vertrauenskrise und einen Einbruch in der Praxis brachten die „Notjahre" 1959–1962 mit sich. Parteikader, die sowohl die Volkskommunen als auch den Großen Sprung vorwärts leiteten, überboten sich selbst in Übereifer, Hast und Unerfahrenheit. Ungewöhnlich schlechtes Wetter überraschte das Land, ehe man Zeit gehabt hatte, entsprechende Vorkehrungen zu treffen. Schlimmer als die Naturkatastrophen war die plötzliche Einstellung der sowjetischen Hilfe. 1960 zerriß die UdSSR über 300 Verträge für große industrielle Entwicklungsprojekte und öffentliche Arbeiten, zog alle ihre Berater zurück, nahm selbst die Pläne und Ersatzteile mit und überließ China sich selbst.

Um der Not zu begegnen, korrigierte sich die Partei und machte dem privaten Unternehmergeist leichte Konzessionen. Die Kommunen wurden verkleinert und in ihrer Macht beschnitten, viele wichtige Aufgaben wurden wieder in die Verantwortung der dörflichen Produktionsteams zurückgelegt. Man brauchte vier Jahre, die von den Russen im Stich gelassenen Fabriken in Gang zu setzen und die Einbußen in der Getreideproduktion wieder wettzumachen. Erst 1964 erreichte China die Produktionszahlen, die es schon für 1958 gemeldet hatte. Einige Parteikader hatten mit einem System größerer Prämien und freien Handels in Nebenprodukten experimentiert; sie hatten Produktionsquoten für einzelne Familien konzediert und sogar Zusagen für den Privatbesitz von Land gegeben, das für Getreide- und Obstanbau wieder urbar gemacht worden – eine letzte Chance für eine besitzende Kulakenklasse im Bündnis mit einer städtischen Elite. So sah es jedenfalls Mao Tse-tung. 1962 reagierte er, zunächst in der Armee, dann in den Kommunen, mit der Sozialistischen Erziehungsbewegung, deren Ziel es war, „die spontane Begierde, Kapitalist zu werden", zu unterdrücken. Als die Große Proletarische Kulturrevolution 1966 ausbrach, waren die Kommunen schon zum größten Teil von den Kadern gesäubert, die eine heute als „Liu Schao-tschi"-Linie bezeichnete Politik privaten Gewinnstrebens auf Kosten der Gruppe verfolgt hatten. Es schloß sich die Schlacht zwischen denjenigen, die den kapitalistischen Weg in den Städten gingen, und der marxistischen Linie des Mao-Tse-tung-Denkens an, das eine egalitäre Gesellschaft ohne Kompromiß erstrebt.

Die Landwirtschaft wurde von der Kulturrevolution weniger beeinträchtigt als die Industrie, und die ländliche Gesellschaft gewann durch die massive Verstärkung, die sie durch in den Städten erzogene junge Leute, ihr Talent, ihren Eifer und ihre Dienstleistungen erfuhr, eine Bewegung mit dem Ziel, die Unterschiede zwischen Stadt und Land auszugleichen. Erst 1970 erreichte Chinas Getreideproduktion 240 Millionen Tonnen, eine Zahl, die immer noch 10 Millionen Tonnen unter den Zielen liegt, die sich der zweite Fünfjahresplan schon für 1962 vorgenommen hatte. Zusätzlich standen nach chinesischen Angaben 40 Millionen Tonnen an Reserven zur Verfügung, eine Zahl, die allerdings nicht höher war als die Getreideimporte in den Jahren 1960–1970. Die Ernte von 1970 lag doppelt so hoch wie die von 1950, was in einer Periode von 20 Jahren einem durchschnittlichen Wachstum von fünf Prozent entspricht. Damit lag sie weit über dem jährlichen Wachstum der Bevölkerung (etwa zwei Prozent).

In ganz China erreichte die Getreideernte nur 2,4 Tonnen pro Hektar, aber Kommunen mit einem Pro-Hektar-Ertrag von bis zu acht Tonnen waren nicht selten. Zwei ganze Provinzen – Tschekiang und Kwangtung – erreichten zum erstenmal einen Pro-Hektar-Ertrag von 7,5 Tonnen und liegen damit weit über „Grüne-Wunder"-Erträgen, die aus anderen Ländern berichtet werden.

China kann sich heute mit Getreide selbst versorgen, und in Zukunft werden „verkäufliche Ernten" für den Export zur Finanzierung der ländlichen Industrialisierung und Modernisierung sicher eine noch größere Rolle spielen. Mit den Grundlagen, die bis jetzt gelegt worden sind, bestehen tatsächlich, wie Dr. Dschang früher bemerkte, „große Aussichten auf dem Land". Zahllose Schwierigkeiten stehen noch bevor, aber die „Aussichten" existieren wirklich – wenn Stadt und Land sich vereinen, Bauern, Arbeiter und Intellektuelle sich in einer klassenlosen Gesellschaft zusammenfinden und China bis zum Jahre 2000 mit friedlicher Arbeit auf revolutionären Wegen beschäftigen.

Sechster Teil

Ein Abend beim Minister-präsidenten

23.

Tschou En-lai und die offene Tür

In zwei langen Gesprächen diskutierte Ministerpräsident Tschou En-lai mit mir Fragen der chinesischen Außen- und Innenpolitik und ihre Erfolge; er gab das ausführlichste Interview zur Veröffentlichung frei, das er seit Jahren gegeben hat. In einem dieser beiden Gespräche legte er die ersten konkreten Zahlen zur industriellen und landwirtschaftlichen Produktion Chinas vor, die seit fast zehn Jahren in Peking erhältlich waren.

Wir saßen in einem geräumigen, überwölbten, stillen Empfangszimmer der Großen Volkshalle. Der Ministerpräsident war, wie gewöhnlich, urban, entspannt und lebhaft. Ein Fremder wäre kaum auf die Idee gekommen, daß er 72 war, daß er in seinem 21. Jahr als Ministerpräsident der Volksrepublik amtierte und in den letzten fünf Jahren das Zentrum der Stabilität darstellte, indem er während der zweiten Revolution, der Kulturrevolution, den Regierungsapparat zusammenhielt.

Hinter Chinas gegenwärtigen Erfolgen in der Ausweitung seiner diplomatischen und Handelsbeziehungen stand der wiedergewonnene Rhythmus seiner landwirtschaftlichen und industriellen Produktion, nachdem das Land aus einem Tal der Zwietracht wiederaufgetaucht war. Bedenkt man die Tiefe dieses radikalen Umsturzes und die Tatsache, daß die Wiederherstellung einer neuen staatlichen Superstruktur noch keineswegs abgeschlossen war, so war es verblüffend, aus dem Munde des Ministerpräsidenten zu hören, daß die Wirtschaft nur wenig gelitten hatte. „Als Ergebnis einiger Kämpfe in Fabriken, Verkehrsstörungen und verlorener Arbeitsstunden ist die Industrieproduktion in den Jahren 1967 und 1968 ein wenig gesunken", gestand er freimütig ein. Ohne diese vergangenen Schwierigkeiten bagatellisieren zu wollen, konnte er doch versichern: „Wir können sagen, daß das, was wir gewonnen haben" – durch die Säuberung der Führung und die revolutionären Fortschritte – „bei weitem das überwiegt, was wir verloren haben." Der Ministerpräsident sagte, daß trotz des Abfalls in den Jahren 1967/68 die im Fünfjahresplan 1966–1970 gesteckten Ziele im wesentlichen erreicht, in einigen Punkten sogar weit übertroffen worden seien. Ich bat ihn um eine Schätzung des Wertes der gesamten Industrieproduktion für 1970. „Etwa 90 Milliarden Dollar", antwortete er. „Diese Zahl beinhaltet nur Industrie und Transportwesen, schließt aber nicht Handel und Dienstleistungen mit ein."

Was die Landwirtschaft anbetrifft, sagte der Ministerpräsident, daß „als Ergebnis der Einmischung Liu Schao-tschis" Ende der fünfziger Jahre Fehler gemacht worden seien und daß man weitere Fehler in den Korrekturmaßnahmen während der „Notjahre" von 1959–1962 begangen habe. „Jetzt befindet sich unsere Landwirtschaft seit neun Jahren in stetigem Wachstum."

Er fuhr fort: „Die Gesamtproduktion Chinas an Getreide betrug 1970 über 240 Millionen Tonnen.[1] Zudem hat China jetzt staatliche Getreidereserven in Höhe von etwa 40 Millionen Tonnen angelegt." Die Getreideproduktion gilt bei westlichen Ökonomen als Index für den Zustand der chinesischen Landwirtschaft. Bis vor kurzem galt für viele von ihnen 1957 als das Rekordjahr, als die Ernte offiziell mit 180 Millionen Tonnen angegeben wurde. Danach haben „schwungvolle Übertreibungen" im Jahre 1958 die Glaubwürdigkeit der chinesischen Statistiken schwer erschüttert. Von diesem Zeitpunkt an wagte man kaum verläßliche Schätzungen. Die Feststellung des Ministerpräsidenten war daher von besonderem Gewicht. „Wenn Sie also jetzt Überschüsse erzielen, warum kauft China weiterhin Weizen aus Übersee?"

Obwohl die chinesischen Getreideimporte 1970 nurmehr unter ein Prozent der Gesamtproduktion betrugen, erklärte der Ministerpräsident, warum eine begrenzte Weizeneinfuhr aus Übersee noch immer notwendig sei. Importweizen ist in China billiger als

---

[1] Diese Zahl enthält im allgemeinen auch die Ernte an Reis und Hülsenfrüchten (A. d. Ü.).

Reis. China behält den billigeren Weizen für den heimischen Verbrauch oder zur Anlage von Reserven und exportiert dafür Reis zum Beispiel nach Kuba und Ceylon im Austausch für Zucker und Kautschuk sowie im Afrikahandel. China verschickt auch Millionen Tonnen von Reis als Hilfe nach Vietnam und in andere Länder.

Ministerpräsident Tschou gab die gegenwärtige Produktionsziffer für chemischen Dünger mit etwa 14 Millionen Tonnen an; damit liegt China jetzt über der japanischen Kunstdüngerproduktion. Die Landwirtschaft bräuchte aber 30 bis 35 Millionen Tonnen und dies ist auch das Ziel für 1975, das letzte Jahr des neuen Fünfjahresplans. ,,30 Millionen Tonnen Kunstdünger mögen mehr oder weniger ausreichend sein, aber wir brauchen im Grunde mehr, denn nicht nur Getreide erfordert Dünger, sondern auch die gewinnbringenden Kulturen. Wir haben immer noch nicht genügend Phosphat und Harnstoff; unsere Kunstdüngerfabriken stellen hauptsächlich Ammoniumsulfat her. Kleine Kunstdüngerfabriken haben sich als sehr wirksam erwiesen. Wir haben durch den Bau solch kleiner Fabriken große Schritte auf dem Weg zur Selbstversorgung gemacht."

Der Ministerpräsident bemerkte, daß China der Welt größter Produzent an Baumwolle, Baumwollgarn und Baumwollstoffen geworden sei.

Auch die Stahlproduktion war durch die revolutionären Kämpfe in den Jahren 1967/68 in Mitleidenschaft gezogen worden. Während der letzten fünf Jahre habe die Produktion im Durchschnitt zwischen 10 und 18 Millionen Tonnen gelegen. Jetzt werde die Kapazität ausgeweitet und modernisiert, so daß die Produktionsziffer für 1971 einen raschen Anstieg zeige.

Die Ölproduktion erreichte 1970 über 20 Millionen Tonnen – damit ist für die derzeitigen chinesischen Bedürfnisse die Selbstversorgung erreicht. Viele neue Ölfelder waren entdeckt worden. Der Bau von Eisenbahnlinien und der zweigleisige Ausbau schon bestehender Linien hatte sich erheblich ausgedehnt. In Südwestchina war eine neue und besonders schwierige Strecke fertiggestellt worden, die jetzt von der vietnamesischen Grenze bis Sinkiang in Zentralasien reicht.

Der Ministerpräsident bezifferte den Wert der landwirtschaftlichen Produktion für 1970 auf etwa 25 Prozent der Gesamtproduktion (Industrie, Transportwesen und Landwirtschaft zusammengenommen). Auf dieser Basis errechnet sich der kombinierte Wert der Industrie-, Transport- und Landwirtschaftsleistungen im Jahre 1970 mit etwa 120 Milliarden US-Dollar. Dies ist allerdings kein verläßlicher Index zur Umrechnung chinesischer Bruttoproduktionswerte in die im Westen angewandten Systeme zur Feststellung des nationalen Bruttosozialprodukts. Beim chinesischen „Produktionswert" fehlen bestimmte „Dienstleistungen" ganz oder werden zu gering bewertet, wie zum Beispiel Mieten, ländliche Eigenheime, wie sie jetzt zu Millionen mit gegenseitiger Hilfe gebaut werden, aber auch größere oder kleinere Wasserbevorratungsprojekte, die durch die Armee oder durch freiwilligen Arbeitsdienst errichtet werden. Es fehlt darin auch das in ganz China in Stadt und Land durchgeführte Programm zum Bau von Luftschutzbunkersystemen; diese werden zum großen Teil ohne Bezahlung nach dem Prinzip der gegenseitigen Hilfe von Nachbarschaftsarbeitsgruppen errichtet. Anderswo würde das Milliarden Dollar kosten. Wie würde schließlich auch der Wert von zwölf Millionen Hektar Neuland in die Formel des Bruttosozialprodukts hineinpassen, die in den letzten zehn Jahren unter unglaublichen Anstrengungen durch die Arbeit von Bauern dem kultivierbaren Land hinzugefügt worden sind und deren Erschließungskosten kaum teurer waren als das Essen, das die Bauern dabei verbrauchten?

Die chinesischen Produktionsziffern basieren auf einem *yuan* von gleichbleibender Parität, dessen Austauschverhältnis zum Dollar seit 1953 auf 2,40 yuan für einen US-Dollar festgesetzt ist. Bisher hat China Geldentwertung vermieden, die Binnenpreise sind stabil geblieben, für viele Produkte sogar gesenkt worden; die niedrigen Löhne sind eher in ihrer Kaufkraft gestiegen als in Zahlen. China hat keine Schulden im In- und Ausland, wie der Ministerpräsident stolz bemerkte. Es gibt keine individuelle Einkommensteuer, und die Preise für die wichtigsten Konsumgüter sind im allgemeinen niedriger, besonders für Lebensmittel, die jetzt reichlich und vielfältig erhältlich sind.

Wenn man all diese schwer meßbaren Größen in Rechnung stellt, ist man versucht, ein hypothetisches Bruttosozialprodukt für China anzunehmen, das dem der größeren westeuropäischen Staaten wesentlich näher liegt, als allgemein angenommen wird. Es bleibt die harte Tatsache, daß China im Pro-Kopf-Einkommen noch immer zu den ärmeren Völkern gehört, während sich die Bevölkerung, trotz umfänglicher Maßnahmen zur Geburtenkontrolle, der 800-Millionen-Grenze nähert.[2]

Der Ministerpräsident ging zur Innenpolitik über und diskutierte einige Themen, von denen er der Meinung war, daß sie im Ausland falsch dargestellt würden. Obwohl seinerzeit fast überall berichtet worden war, die gesamte Kommunistische Partei sei während der Kulturrevolution aufgelöst worden, war die Mitgliedschaft in Wirklichkeit nur suspendiert; der Ministerpräsident versicherte jetzt, weniger als ein Prozent der Mitglieder seien aus der Partei ausgeschlossen worden. In den höheren Rängen der Parteiführung waren die Veränderungen natürlich größer. Auf dem Neunten Parteikongreß im April 1969 zum Beispiel wurde die große Mehrheit der Mitglieder des Zentralkomitees und des früheren Politbüros durch Kader ersetzt, die erst während der Kulturrevolution aufgetaucht waren. Die Mehrheit der nicht Wiedergewählten sei jedoch nicht aus der Partei ausgeschlossen worden, sondern aufs Land „hinuntergegangen", um „sich zu härten", wie Tschou sagte.

Unter der Führung Mao Tse-tungs werde die Partei und der Staatsapparat nun im ganzen Land neu aufgebaut. Räte und Kongresse von Bauern, Arbeitern, Massenorganisationen und Volksbefreiungsarmee bereiteten die Entsendung von Delegierten zu einem neuen Nationalen Volkskongreß vor. Seine Aufgabe werde es sein, eine neue Verfassung anzunehmen, die den Charakter des neuen Staates, die Form der zukünftigen zentralen und lokalen Verwaltung sowie die Grundrechte und Pflichten des Volkes bestätigen werde.[3]

---

[2] Nach offiziellen chinesischen Angaben von 1972 eher 700 Millionen (A. d. Ü.).

[3] Der Verfassungsentwurf ist bisher nicht vom Nationalen Volkskongreß gebilligt worden.

Daß die ländlichen Kommunen fortfuhren zu säen und bessere Ernteerträge zu erzielen, daß die Industrie sich erholte und Fortschritte in neuen Technologien machte und daß Regierung und Partei sich während der Kulturrevolution nicht in Anarchie auflösten; alles das, sagte der Ministerpräsident, sei der Einheit des Volkes und seinem Glauben an Lehre und Führung Mao Tse-tungs zuzuschreiben. Diese Tatsache werde nun ausdrücklich in der neuen Verfassung anerkannt. In ihr heiße es: „Die Volksrepublik China steht unter der Führung von Mao Tse-tung, und das Mao-Tse-tung-Denken ist das Leitprinzip all unserer Arbeit." Die Verfassung werde auch „offen erklären", daß der proletarische Staat unwiderruflich unter der Führung der Kommunistischen Partei stehe.

Ebenso werde die Verfassung, sagte Tschou, Garantien für die neuen Formen der Durchführung der sozialistischen Revolution geben, die während der Kulturrevolution vom Volk geschaffen worden seien; sie werde das Recht enthalten, „Ansichten frei zu äußern, sich an die Massen zu wenden, sich in große Diskussionen einzulassen und *da dse-bau* (Wandzeitungen) zu schreiben". Die Verfassung werde auch das Streikrecht garantieren, fügte Tschou hinzu.

Einen Punkt wünschte der Ministerpräsident unmißverständlich klarzustellen. Die ausländische Presse habe die Rolle der Armee grob mißinterpretiert, wenn sie diese so darstelle, als beherrsche sie sowohl die Partei als auch die Regierung. Dies war nie der Fall gewesen und werde auch nie der Fall sein, sagte er; in Zukunft würden alle jene das noch deutlicher sehen, die an einer Analyse der Parteiführung interessiert seien.

Zwischen den beiden Interviews mit dem Ministerpräsidenten und anderen hohen Beamten reisten meine Frau und ich durch das Land ober- und unterhalb der Großen Mauer; wir folgten einigen meiner alten Pfade und erforschten neue. Wir lernten Menschen bei der Arbeit in landwirtschaftlichen Kommunen und örtlichen Kleinindustrien kennen, in Stadtkommunen und ihren wiederbelebten Nachbarschaftswerkstätten, in der modernen Großindustrie, die mit Schulen und Universitäten zusammenarbeiteten und mit neuen Formen der Lehre und der Aus-

wahl von Studenten experimentierten. Wir besuchten Krankenhäuser, wo moderne Chirurgie mit Akupunktur und der Ausbildung dörflichen Sanitätspersonals – der sogenannten barfüßigen
Ärzte – kombiniert wird. Wir besuchten eine Kommune, wo
ganze Familien, bis hinunter zu sechsjährigen Knirpsen, sich im
Scharfschießen übten; wir trafen Lehrer, Schauspieler und hohe
Beamte, die in Reisfeldern arbeiteten und sagten, daß sie dies
gerne tun; und wir trafen Elektriker, die demonstrierten, daß
man Überlandleitungen von 200000 Volt Spannung bei einge-
schaltetem Strom reparieren kann, und zwar in Gegenwart von
Zuschauern, unter ihnen der Direktor der größten chinesischen
Stahlfabrik und der Vorsitzende des Revolutionskomitees einer
Einmillionenstadt.

Wir fanden den Ministerpräsidenten außerordentlich interessiert
an unseren Eindrücken über die Kulturrevolution und den
neuesten Nachrichten aus den Vereinigten Staaten. Daß ich der
erste amerikanische Schriftsteller war, der nach China zurückkehrte, um Material für Veröffentlichungen im Westen zu sammeln, gab vielleicht allein schon diesen Interviews Bedeutung.
Das Haupthindernis für die Wiedereröffnung der lange geschlos-
senen Verbindungslinien zwischen den Völkern Chinas und der
Vereinigten Staaten blieb, wie schon seit fast 20 Jahren, das
bewaffnete Protektorat der USA über Taiwan und Tschiang
Kai-scheks besiegtes nationalistisches Regime auf dieser Insel.
Der Ministerpräsident gab einen Überblick über die neue Situation der wachsenden internationalen Beziehungen Chinas, wie
sie sich durch seinen expandierenden Handel und seine diplomatischen Verbindungen abzeichneten, besonders nach der Anerkennung durch Kanada und Italien. Es war nicht überraschend,
daß man in der Volksrepublik glaubte, weitere diplomatische
Durchbrüche, einschließlich einer Änderung der Abstimmungs-
ergebnisse über einen Sitz der VR China in den Vereinten Nationen, würden das Taiwan-Regime, die USA und Japan in der
Taiwanfrage zunehmend in der Weltöffentlichkeit isolieren. Die
„Revolte" werde jetzt allgemein, bemerkte der Ministerpräsident, sie erreiche alle Kontinente. Selbst in Westeuropa seien
nur noch wenige Länder übriggeblieben, die Beziehungen zu

Tschiang Kai-schek unterhielten. Die Anerkennung durch Kanada und Italien hatte mögliche Illusionen über einen „Zwei-China"-Kompromiß oder ein „Ein China, ein Taiwan"-Arrangement zunichte gemacht.

„Was wird Chinas Reaktion sein, wenn die Vereinten Nationen dafür stimmen werden, das Recht der Volksrepublik auf Einnahme des chinesischen Sitzes im Sicherheitsrat endlich anzuerkennen?" Ministerpräsident Tschou antwortete: „Und damit die Tschiang-Clique aus den Vereinten Nationen ausschließen würden? Dann würden wir das überdenken. Die Zukunft der Vereinten Nationen ist schwer vorauszusagen. Es gibt zwei Möglichkeiten. Eine Möglichkeit ist, daß (organisatorische) Änderungen stattfinden. Die andere ist, daß die UN das gleiche Schicksal erleiden wie der Völkerbund. Es zeigt sich deutlich an der 52. Sitzung der Vollversammlung, daß eine wachsende Zahl kleiner und mittlerer Länder und sogar gewisse große Länder sich der Manipulation der Vereinten Nationen durch die Supermächte widersetzen oder noch häufiger die Vereinten Nationen umgehen, um Machtpolitik zu spielen, Einflußsphären zu teilen und daß sie sogar versuchen, offene Meere und Raum zu gewinnen."

In diesem Teil der Welt sei China noch immer mit Krieg durch die Supermächte bedroht, versicherte Tschou: mit etwa einer Million Land-, Luft- und Seestreitkräfte sowie Raketeneinheiten im Norden und Westen; durch das Bündnis der USA mit einem remilitarisierten Japan im Osten und durch Taiwan noch unmittelbarer in Südostasien.

Da Taiwan chinesisches Territorium ist, wurde die Taiwan-Intervention der USA als der wunde Punkt des chinesisch-amerikanischen Konflikts betrachtet, der zum Indochinakrieg führte; dort hatte China nun einen Schirm zum Schutz und zur Unterstützung der drei verbündeten indochinesischen Völker gegen die Vereinigten Staaten gebildet.

Der Ministerpräsident erinnerte daran, daß er mit mir schon 1960 und 1964 die Bedingungen genannt habe, unter denen das Taiwan-Problem so gelöst werden konnte, daß eine Wiederherstellung der chinesisch-amerikanischen Beziehungen möglich war.[4] In diesem Punkt habe sich die Haltung Chinas nicht geändert und werde sich auch nicht ändern. China erwarte, daß 1. die USA Taiwan als unveräußerlichen Bestandteil der Volksrepublik China anerkennen und alle Streitkräfte aus Taiwan und der Taiwan-Straße zurückziehen; 2. daß China und die USA trotz ihrer verschiedenen Gesellschaftssysteme friedliche Koexistenz auf der Basis der Fünf Prinzipien praktizieren.

„Taiwan ist eine innere Angelegenheit Chinas, und das chinesische Volk allein hat das Recht, Taiwan zu befreien. Die bewaffnete Aggression der USA in diesem Raum ist eine andere Frage, eine internationale Frage, und wir sind bereit, darüber zu verhandeln", sagte Ministerpräsident Tschou. „Die Tür ist offen, aber es kommt darauf an, ob die USA in der Behandlung der Taiwanfrage seriös sind." Er drückte freundliche Gefühle gegenüber dem amerikanischen Volk aus und kündigte seine Bereitschaft an, Einreisegesuche zum Besuch Chinas „von Freunden Chinas in konkreten Fällen" wohlwollend zu prüfen.

Tschou En-lai stellte die chinesische Position des gegenwärtigen Stillstandes in den chinesisch-sowjetischen Grenzverhandlungen dar, die seit über einem Jahr andauerten. Am 11. September 1969 erzielten die Ministerpräsidenten Chinas und der Sowjetunion eine Übereinkunft, derzufolge die chinesisch-sowjetischen Grenzverhandlungen frei von jeder Drohung sein sollten; ferner sollten beide Seiten zu einem Abkommen über vorläufige Maßnahmen zur Aufrechterhaltung des Status quo an den Grenzen gelangen, bewaffnete Konflikte vermeiden, und die Streitkräfte an beiden Seiten in den umstrittenen Gebieten von der Grenze zurückziehen. „Umstrittene Gebiete" sind nach Ministerpräsident Tschou Stellen, wo die beiden Seiten in ihrer Grenzziehung nach den chinesisch-russischen Grenzverträgen des 19. Jahrhunderts voneinander abweichen: „das heißt Gebiete, von denen sie sagen, daß sie zu ihnen gehören, und von denen wir sagen, daß sie zu uns gehören. Diese Frage kann nur gelöst werden, wenn eine Übereinkunft über die zu treffenden provisorischen Maß-

---

[4] Siehe Anhang Gespräche mit Tschou En-lai und *Gast am anderen Ufer*, S. 773–790.

nahmen erzielt worden ist; Grenzberichtigungen müssen in Übereinstimmung mit den Prinzipien gegenseitiger Verständigung, gegenseitiger Rücksichtnahme und der Konsultation auf gleichberechtigter Grundlage erfolgen. Und eine solche Lösung sollte nicht zu schwer zu erreichen sein."

In der Praxis sah es so aus, als hätten sich die Russen schlicht geweigert, ihre Truppen in den umstrittenen Gebieten zurückzuziehen; die beiden Linien blieben ineinander verkeilt wie die gegeneinandergerichteten Zinken einer Gabel.

Ich fragte den Ministerpräsidenten, ob er heute Chinas Aufruf vom Beginn der sechziger Jahre nach einer Gipfelkonferenz zum Verbot von Kernwaffen, zur Einstellung ihrer Herstellung und zur Garantie ihrer totalen Zerstörung wiederholen würde.

„Ich möchte unsere Position in dieser Frage klarstellen", antwortete er. „Zunächst einmal befinden sich unsere Nukleartests noch in einem experimentellen Stadium; jeder Test ist begrenzt und wird nur dann durchgeführt, wenn er notwendig ist. Ziel unserer Erprobungen ist es, das atomare Monopol und die atomare Erpressung zu brechen und einen Atomkrieg zu verhindern. Deshalb erklären wir jedesmal, wenn wir einen Test durchführen, daß China zu keiner Zeit und unter keinen Umständen als erster atomare Waffen verwenden wird. Und wir wiederholen immer wieder den Vorschlag, daß eine Gipfelkonferenz aller Länder der Welt, ob groß oder klein, einberufen werde mit dem Ziel, eine Übereinkunft über das vollständige Verbot und die vollständige Zerstörung atomarer Waffen zu erzielen, und, als ersten Schritt, eine Übereinkunft über das Verbot der Anwendung von atomaren Waffen zu erreichen. Nach unserem letzten Test (am 14. Oktober 1970) hat die Sozialistische Partei Japans ihre Unterstützung für unseren Standpunkt und unseren Vorschlag bekundet." Was die Gespräche zwischen den Supermächten über „sogenannte Begrenzung der nuklearen Bewaffnung" angehe, sagte er, so dienten diese nichts anderem als der Aufrechterhaltung ihres atomaren Monopols über alle anderen. Jede Macht konzentriere sich nur darauf, wie man den anderen „begrenzen" könne, um ihre eigene Überlegenheit zu erhalten. Die USA und die UdSSR wünschten in der

Tat, die Kosten der Aufrechterhaltung des Schreckens zu „begrenzen", aber nichtsdestoweniger stiegen die Kosten sogar während ihrer Gespräche ins Astronomische. Und was die Frage anbetreffe, wie ihre Widersprüche jemals gelöst werden könnten, so sagte er: „Wir sind schließlich nicht ihre Stabschefs!" Er fügte hinzu: „Machen Sie sich keine Illusionen über diese Art ‚Abrüstung'. 25 Jahre lang haben sie sich mit Aufrüstung und keineswegs mit Abrüstung beschäftigt."

Zur Frage der „Weltsicht" Chinas zitierte Ministerpräsident Tschou En-lai die Worte des Vorsitzenden Mao: „Die Völker aller Welt, die Massen, die mehr als 90 Prozent der Weltbevölkerung umfassen, wollen früher oder später die Revolution . . ." Nach Mao, sagte er, bestand noch immer die Gefahr eines Weltkriegs, und die Völker aller Welt müßten darauf vorbereitet sein. Aber „Revolution ist der Haupttrend in der heutigen Welt."

Der Ministerpräsident sagte, die Erklärung des Vorsitzenden Mao vom 20. Mai 1970 sehe Zeichen für eine Revolution in den USA. Tatsächlich konnte sich niemand, der sich ernsthaft mit den verantwortlichen Politikern unterhielt, dem Eindruck entziehen, daß sie mit außerordentlichem Interesse die Anzeichen verfolgten, die sie für einen Zerfall der amerikanischen kapitalistischen Gesellschaft entdeckten. Sicher erwartete Vorsitzender Mao nicht eine baldige Revolution in Amerika und versuchte nicht, die chinesische Außenpolitik auf eine solche Spekulation zu gründen. Die Politik, für die China Zustimmung suchte, war begrenzt in ihren Zielen. Sie forderte nicht nur den Abzug der amerikanischen Truppen aus Asien und Taiwan, sondern „den Abzug aller ausländischen Truppen aus allen von ihnen besetzten Gebieten und ihre Rückkehr nach Hause, damit die Völker aller Länder sich des Rechts erfreuen können, ihre eigenen Probleme ohne Drohung und ohne fremde Einmischung zu lösen".

Mein eigener Eindruck nach mehr als einem halben Jahr Chinaaufenthalt war, daß die Wiedererringung politischer Stabilität und wirtschaftliches Wachstum nun Priorität genossen, während China nach außen vor allem die Erneuerung und Erweiterung zwischenstaatlicher Beziehungen auf der Basis der alten Bandung-Prinzipien der friedlichen Koexistenz suchte. China versuchte nicht, eine atomare Supermacht zu werden, strebte aber den Aufbau einer glaubwürdigen Abschreckungsmacht an, um die Herrschaft der Supermächte in Zusammenarbeit mit den kleinen und mittelgroßen Mächten zu beenden. Weil China sich auf seine eigenen Mittel verließ, war es auf einen Krieg so gut wie nie zuvor vorbereitet und darauf, die militärischen und politischen Ziele der USA in Asien durch Unterstützung Hanois und der mit Hanoi verbündeten indonesischen Völker zu vereiteln.

Siebter Teil
Frühstück mit dem Vorsitzenden

24.

Ein Gespräch mit Mao Tse-tung

Vorsitzender Mao betonte, er wünsche nicht interviewt zu werden. Was wir führten, war ein Gespräch. Er bestätigte jedoch später, daß er gegen die Veröffentlichung gewisser Passagen nichts einzuwenden habe, wenn ich ihn nicht direkt (in Anführungszeichen) zitiere. Nahezu während des gesamten Gespräches, das am 10. Dezember 1970 stattfand, wurden von Nancy Tang, der in den USA geborenen Tochter von Tang Mingdschau, Notizen gemacht. (Mr. Tang war bis 1949 Herausgeber der Overseas Chinese Daily in New York. Danach hat er in China als Leiter der kulturellen und politischen Beziehungen mit dem Ausland gewirkt.) Noch eine andere Person war anwesend – eine chinesische Sekretärin. Es war aufschlußreich, daß keine der beiden jungen Frauen ein Maoabzeichen trug; dies war das einzigemal, daß ich einen Funktionär ohne Abzeichen traf.

Ich zeichnete unser Gespräch unmittelbar danach aus dem Gedächtnis auf und erhielt auch eine Kopie der Notizen von Fräulein Tang.

Der Wohnsitz des Vorsitzenden Mao in Peking liegt in der Südwestecke der früheren „Verbotenen Stadt", umgeben von zinnoberroten Wänden und nicht weit vom *Tiän An Men* (Tor des Himmlischen Friedens) entfernt, wo Mao die Gedenkparade zum Jahrestag der Gründung der VR China am 1. Oktober abnimmt. Hinter diesen hohen Mauern, die von glasierten gelben Ziegeln gekrönt werden, brachte schon die kaiserliche Regierung ihre hohen Beamten unter. Heute wohnen und arbeiten hier die Mitglieder des Politbüros in unmittelbarer Nähe des Vorsitzenden und des Ministerpräsidenten Tschou En-lai. Man betritt die Verbotene Stadt durch das Westtor, das von zwei bewaffneten Wachen flankiert wird. Über eine leere, baumbestandene Einfahrt erreicht man bald ein einstöckiges Gebäude von bescheidener Größe, im traditionellen Stil erbaut.

Am Eingang wird man von zwei unbewaffneten Offizieren begrüßt, die keinerlei Rangabzeichen tragen. „Es sind Generale", verrät Nancy Tang. Woher weiß sie das? Sie verschwanden, als der Vorsitzende mich an der Tür seines Arbeitszimmers empfing. Ich entschuldigte mich, daß ich ihn hatte warten lassen. Ich schlief noch, als man mich ohne vorherige Ankündigung zu ihm bat. Es war früher Morgen. Wir frühstückten zusammen und unterhielten uns bis ein Uhr. Mao war leicht indisponiert; er litt an einer Erkältung und fragte sich, wozu Ärzte gut seien; sie konnten nicht einmal eine einfache Erkrankung wie diese verhindern, durch die soviel Zeit verlorenging. Ich erinnerte an Dr. Linus Pauling – er hatte von ihm gehört – und an seinen Vorschlag, große Dosen von Ascorbinsäure (Vitamin C) als Vorbeugungsmittel gegen Erkältung zu nehmen. Ich bot ihm an, ihm welches zu schicken. Er versprach, es zu probieren. Wenn es helfe, werde er mir das Verdienst dafür geben. Wenn es ihn vergifte, werde man mir nicht die Schuld geben.

Maos Arbeitszimmer war vollständig von Bücherregalen gesäumt, die Hunderte chinesischer Bücher und auch einige ausländische Werke enthielten. Aus vielen ragten Papierstreifen hervor, die, mit Notizen versehen, als Buchzeichen dienten. Der große Schreibtisch war mit Zeitschriften und Manuskripten überhäuft. Es war die Werkstatt eines Schriftstellers. Durch die breiten Fenster hatte man einen Blick auf den Garten, in dem, wie es hieß, der Vorsitzende sein eigenes Gemüse pflanzte und mit Kulturen experimentierte. Es ist keine „Privatparzelle": sie gehört dem Staat. Vielleicht brauchte er die Anbauergebnisse, weil er, wie es hieß, kürzlich eine 20prozentige Kürzung seines „Lohns" angeordnet hatte.

Wir diskutierten meinen Bericht von unserem letzten Gespräch im Januar 1965,[1] in dem ich sein Eingeständnis veröffentlicht hatte, es gebe tatsächlich einen „Personenkult" in China – und zudem gute Gründe dafür. Einige hatten mich deswegen kritisiert.

---

[1] Siehe Anhang, Von südlich der Berge bis nördlich der Meere.

Wenn ich also über einen „Personenkult" in China geschrieben hatte, was war schon dabei? Schließlich gab es so etwas. Warum also nicht darüber schreiben? Es war eine Tatsache ... Die Beamten, die sich 1967 und 1968 meiner Rückkehr nach China widersetzt hatten, waren Mitglieder einer ultralinken Gruppe gewesen, die eine Zeitlang das Außenministerium besetzt hatten, aber man hatte sich ihrer seit langem entledigt. Zur Zeit unseres Gesprächs von 1965, fuhr Mao fort, war ein großer Teil der Macht – über die Propagandaarbeit innerhalb der Parteikomitees auf Provinzebene und auf lokaler Ebene, besonders aber innerhalb des Parteikomitees der Stadt Peking – seiner Kontrolle entglitten. Deshalb hatte er damals die Äußerung getan, man benötige mehr Personenkult, um die Massen anzuspornen, die gegen Mao gerichtete Parteibürokratie zu entmachten.

Natürlich sei der Personenkult übertrieben worden. Heute sehe es anders aus. Es war schwer für die Menschen, sagte der Vorsitzende, die Gewohnheiten einer 3000jährigen Tradition der Kaiserverehrung zu überwinden. Die sogenannten „Großen Vier" – die auf Mao selbst angewandten Epitheta „Großer Lehrer, Großer Führer, Großer Oberkommandierender, Großer Steuermann" – gräßlich. Früher oder später würden sie alle fallen. Nur das Wort „Lehrer" werde man beibehalten – einfach im Sinne von Schullehrer. Mao war immer Schullehrer gewesen und war es noch. Er war Volksschullehrer in Tschangscha gewesen, noch ehe er Kommunist wurde. Alle anderen Titel werde man fallenlassen.

„Manchmal frage ich mich", sagte ich, „ob diejenigen, die am lautesten Mao schreien und die meisten Banner schwenken, nicht – wie einige sagen – die Rote Fahne schwenken, um die Rote Fahne zu besiegen." Mao nickte. Solche Leute, sagte er, zerfielen in drei Kategorien. Die erste Gruppe meine es aufrichtig. Die zweite waren diejenigen, die mit dem Strom schwammen – sie paßten sich an, weil alle riefen „Wansui!" (Lang lebe!) Die dritte Gruppe meine es nicht ehrlich. Ich dürfe mich von solchen Dingen nicht irreführen lassen.

„Ich erinnere mich", sagte ich, „daß 1949 kurz vor Ihrem Einmarsch in Peking das Zentralkomitee eine Resolution verabschiedete, angeblich auf Ihren Vorschlag hin – die das Benennen von Straßen, Städten und Orten nach irgend jemandem verbot."

Gewiß, sagte er, dies habe man vermeiden können; dafür aber hätten sich andere Formen der Verehrung eingestellt. Es gab so viele Parolen, Bilder und Gipsstatuen. Die Roten Garden hatten darauf bestanden, daß man solche Dinge um sich haben müsse, sonst sei man gegen Mao. In den letzten Jahren habe es eine Notwendigkeit für einen gewissen Personenkult gegeben. Jetzt bestehe diese Notwendigkeit nicht mehr, und es werde zu einer Abkühlung kommen.

Aber hatten nicht auch die Amerikaner ihren eigenen Personenkult? Wie konnten der Gouverneur jedes einzelnen Bundesstaats, wie jeder Präsident und jedes Kabinettsmitglied auskommen, ohne daß ihnen einige Menschen Verehrung entgegenbrachten? Es gab immer das Verlangen, verehrt zu werden und das Verlangen zu verehren. Könnten Sie, fragte er, glücklich sein, wenn niemand Ihre Bücher und Artikel läse? Ein bißchen Personenkult müsse es schon geben, und das gelte auch für mich.

Vorsitzender Mao hatte offenbar über dieses Phänomen viel nachgedacht – über das menschliche Bedürfnis nach Verehrung, über Götter und Gott. Schon bei früheren Besuchen hatte er ausführlich darüber diskutiert. Jetzt, mit 76 Jahren, war er bei guter Gesundheit, aber wiederum sagte er, er „werde bald Gott sehen". Es sei unvermeidlich; jedermann müsse eines Tages Gott sehen.

„Voltaire hat geschrieben, wenn es keinen Gott gebe, müsse man ihn erfinden", sagte ich. „Hätte er sich damals offen als Atheist ausgedrückt, hätte ihn das den Kopf kosten können."

Mao stimmte zu; sehr viele Menschen hätten den Kopf verloren, obwohl sie viel weniger gesagt hätten.

„Seitdem haben wir einigen Fortschritt gemacht", sagte ich. „Und der Mensch hat es vermocht, Gottes Ansichten in einigen Punkten zu ändern. Einer dieser Punkte ist die Geburtenkontrolle; da gibt es eine große Veränderung in China, verglichen mit fünf oder zehn Jahren vorher."

Nein, sagte er. Da habe ich mich irreführen lassen! Auf dem

Lande wünsche die Frau noch immer männliche Nachkommen. Wenn die ersten Kinder Mädchen seien, versuche man es weiter ... Diese Haltung müsse sich ändern, aber dazu brauche es Zeit. Vielleicht gelte das auch für die USA?

„China ist in diesem Punkt weiter fortgeschritten", sagte ich. „Allerdings macht in den USA eine Frauenbefreiungsbewegung von sich reden. Die amerikanischen Frauen haben als erste der Welt das Stimmrecht bekommen, und jetzt lernen sie, wie man es gebraucht."

Hier wurden wir von der Ankunft einiger Gläser *mao-tai* unterbrochen – ein feuriger Reislikör, der in der Provinz Kweitschou hergestellt wird. Wir tranken einen Toast. Zu meiner peinlichen Bestürzung bemerkte der Vorsitzende, daß ich es unterlassen hatte, den anwesenden Damen zuzuprosten. Wie war das möglich? Anscheinend hatte ich Frauen noch nicht als gleichberechtigt akzeptiert.

Zur Zeit sei es nicht möglich, sagte der Vorsitzende, vollständige Gleichheit zwischen Männern und Frauen zu erreichen. Aber zwischen Chinesen und Amerikanern könne gegenseitiger Respekt und Gleichheit sein. Er sagte, er setze große Hoffnungen in die Völker der beiden Länder.

Wenn die Sowjetunion den Weg nicht zeige, werde er seine Hoffnungen auf das amerikanische Volk setzen. Die Vereinigten Staaten allein hatten eine Bevölkerung von mehr als 200 Millionen Menschen. Die Industrieproduktion der USA sei bereits höher als in irgendeinem anderen Land, und die Erziehung umfasse die gesamte Bevölkerung. Er werde sich glücklich schätzen, wenn sich eine Partei bilde, um die Revolution anzuführen, erhoffe sich dergleichen allerdings nicht für die nahe Zukunft.

Inzwischen, sagte er, prüfe das Außenministerium die Möglichkeit, Amerikaner von links, aus der Mitte und von rechts zum Besuch Chinas zuzulassen. Würde auch ein Rechter wie Nixon, der das Monopolkapital repräsentiere, kommen dürfen? Er werde willkommen geheißen werden, denn, wie Mao erklärte, zur Zeit müßten die Probleme zwischen China und den USA mit Nixon gelöst werden. Mao werde gerne mit ihm sprechen, ob er nun als Tourist komme oder als Präsident.

Ich könne unglücklicherweise die USA nicht vertreten, meinte er; ich sei kein Monopolkapitalist. Konnte *ich* die Taiwan-Frage regeln? Warum in einer solchen Sackgasse verharren? Tschiang Kai-schek war noch nicht gestorben. Aber was habe Taiwan mit Nixon zu tun? Diese Frage sei von Truman und Acheson geschaffen worden.

Es mag von Bedeutung sein zu erwähnen – und dies war nicht Gegenstand meiner Unterhaltung mit dem Vorsitzenden Mao – daß ausländische Diplomaten in Peking Kenntnis davon erhalten hatten, daß mit Hilfe bestimmter Zwischenträger Botschaften aus Washington an die chinesische Regierung gelangt waren. Die Absicht dieser Botschaften war es, die chinesischen Politiker von Nixons „neuen Perspektiven" in Asien zu überzeugen. Nixon sei fest entschlossen, hieß es, sich so rasch wie möglich aus Vietnam zurückzuziehen, eine internationale Garantie für die Unabhängigkeit Südostasiens auszuhandeln, den toten Punkt in den chinesisch-amerikanischen Beziehungen durch eine Lösung der Taiwan-Frage zu beenden, die Volksrepublik China in die Vereinten Nationen zu bringen und diplomatische Beziehungen zu China herzustellen.

Zwei bedeutende französische Politiker waren 1970 in China. Der erste war Planungsminister André Bettencourt, der andere Maurice Couve de Murville, unter De Gaulle französischer Ministerpräsident. Couve de Murville schloß die Verhandlungen über eine Chinareise De Gaulles ab, die 1970 hätte stattfinden sollen. Es sei De Gaulle gewesen, erfuhr ich von zuverlässiger Seite, dem Nixon als erstem seine Absicht anvertraut habe, eine ernsthafte Entspannung mit China zu suchen. Einige hatten angenommen, daß De Gaulle während seines geplanten Besuches eine Schlüsselrolle in der Vorbereitung ernsthafter chinesisch-amerikanischer Gespräche spielen würde. Der Tod bestimmte es anders. Die Würdigung, die Vorsitzender Mao nach dem Tode De Gaulles an seine Witwe sandte, war die erste und einzige nach dem Tode Roosevelts, die er meines Wissens einem nichtkommunistischen Staatsmann widmete.

Inzwischen waren auch andere Diplomaten aktiv gewesen. Der Chef einer europäischen diplomatischen Mission in Peking, der schon einmal Präsident Nixon aufgesucht hatte, kehrte letzten Dezember nach Washington zurück. Er umging das Außenministerium und verhandelte direkt mit dem Weißen Haus; im Januar kehrte er nach Peking zurück. Von einer anderen, absolut verläßlichen Quelle erfuhr ich, daß nicht lange vor meiner Abreise aus Peking im Februar das Weiße Haus noch einmal eine Botschaft nach Peking übermittelt hatte, in der es anfragte, wie ein persönlicher Vertreter des Präsidenten in der chinesischen Hauptstadt zu Gesprächen mit chinesischen Spitzenpolitikern empfangen werden würde. Zur gleichen Zeit gab mir ein höherer chinesischer Diplomat, der vorher genau das Gegenteil versichert hatte, die rätselhafte Erklärung: „Nixon zieht sich aus Vietnam zurück."

Ich möchte noch einmal betonen, daß ich keine der erwähnten Hintergrundinformationen in meinem Gespräch mit Mao Tse-tung erhielt.

Während unserer Unterhaltung erinnerte mich der Vorsitzende noch einmal daran, daß es die japanischen Militaristen gewesen waren, die dem chinesischen Volk die Revolution beigebracht hatten. Mit ihrer Invasion hatten sie das chinesische Volk zum Kampf provoziert und so geholfen, den Sozialismus in China an die Macht zu bringen.

Ich erwähnte, daß Prinz Sihanouk mir einige Tage vorher gesagt hatte: „Nixon ist der beste Agent Mao Tse-tungs. Je mehr er Kambodscha bombardiert, desto mehr Kommunisten macht er. Er ist ihr bester Munitionsträger." Mao stimmte dem zu. Er wußte diese Art Hilfe zu würdigen.

Ich erinnerte daran, daß er während unserer Begegnung bei der Oktoberparade auf dem Tiän An-men vor zwei Monaten gesagt habe, er sei „mit der gegenwärtigen Situation nicht zufrieden". Ich bat ihn, zu erklären, was er damit gemeint habe.

Er antwortete, daß er mit zweierlei während der Kulturrevolution außerordentlich unzufrieden sei. Eins davon war die Lüge. Einer sagte, der Kampf müsse mit Argumenten ausgetragen werden und nicht mit Gewalt oder durch Zwang, und dabei gab er in Wirklichkeit anderen einen Tritt unter dem Tisch; dann zog er sein Bein zurück. Und als der Getretene fragte: „Warum hast du mich getreten?" antwortete der erste: „Ich habe dich nicht getreten, siehst du nicht, daß mein Fuß immer noch hier ist?" Das, sagte Mao, bedeutet Lügen. Später entwickelte sich der Konflikt während der Kulturrevolution zu einem Krieg zwischen verfeindeten Gruppen – zunächst mit Speeren, dann mit Gewehren, schließlich mit Granatwerfern. Als Ausländer berichteten, daß China sich in einem großen Chaos befinde, hätten sie nicht gelogen. Sie sagten die Wahrheit. Und der Kampf dauere noch an.

Das zweite, worüber der Vorsitzende unglücklich war, war die Mißhandlung von „Gefangenen" – Parteimitgliedern, die von der Macht entfernt und für die Umerziehung ausersehen waren. Die alte Praxis der Befreiungsarmee, Gefangene freizulassen und ihnen Fahrgeld für den Heimweg zu geben, die oft dazu geführt hatte, daß feindliche Soldaten dazu bewegt wurden, sich freiwillig der Armee anzuschließen, war häufig vergessen worden. Die Mißhandlung von Gefangenen hatte den Wiederaufbau und die Veränderung der Partei verlangsamt.

Wenn einer nicht die Wahrheit sprach, sagte Mao, wie könnte er dann das Vertrauen anderer gewinnen? Wer würde so einem trauen? Das gleiche gelte für Freunde.

„Fürchten sich die Russen vor China?" fragte ich.

Einige Leute behaupteten das, antwortete er; aber warum sollten sie das tun? Chinas Atombombe war nur so groß (Mao hob den kleinen Finger), während die der Russen so groß war (er hob den Daumen). Zusammengenommen waren die Bomben der Russen und der Amerikaner so groß (er hielt zwei Daumen zusammen). Wie konnte sich ein kleiner Finger gegen zwei Daumen erheben?

„Aber langfristig gesehen, fürchten die Russen China?"

Es heißt, daß sie sich ein wenig fürchteten, meinte Mao. Selbst wenn ein paar Mäuse in jemandes Zimmer seien, könne es sein, daß der sich fürchte, aus Angst, daß die Mäuse seine Süßigkeiten auffressen. Zum Beispiel erregten sich die Russen darüber, daß die Chinesen Luftschutzunterkünfte bauten. Aber wenn die Chinesen in ihre Luftschutzbunker gingen, wie konnten sie dann andere angreifen?

Was die ideologischen Fragen anbetraf, wer hatte den ersten Schuß abgefeuert? Die Russen hatten die Chinesen Dogmatisten genannt, und dann hatten die Chinesen die Russen Revisionisten genannt. China hatte ihre Kritik veröffentlicht, aber die Russen hatten es nicht gewagt, die chinesische Kritik zu veröffentlichen. Dann hatten sie einige Kubaner und später Rumänen geschickt, um die Chinesen zu bitten, die offene Polemik einzustellen. Das gehe nicht, sagte Mao. Die Polemik müsse notfalls 10000 Jahre lang weitergeführt werden. Dann sei Kossygin selbst gekommen. Nach ihrem Gespräch hatte Mao ihm gesagt, man werde 1000 Jahre abstreichen, aber nicht mehr.

Die Russen schauten auf die Chinesen und auf die Völker vieler anderer Länder herab, sagte Mao. Sie dachten, sie brauchten nur den Mund aufzumachen, und dann würden alle hören und gehorchen. Sie glaubten nicht, daß einige das nicht tun würden und daß einer davon in aller Bescheidenheit er selbst sei. Obwohl die ideologischen Differenzen zwischen China und Rußland jetzt unüberwindbar seien – wie zum Beispiel ihre gegensätzliche Politik in Kambodscha zeige – würde es möglich sein, ihre zwischenstaatlichen Probleme zu regeln.

Mao kehrte wieder zu den Vereinigten Staaten zurück und sagte, China sollte von Amerika lernen, wie es sich entwickelt habe, indem es Verantwortung dezentralisiert und Wohlstand über seine 50 Staaten ausgedehnt habe. Eine Zentralregierung könne nicht alles tun. China müsse sich auf regionale und lokale Initiativen verlassen. Es gehe nicht an (er streckte seine Hände aus), alles ihm zu überlassen. Als er mich höflich zur Tür begleitete, sagte er, er sei kein komplizierter Mann, sondern wirklich sehr einfach. Er sei, sagte er, ein einsamer Mönch, der die Welt mit einem löchrigen Regenschirm durchwandert.

Als Ergebnis dieses und anderer informeller Gespräche kam ich zu der Überzeugung, daß bei künftigen chinesisch-amerikanischen Gesprächen Vorsitzender Mao sicher an den Grundprinzipien festhalten wird, die China in seiner gesamten Außenpolitik, in ideologischen Fragen, in seiner Weltanschauung wie auch in seiner regionalen Politik geleitet hatten. Andererseits glaubte ich, daß China bei einem Nachlassen der internationalen Spannungen versuchen werde, mit allen freundlich gesinnten Staaten und allen freundlich gesinnten Völkern in feindlich gesinnten Staaten zusammenzuarbeiten, die seine volle Teilnahme an der Weltpolitik begrüßen.

Achter Teil

Nixons Griff nach der Verbotenen Stadt

25.

Eine Position der Stärke

Es gibt viele Antworten auf und Spekulationen über die Frage, warum Präsident Nixon eine Einladung nach Peking suchte und akzeptierte; aber warum gingen die Chinesen darauf ein? Hatte man in Peking vergessen, daß Nixon den Beginn seiner Karriere auf einer Hexenjagd aufbaute, daß er auf dem Rücken jener „Verzichtpolitiker im State Department", die „China an Rußland verkauften", in den Senat und zur Vizepräsidentschaft gelangte? Warum sollte Mao Tse-tung, nachdem er gerade eine ungestüme Säuberung im Innern sicher hinter sich gebracht hatte, angesichts des gescheiterten amerikanischen Vietnam-abenteuers, überzeugt davon, daß die USA sich in Übersee und zu Hause in einer äußerst schwierigen politischen und wirtschaftlichen Situation befanden, einen verspäteten Ölzweig akzeptieren? Und wenn Nixon nicht bloß nach China flog, um Haifischflossen zu essen, was würden ihm seine Gastgeber als Beigericht servieren – und was erwarteten sie als Gegenleistung?

Die Frage nach Nixon ist zum Teil für uns vom Vorsitzenden Mao beantwortet worden,[1] wie ich im letzten Kapitel berichtete. Er sagte mir, daß Nixon, der das amerikanische Monopolkapital repräsentiere, einfach deshalb ein willkommener Gesprächspartner sei, weil die Probleme zwischen China und den USA mit ihm gelöst werden müßten. In der dialektischen Form, die sein Denken kennzeichnet, hatte Mao oft gesagt, daß Gutes aus Schlechtem kommen kann und daß schlechte Menschen zu guten gemacht werden können – durch Erfahrung und richtige Erziehung. Ja, sagte er zu mir, er ziehe Männer wie Nixon Sozialdemokraten und Revisionisten vor, die vorgaben, etwas zu

---

[1] Siehe Kap. 24, Ein Gespräch mit Mao Tse-tung.

sein, aber sich, sobald sie an der Macht waren, als etwas ganz anderes entpuppten.

Nixon mochte doppelzüngig sein, aber vielleicht ein bißchen weniger als andere. Nixon griff zu harten Taktiken, aber oft wandte er auch weiche Taktiken an. Ja, Nixon könne sich einfach ein Flugzeug nehmen und kommen. Es spiele keine Rolle, ob die Gespräche erfolgreich sein würden. Wenn er willens sei zu kommen, sei der Vorsitzende willens, mit ihm zu sprechen, und die Sache gehe in Ordnung, ob sie sich stritten oder nicht, ob Nixon als Tourist komme oder als Präsident. Er nehme an, man werde sich nicht streiten. Aber natürlich werde er an Nixon Kritik üben. Die Gastgeber würden auch Selbstkritik üben und über ihre eigenen Fehler und Mängel sprechen – zum Beispiel war ihr Produktionsniveau niedriger als das der USA.

Was war seit Januar 1965 geschehen, um Maos Meinung zu ändern? Zu diesem Zeitpunkt hatte ich ihn gefragt, ob er eine Botschaft für mich habe, die ich Präsident Johnson überbringen solle. Seine Antwort war *Bu-schi* (Nein!) gewesen und nichts mehr. Selbst damals aber hatte Mao gesagt, daß eine mögliche Lösung des Vietnamkonflikts die Einberufung einer neuen Genfer Konferenz zur Beendigung der Kämpfe und zur Garantie der Unabhängigkeit Indochinas sei.[2] Die Botschaft erreichte das State Department, aber diese „Option" wurde beinahe sofort durch Johnsons Entscheidung blockiert, Nordvietnam zu bombardieren.

In diesem Interview von 1966 hatte Mao klar genug ausgedrückt, er erwarte nicht, daß die Amerikaner klein beigeben würden, bis sie die harte Lehre eingesteckt hatten, daß sie dem revolutionären Vietnam ihren politischen Willen nicht mit militärischer Gewalt aufzwingen konnten.

Die Chinesen glaubten, daß es die Lektion von Vietnam und nicht etwa ein bloßer Wechsel im Präsidentenamt gewesen sei, die es 1970 für Mao möglich machte, anders über Nixon zu sprechen. Die „Erfahrung" hatte Nixon relativ „gut" gemacht. Weitere wichtige Veränderungen trugen ebenfalls zu einer Än-

---

[2] Vollständiger Text dieses Interviews im Anhang.

derung ihrer Einstellung bei: der Widerstand gegen den Krieg innerhalb der USA, die Bildung einer Allianz zwischen Hanoi, dem Vietkong und den Widerstandsbewegungen in Kambodscha und Laos, die von Peking einseitig unterstützt wurden. Und es hatten Veränderungen innerhalb Chinas stattgefunden, einschließlich eines ernüchternden Wachstums des Potentials an nuklearen Raketen.

Theoretisch, so nahmen die Chinesen an, hatte Nixon verschiedene „Optionen" und er benutzte sie auch zeitweise als taktische Drohungen – wie etwa in Laos und Kambodscha. Aber das Ende war nahe. Und war einmal der Entschluß gefaßt, sich aus Vietnam zurückzuziehen, so wurde es für die USA unbedingt notwendig, sich mit China zu verständigen. Der Präsident mußte nicht nur seine Nachhut gegen mögliche Vernichtung durch eine von China unterstützte nordvietnamesische Offensive sichern, sondern sich auch mit den innenpolitischen und weltpolitischen Erschütterungen auseinandersetzen, die ein solcher Rückzug zur Folge haben müßte.

Das war so die allgemeine Ansicht am Tor des Himmlischen Friedens im Jahre 1970; nichtsdestoweniger fuhr man fort, sich für das Schlimmste vorzubereiten. (Schlechtes kann auch aus Gutem hervorgehen.)

Im Sommer 1969 hatte die Nixonregierung öffentlich ihren Wunsch nach einem Nachlassen der Spannungen mit China geäußert; noch im gleichen Jahr stellte sie die Flottenpatrouillen in der Taiwanstraße ein, und die Chinesen nahmen natürlich Notiz davon. Die Nixonregierung schlug auch vor, die suspendierten Botschaftergespräche in Warschau zu einem beiden Seiten genehmen Zeitpunkt und eventuell an einem anderen Ort wiederaufzunehmen. Im Januar 1970 wurden chinesisch-amerikanische Vorgespräche in Warschau aufgenommen. Sie wurden nach der amerikanischen Invasion in Kambodscha sofort wieder suspendiert. Aber Nixon machte weiter; er lockerte Schritt für Schritt das Handelsembargo gegen China und hob Reisebeschränkungen zwischen den beiden Ländern auf. Zu Beginn des Frühjahrs 1970 sprach sich eine vom Präsidenten eingesetzte Kommission dafür aus, Festlandchina einen Sitz in den Vereinten Nationen einzuräumen, und gebrauchte zum erstenmal offiziell die Bezeichnung Volksrepublik. Die Führung in Peking blieb skeptisch besonders hinsichtlich eines möglichen Doppelspiels zwischen Moskau und Washington.

Im Spätherbst 1970 hatten mehrere dringende und authentische Anfragen China erreicht, aus denen hervorging, daß der Präsident zu wissen wünschte, ob man ihn oder seinen Vertreter in Peking empfangen werde. Eine indirekte Antwort war in dem Interview enthalten, das mir Tschou En-lai im November gewährte und in dem er sagte, daß chinesisch-amerikanische Gespräche eröffnet werden könnten, aber nur wenn die Amerikaner den „ernsthaften Willen zu verhandeln" zeigten.[3] Für den Eingeweihten bedeutete „ernsthaft" vor allem einen realistischen Versuch, ein Programm zur Lösung der Taiwanfrage auszuarbeiten. In Maos und Tschous Sicht war dies der Schlüssel zu allen anderen Lösungen in Asien. Offensichtlich wurden zureichende Versicherungen abgegeben. Als Tschou En-lai mich und meine Frau zur Oktoberparade 1970 auf die Präsidiumstribüne holte und wir neben dem Vorsitzenden Mao stehend fotografiert wurden – kein Amerikaner war jemals so beachtet worden –, begriffen einsichtige Beobachter, daß etwas Neues sich anbahnte. Dann kam die Ping-Pong-Geste. Vorsitzender Mao hatte im Dezember mit mir gesprochen, und nach der Ping-Pong-Geste konnte ich berichten, daß er Nixon oder seinen persönlichen Vertreter in Peking willkommen heißen werde. Ein neuer Horizont war schon in Sicht.

Mein Artikel in *Life* über meine Unterhaltung mit dem Vorsitzenden wurde ins Chinesische übersetzt und zirkulierte in weitem Umfang unter führenden Genossen in Partei und Militär. Infolgedessen konnte sie die gemeinsame Ankündigung durch Peking und Washington kaum noch sehr in Erstaunen setzen. Obwohl die chinesische Presse nur in wenigen Zeilen darüber berichtete, wurde die ganze Angelegenheit sicher bis zur Kommuneebene herab vorsichtig diskutiert und erklärt. Nur eines mag die Chinesen überrascht haben: Kissingers erfolgreicher

---

[3] Siehe Anhang, Gespräche mit Tschou En-lai.

Versuch, seinen Besuch geheimzuhalten. Die Erfahrungen mit amerikanischen Diplomaten im Zweiten Weltkrieg hatten die Chinesen davon überzeugt, daß Amerikaner keine Geheimnisse bewahren können.

Selbstverständlich waren sich die Chinesen nicht nur über die internationale Wirkung der Pläne Nixons im klaren, sondern auch über ihre Wirkung in den USA selbst und ihre erwünschten Nebeneffekte auf Nixons gegenwärtige und künftige politische Karriere. Als wir die Möglichkeit eines Nixon-Besuches in China erörterten, bemerkte der Vorsitzende beiläufig, die Präsidentenwahl sei doch 1972, nicht wahr? Deshalb werde Nixon wohl zunächst einen persönlichen Gesandten schicken, fügte er hinzu, selbst aber wahrscheinlich nicht vor Anfang 1972 nach Peking kommen.

1970 hatte China die Zerreißprobe einer großen Säuberung bestanden, viel Zeit war mit dem Wiederaufbau im Innern verloren worden, und viele Zäune mußten geflickt oder neu errichtet werden, um Chinas internationale Isolierung zu überwinden. Die Periode internationaler Spannung war im großen und ganzen vorüber. Wenn es nun eine Chance für China gab, Taiwan wiederzugewinnen – Maos letztes Ziel nationaler Einigung – und als gleichberechtigt anerkannt zu werden, entsprechend seiner Größe, seinen Leistungen und Möglichkeiten, warum sie nicht prüfen? Nichts in Maos Denken oder in seiner Lehre forderte jemals einen Krieg gegen die USA oder einen Eroberungskrieg, und nichts in Maos Ideologie sprach vom Glauben an die Atombombe. Die Last der Herstellung von Bomben und geschützten Silos für Gegenschläge ruhte schwer auf China und würde in Zukunft wahrscheinlich noch schwerer werden; mehr als einmal hatte China die totale Abschaffung der Bombe gefordert.

Ein wichtiger Grund, warum sich China für eine chinesisch-amerikanische Annäherung interessierte, war die Notwendigkeit, seine strategische Position für die Verhandlungen mit Rußland zu verbessern. Wenn sich Amerika vom asiatischen Kontinent zurückzog, war die Gefahr eines Zusammengehens zwischen den Russen und den Amerikanern gebannt, und ein eigener Sitz in den Vereinten Nationen würde Chinas Manövrierfähigkeit sichtlich vergrößern.

Verstand Kissinger unter diesen Umständen, daß China aus einer Position der Stärke, nicht der Schwäche heraus zu Gesprächen bereit war? Die chinesische Führung respektierte Kissinger. Er war ihnen durch ihr Informationsnetz und durch seine Schriften bekannt. Als ich über ihn mit einem alten Freund und engen Mitarbeiter von Ministerpräsident Tschou eines Abends in Peking diskutierte, war ich verblüfft über seine offensichtliche Freude, mit einem so respektablen Gegner die Klingen des Worts kreuzen zu können. „Kissinger?" sagte er. „Das ist ein Mann, der die Sprache beider Welten spricht – seine eigene und unsere. Er ist der erste Amerikaner, den wir in seiner Position gesehen haben. Mit ihm sollte man reden können."

Die unmittelbaren Themen, die beim Treffen zwischen Tschou und Kissinger angesprochen wurden – und zugleich die Tagesordnung für die Diskussion mit dem Präsidenten bildeten – waren sehr konkret und dürften für keine der beiden Seiten sehr neu gewesen sein. Nach Meinung der Chinesen würde jede Lösung folgende entscheidende Änderungen für Nixons Politik bedeuten:

1. einen Sitz für die Volksrepublik China in den Vereinten Nationen und die Rückkehr Taiwans unter die Souveränität des Festlandes;

2. totaler Rückzug der USA aus Vietnam, Vorkehrungen für eine internationale Konferenz zur Garantie der Unabhängigkeit Indochinas sowie für ein Abkommen zwischen Hanoi und Saigon, das wenigstens für eine gewisse Anstandsfrist das von den Amerikanern eingesetzte Saigoner Regime pro forma bestehen lassen würde; und

3. die Aufnahme formeller diplomatischer Beziehungen zwischen China und den USA. Über alle diese Fragen müßte Kissinger eine Verhandlungsgrundlage zu Nixon zurückbringen, um ihm die Annahme der Einladung des Ministerpräsidenten Tschou zu ermöglichen.

Über Chinas Formel für Taiwan konnte stets verhandelt werden, wenn immer die amerikanische Führung Verhandlungen wünschte. Wie wiederholt festgelegt, waren zwei Schritte nötig: erstens müßten die USA und China gemeinsam ihre Absicht erklären, alle Streitigkeiten zwischen ihnen, einschließlich der Taiwanfrage, durch friedliche Verhandlungen zu lösen; zweitens müßten die Vereinigten Staaten Taiwan als einen unveräußerlichen Bestandteil der Volksrepublik China anerkennen und dem Rückzug ihrer Streitkräfte aus Taiwan und der Taiwanstraße zustimmen. Die einzelnen Schritte, Modalitäten und Zeitpunkt des Rückzugs konnten dann in der Folge diskutiert werden.

China vertrat die Auffassung, daß der Streit mit den USA über Taiwan eine internationale Frage sei, während der unterbrochene Bürgerkrieg mit Tschiang Kai-schek eine strikt innere Angelegenheit sei. Hatten die USA einmal dem Rückzug aus Taiwan im Prinzip zugestimmt, müßten die einzelnen Bedingungen festgelegt werden. Peking würde wahrscheinlich mit sich reden lassen, was die Prozedur der Auflösung der amerikanischen Position und die Verhandlungen mit Taiwan selbst anbetraf – vielleicht sogar Tschiang Kai-schek eine gewisse Autonomie gewähren, wenn er zeit seines Lebens Gouverneur zu bleiben wünschte.

China würde niemals öffentlich auf das verzichten, was es als sein souveränes Recht ansieht, Taiwan notfalls mit Gewalt wiederzugewinnen. Indessen bestand jetzt eine gewisse Hoffnung, daß eine nichtmilitärische Lösung von den Nationalisten und den Kommunisten selbst gefunden werden könnte. Die Eröffnung ernsthafter chinesisch-amerikanischer Verhandlungen könnte bereits eine heimliche Wiederaufnahme von Gesprächen zwischen Taiwan und Peking auf der Suche nach den möglichen Bedingungen einer Annäherung hervorgerufen haben. Das war zweifellos eine von Nixons Hoffnungen. Mao Tse-tung sagte mir, daß die friedliche Wiedergewinnung Taiwans sein Ziel sei; er erinnerte mich an mehrere Fälle während des chinesischen Bürgerkrieges, wo sich andere Provinzen kampflos angeschlossen hatten.

Eine Taiwanregelung konnte jedoch offensichtlich nicht losgelöst werden von einer Vereinbarung über einen Waffenstillstand und einen Truppenrückzug in Vietnam, noch konnte die Lösung dieser Frage auf die Regelung der ersteren warten. Nichts weniger als der totale Rückzug aller ausländischen Streitkräfte aus Vietnam würde den Forderungen des mit Peking verbündeten Hanoi Genüge tun, wie die Proteste zeigten, die schon aus Hanoi nach Peking gelangt waren und vor Nixons Perfidie warnten. Peking konnte es Rußland nicht erlauben, Differenzen dieser Art auszuschlachten, und man hat es Kissinger sicherlich klargemacht, daß keine Genfer Konferenzlösung von China unterstützt werden könne, die nicht die volle Billigung Hanois und der NLF hatte. Diese regionalen Fragen mußten geklärt werden, ehe eine allgemeine Entspannung in Ostasien und im pazifischen Raum erreicht werden könnte. Chinas weniger unmittelbare, aber parallele Bestrebungen im globalen Rahmen zu definieren, gehört nicht in den Rahmen dieses Berichtes, aber daß sie weitere Unterstützung für den revolutionären Kampf – „im Interesse Chinas und der ganzen Welt" – einschließen, ist offensichtlich.

Bei seinem Besuch in Peking würde der Präsident ein Land betreten, mit dem sein eigenes Land diplomatische Beziehungen unterhielt und dessen wirklicher Staatschef keinerlei offizielle Regierungsfunktion innehatte. Sicher würde Nixon den Parteivorsitzenden treffen, aber aller Wahrscheinlichkeit nach würde Tschou den größten Teil der Verhandlungen führen.

Was für eine Art Mensch würde der Präsident in Tschou En-lai kennenlernen? Sicher einen der geschicktesten Unterhändler der Welt. Gut aussehend, sprühend von Charisma, zeigte Tschou auch in seinem dreiundsiebzigsten Lebensjahr kein Zeichen von Ermüdung. Im August 1967 verhandelte sich Tschou aus dem gefährlichsten Augenblick der Kulturrevolution heraus. Obwohl die Jugend ihn als Idol verehrte, fand er sich zwei Tage und Nächte in der Großen Volkshalle eingeschlossen, umgeben von einer halben Million ultralinker Roter Garden. Ihre Führer – einige von ihnen wurden später als Konterrevolutionäre verhaftet – versuchten, die Akten des Zentralkomitees zu beschlagnahmen – und Tschou selbst festzunehmen. Mao und Lin Piao waren beide abwesend. Indem Tschou Tag und Nacht mit kleinen Gruppen diskutierte, überzeugte er nach und nach die

Massen – so nannte Tschou selbst sie im Gespräch mit mir –, daß es besser sei auseinanderzugehen. Erst nach diesem Vorfall brachte Lin Piao Tausende von Soldaten in die Hauptstadt, und die Entwaffnung und Auflösung der Roten Garden begann im Ernst – wobei es zu schweren Verlusten kam.

Man sagt, daß Kissinger 20 Stunden seines neunundvierzigstündigen Aufenthalts in Peking im Gespräch mit dem Ministerpräsidenten verbrachte. Das ist nichts Ungewöhnliches. Eines der zahlreichen Gesprächsinterviews, die ich mit ihm führte, dauerte vom Abendessen bis zum anderen Morgen um sechs Uhr. Ich war erschöpft, er anscheinend so frisch wie immer. „Ich muß Ihnen ein wenig Schlaf gönnen", murmelte ich.

Er warf den Kopf zurück und lachte. „Ich habe meinen Schlaf schon gehabt", sagte er, „jetzt fange ich an zu arbeiten. Sein Nachtschlaf hatte in einem kleinen Nickerchen vor dem Abendessen bestanden.

Tschou sagte mir, er habe in den letzten zehn Jahren einmal eine Woche Urlaub gemacht – als er krank war.

Der Ministerpräsident hat es sorgfältig vermieden, nach persönlicher Macht zu streben, aber er hat als unermüdlicher Arbeiter für die Macht seines Landes und der Revolution gewirkt. Hinter seiner liebenswürdigen Art verbirgt sich Zähigkeit und Geschmeidigkeit zugleich; er ist ein Meister in der Durchführung politischer Entscheidungen mit einer grenzenlosen Fähigkeit für das Detail. Seine persönlichen Kontakte sind zahllos. Seine Effizienz in Verwaltungsfragen scheint unvereinbar mit seiner Allgegenwart. Seine selbstlose Hingabe macht ihn zu Maos unentbehrlichem *alter ego*.

Symbiose ist vielleicht das beste Wort, um ihre Beziehung zu beschreiben. Sehr verschieden in Arbeitsstil und Temperament, ergänzen sich Mao und Tschou als ein Tandem, das auf 37 Jahren gegenseitigen Vertrauens und gegenseitiger Abhängigkeit fußt. Tschou war niemals ein Mandarin, aber sein Großvater war einer, und er gesteht freimütig seine feudale Herkunft ein, obwohl er 20 Jahre lang als Partisan in bäuerlicher Umgebung verbracht hat. Mao ist ein intellektuelles Genie bäuerlicher Herkunft, dessen Volkskenntnis Tschou sich gewöhnlich beugt.

Mao ist ein Aktivist, ein Beweger und Erneuerer, ein Meister der Strategie, der seine Ziele durch alternierenden Einsatz von Überraschung, Spannung und Entspannung erreicht. Er miß- traut langen Perioden der Stabilität und ist mit dem Tempo des Wandels nie zufrieden, aber er denkt praktisch und ist großer Geduld fähig, wenn es ein Ziel in Etappen zu erreichen gilt.

Tschou liebt die ins einzelne gehende Ausführung eines Plans – die Mao langweilt – und je komplizierter das Problem sich stellt, desto besser. Tschou dringt rasch zum Wesentlichen einer Sache vor, läßt das Unpraktikable fallen, verstellt sich, wenn nötig, und spielt nie – wenn er nicht vier Asse in der Hand hat. Tschou arbeitet am besten, wenn das Pendel der Revolution zur Stabili- tät hin ausgeschwungen ist. Er ist ein Erbauer, kein Dichter.

In den Gesprächen, die ich mit den beiden großen Staatsmän- nern Chinas führte, ist es gewöhnlich Tschou, der peinlich genau die Hauptfragen beantwortet, und Mao, der zuhört, gelegentlich ein Wort der Warnung oder Erläuterung hinzufügt und die Sicht dialektisch erweitert. Tschou besucht, offenbar mit Genuß, zahllose Bankette. Mao verabscheut große Feste und zieht kleine Gruppen vor. Tschou ist ein Epikureer, ißt aber spartanisch. Mao liebt einfaches Essen, im scharf gewürzten Stil seiner Hei- mat Hunan zubereitet. Beide trinken nur wenig; beide sind in ihrer Arbeit auf ihre eigene Weise höchst diszipliniert. Bei den Verhandlungen mit Präsident Nixon würde Tschou vermutlich die schwierigen Fragen diskutieren, in enger Zusammenarbeit mit Mao im Hintergrund. Aber die Entscheidungen werden letztlich bei Mao liegen.

Was immer die Chinesen über Nixons Motive denken mögen, er gewann sich eine gewisse Wertschätzung durch die höfliche Geste, nach Peking zu kommen, was einen Prestigegewinn für Mao Tse-tung bedeutete und der Eigenliebe des ganzen Volkes schmeichelte. Vasallenkönige der Vergangenheit haben ihre Tribute nach Peking gebracht, aber niemals zuvor das Staats- oberhaupt des mächtigsten Staates der Welt. Die Geste könnte in sich selbst dazu beitragen, ein wenig die in den letzten 20 Jah- ren aufgestauten Gefühle des Grolls und der Verbitterung abzu- mildern. Es lag ein gewisses Risiko darin, daß diese Geste zum

214

Nachteil der Amerikaner gedeutet werden konnte, aber mit größerer Wahrscheinlichkeit würde sie freundlich akzeptiert werden und die Chancen gegenseitiger Verständigung verbessern.

Das Millenium scheint noch weit entfernt, und die unmittelbare Zukunft verheißt nichts als Anpassungsschwierigkeiten und Kämpfe der härtesten Art. China muß Korea und Vietnam zufriedenstellen, und die USA können Japan nicht fallenlassen. Die Gefahr besteht, daß Amerika sich der Vorstellung hingeben könnte, daß die Chinesen den Kommunismus aufgeben – und Maos Weltanschauung – und nette demokratische Agrarreformer werden. Eine realistischere Welt ist wirklich absehbar. Aber populäre Illusionen, daß diese Welt aus einem süßen Gemisch von Ideologien bestehen könnte oder daß China aufhören könnte, an seine revolutionären Ziele zu glauben, könnte den Abgrund nur vertiefen, wenn der Augenblick der Desillusionierung kommt. Eine Welt ohne Veränderung durch Revolution – eine Welt, in der Chinas engste Freunde nicht die revolutionären Staaten wären – ist in Peking unvorstellbar. Aber eine Welt relativen Friedens zwischen Staaten ist für China ebenso notwendig wie für die Vereinigten Staaten. Mehr zu erhoffen hieße Enttäuschungen herausfordern.

Anhang

Von südlich der Berge
bis nördlich der Meere
9. Januar 1965: Interview mit
dem Vorsitzenden Mao

Nachdem ich mehr als zwei Monate zurück in China war, wurde ich am Abend des 9. Januar 1965 von Mao Tse-tung zum Essen geladen. Wir unterhielten uns etwa vier Stunden. Ich war der einzige ausländische Gast. Zwei anwesende chinesische Beamte waren Freunde aus den Tagen vor der Revolution: Frau Gung Peng und ihr Mann, Tschiao Guan-hua. Ich hatte Gung Peng und ihre Schwester Gung Pu-scheng als Studentinnen der Jendjing-Universität (heute ein Teil der Tsinghua-Universität) kennengelernt, wo ich Vorlesungen abhielt, während ich im Vorkriegs-Peking lebte. Gung Peng war später persönliche Sekretärin Tschou En-lais. Inzwischen war sie Vertreterin des Außenministers. Ihr Gatte war Stellvertretender Außenminister.[1] Beide sprachen gut englisch.

Ich legte keine geschriebenen Fragen vor und machte mir keine Notizen. Es war mir klar, daß es sich nicht um ein offizielles Interview handelte, ebenso wie bei meinen Besuchen beim Vorsitzenden 1960. Unmittelbar nach meiner Rückkehr nach Hause in der Nacht schrieb ich alles nieder, woran ich mich aus der Unterhaltung erinnern konnte. Am nächsten Tag wurde ich angenehm überrascht von der Erlaubnis, den größten Teil der Unterhaltung, ohne direkte Zitate allerdings, zu veröffentlichen. Glücklicherweise konnte ich meine Aufzeichnungen überprüfen und korrigieren, da mir Gung Peng ihre eigene Aufzeichnung

---

[1] Gung Peng, von ihren Genossen und zahllosen ausländischen Freunden tief betrauert, starb 1970 an einem Gehirntumor. Tschiao Guanhua wurde im November 1971 Leiter der ersten Delegation bei den Vereinten Nationen.

des Gesprächs zur Verfügung stellte, so daß der folgende Bericht im wesentlichen genau sein dürfte.

Unser Gespräch erstreckte sich über das, was Mao selbst *schan nan hai bei* (von südlich der Berge bis nördlich der Meere) nannte. Es war *hai Kuo tien gung* ein „Überblick über nah und fern", und in gewisser Hinsicht einzigartig. Mao sah selbstverständlich zahllose Bürger seines Landes, aber er lud nicht häufig Gäste aus nichtkommunistischen westlichen Ländern zum Essen. Ich glaube, daß ich der erste Ausländer war, der seit der Gründung der Volksrepublik China 1949 eine Unterhaltung mit Mao hatte, die veröffentlicht wurde. Warum war ich eine Ausnahme? Wahrscheinlich weil ich Mao von den Tagen her kannte, als er noch ein gejagter „Roter Bandit" war und in einer Höhle in Schensi lebte. Als junger Zeitungskorrespondent war ich 1936 nach Nordwestchina gegangen, um selbst zu sehen, was das für Männer waren, die Tschiang Kai-schek zehn Jahre lang „auszurotten" versucht hatte. Ich war der erste Reporter, dem es gelungen war, die „Roten Gebiete" zu erreichen, der erste, der Mao, Tschou En-lai, Lin Piao und andere Führer interviewen konnte. Mao war damals 43, hager, größer als der Durchschnittschinese, abgehärtet durch jenen 6000-Meilen-Rückzug aus Südchina (über das osttibetanische Hochland), der heute als „der heroische Lange Marsch" bekannt ist. Viele Nächte saß ich in seiner Höhle, während er mir seine Lebensgeschichte erzählte und einen Abriß der Geschichte der kommunistischen Revolution bis zu den Tagen von Jenan gab.

Jetzt, in seinem 72. Jahr, eine ganze Generation später, begrüßte mich Mao in einem der im Pekingstil dekorierten Räume der prächtigen Volkshalle am Rande des großen Platzes, der dem Tiän An Men, dem Tor des Himmlischen Friedens zur früheren Verbotenen Stadt, gegenüberliegt. Zuletzt hatte ich 1960 mit Mao gesprochen, als sich China mitten in einer Depression befand, die durch eine grausame Verkettung von Naturkatastrophen und von Menschen verursachter Not entstanden war. Die sowjetischen Techniker waren plötzlich zurückgezogen worden, die Maschinen- und Ersatzteillieferung wurde eingestellt, die Verträge für über 300 Projekte wurden abrupt annulliert. Zwei

Jahre lang war das Land von Flut und Dürre heimgesucht worden, die fast die Hälfte der Ernte ganz oder teilweise zerstört hatten. Die normale Produktion war während des Experimentierstadiums der Kommunen unterbrochen worden, in welchem man sich unerreichbar hohe Ziele für den Großen Sprung vorwärts gesetzt hatte. Eine Hungersnot wurde nur durch strikte Rationierung vermieden. Zu dieser Zeit hatte Mao mir gesagt, daß sein Volk noch nicht genug zu essen bekomme. Er sagte voraus, daß China 50 Jahre brauchen werde, um das Bruttosozialprodukt der USA zu erreichen.

Bis zum Januar 1965 hatte sich das Bild erheblich gebessert. Drei aufeinanderfolgende gute Ernten hatten den Magen des Volkes gefüllt, und einige Getreide- und Fleischreserven konnten angelegt werden. Überall führten die Läden billige Grundnahrungsmittel und notwendige Konsumgüter. China war dabei, seine letzten Auslandsschulden an Rußland zurückzuzahlen, und die erfolgreiche Durchführung eines Kernwaffenexperiments im Oktober 1964 hatte für ein neues Statussymbol gesorgt, das dazu beitragen konnte, kommunistisches – und patriotisches – Selbstvertrauen und Selbstgefühl wiederherzustellen.

Vorsitzender Mao hätte also Grund gehabt, mit Stolz von seiner Politik des „Sich-auf-die-eigenen-Kräfte-Verlassen" zu sprechen. Aber er war nicht in der Stimmung zu prahlen. Ich fand ihn nachdenklich; er dachte über sein Rendezvous mit dem Tod nach und schien bereit, die Erfüllung seines eigenen politischen Vermächtnisses künftigen Generationen zu überlassen. Daß der alte Krieger noch ein oder zwei Leben in sich hatte und Zeit, eine „Große Proletarische Kulturrevolution" zu starten, um den Einfluß seiner Lehre auf die Jugend für die Dauer zu sichern, sollte sich erst im folgenden Jahr zeigen.

Unser Gespräch, das am Ende mehrwöchiger anstrengender, Tag und Nacht andauernder Konferenzen mit Provinzkadern stattfand, die zu den jährlichen Sitzungen des Nationalen Volkskongresses in die Hauptstadt gekommen waren, wäre sicher schneller zu Ende gekommen, wäre Mao ein kranker Mann gewesen. Er schien während unserer Unterhaltung, die nach sechs Uhr begann, während des Abendessens andauerte und sich anschließend noch über etwa zwei Stunden erstreckte, völlig entspannt. Einer von Maos Ärzten sagte mir später, daß Mao keinerlei organische Leiden habe und daß ihm nichts fehle außer der für sein Alter normalen Ermüdung. Er aß mäßig von einem scharf gewürzten hunanesischen Gericht und trank ein oder zwei Gläser chinesischen Traubenwein, so nebenher, wie in alten Zeiten. Er rauchte vielleicht ein Dutzend Zigaretten während des Abends.

Zu Beginn unserer Unterhaltung erschien ein Kameramann und machte eine kurze Filmaufnahme. Mao sagte, dies geschehe auf meinen Wunsch.

Ich hatte, ohne große Hoffnung auf Erfolg, angeregt, daß von unserem gesamten Gespräch eine Fernsehaufzeichnung gemacht werde. Jetzt sagte ich: „Vor vielen Jahren habe ich Sie gebeten, mir Ihre Lebensgeschichte zu erzählen. Zuerst waren Sie dagegen, und ich argumentierte damals, daß es nützlich sein würde, die Menschen in China und auch im Ausland wissen zu lassen, was für ein Mensch Sie sind und was Sie bewegt. Ich denke, Sie stimmen mit mir überein, daß die Veröffentlichung Ihrer Geschichte eine gute Sache war, keine schlechte. Jetzt laufen wieder Gerüchte um, daß Sie sehr krank sind. Wäre es nicht gut, der Welt am Fernsehschirm zu zeigen, daß diese Gerüchte stark übertrieben sind?“

Mao erwiderte mit einem eigenartigen Lächeln, daß Zweifel daran vielleicht berechtigt wären. Er werde bald Gott sehen.

Unsere Begegnung von 1960 war in der chinesischen Presse nicht veröffentlicht worden. Am Tage unseres Gesprächs im Jahr 1965 brachte die Volkszeitung eine große Fotografie mit dem Vorsitzenden Mao und mir. In der Bildunterschrift wurde ich lediglich als „der amerikanische Verfasser von *Roter Stern über China*“ identifiziert.

Das Interview in vollständiger Form (lediglich einige Sätze wurden auf Wunsch des Interviewpartners gestrichen) wird hier zum erstenmal veröffentlicht. In etwas gekürzter Form erschien es zuerst in Le Nouveau Candide, Paris, und in Asahi, Tokio, am 17. Februar 1965 und den folgenden Tagen, wenig später im Stern, Hamburg, in L'Europa, Rom, in der Sunday

Times, London, und in der New Republik, Washington, D. C.[2].
Kleinere Veränderungen der hier abgedruckten Form gegenüber
früheren Veröffentlichungen wurden durch Erweiterung meiner
eigenen Aufzeichnungen und ihre Abstimmung mit denen von
Gung Peng erforderlich.

Die Freigabe des Dialogs zur Veröffentlichung gleichzeitig mit
der Publikation eines Berichts über das Treffen in der offiziellen
Regierungs- und Parteizeitung gab der Sache offensichtlich ein
Gewicht, das über die Erneuerung einer alten Bekanntschaft
hinausging. Es schien mir, als wollte Mao auf diese Weise die
USA über Chinas Ansichten zu den Bedingungen von Krieg und
Frieden und besonders über die Vietnamfrage in Kenntnis set-
zen.

Später, bei meiner Rückkehr nach China 1970, wiesen mehrere
Freunde mich darauf hin, daß die Bemerkungen des Vorsitzenden von 1965, vor allem die, daß er bald Gott sehen würde, sehr
wohl dazu bestimmt gewesen sein könnten, diejenigen irrezuführen, die darauf hofften, ihn auf dem Weg dorthin noch etwa zu
beschleunigen. Mein Interview, so wie es im Ausland veröffentlicht wurde, erschien niemals öffentlich in der chinesischen
Presse, aber ich erfuhr, daß es übersetzt worden war und unter
den höheren Kadern der Partei zirkulierte. Maos unverklausu-
lierte Feststellung, daß China nicht in Vietnam intervenieren
werde, wenn nicht chinesisches Territorium direkt angegriffen
werde, deutete eine Politik an, die möglicherweise zu jenem
Zeitpunkt von dem unter Führung Liu Schao-tschis stehenden
Zentralkomitee in seiner Mehrheit nicht gebilligt wurde.

Tibet und die Götter

Ich sagte: „China hat schwere Jahre durchgemacht, seit ich Sie
zuletzt sah, hat diese Schwierigkeiten aber nun überwunden und

---

[2] Größere amerikanische Zeitungen, einschließlich der New York Times,
lehnten es ab, den Text des Interviews zu veröffentlichen.

ist auf einem beeindruckenden Niveau angelangt. 1960 sagten Sie mir, daß 90 Prozent der Bevölkerung die Regierung unterstützen und nur zehn Prozent dagegen sind. Wie sieht das jetzt aus?"

Mao antwortete, daß es zwar immer noch Tschiang-Kai-schek-freundliche Elemente im Land gebe, aber daß ihre Gesamtzahl gering sei. Viele hätten ihr Denken geändert, und man könne hoffen, daß noch mehr dies tun würden. Was die Kinder solcher Leute anbetreffe, so könnten sie umerzogen werden. Jedenfalls könne man sagen, daß etwa 95 % des Volkes, oder sogar mehr, geeint seien und den Sozialismus unterstützten.

Bei mir selbst dachte ich an den Pantschen Lama, der soeben von seinem Amt als amtierender Vorsitzender des Vorbereitungskomitees für die Autonome Region Tibet abgelöst worden war. Das Stadium der Agrarreform war beendet, und die früheren Güter der Lama-Hierarchie und ihrer Verwalter würden bald kollektiviert werden. Nach 13 Jahren der Indoktrination von Jugendlichen und vormals landlosen Sklaven unter Pekings Vormundschaft schien die rasch gewachsene Kommunistische Partei bereit, den verbliebenen politischen Einfluß der alten Theokratie zu beseitigen. Deren Autorität war jetzt weitgehend unterminiert durch den Zauber von Wissenschaft und Industrie, der den jetzt mündig gewordenen Schülern von ihren maoistischen Lehrern in die Hand gegeben worden war. Der Lamaismus und seine Götter traten in aller Form ins Schattenreich vergessener Folklore ein. Ministerpräsident Tschou En-lai hatte kürzlich vor dem Nationalen Volkskongreß angekündigt, daß der Pantschen Lama „eine letzte Chance erhalten werde, ein neues Blatt aufzuschlagen".

„Sind die Schwierigkeiten des Pantschen Lama eine Folge seiner feudalen Bindungen an die alte Grundbesitzermacht der Lamas über die früheren Sklaven", fragte ich, „oder würden Sie sagen, daß es sich um einen Konflikt zwischen seinen Pflichten als religiöser Führer und der neuen politischen Macht handelt, die von der Kirche getrennt ist?"

Mao antwortete, daß es sich im Grunde um eine Frage des Landbesitzes handle, nicht um religiöse Freiheit. Die Feudalherren hatten ihr Land verloren, ihre Sklaven waren befreit worden und waren nun die Herren. Der Pantschen Lama hatte die Verbindung zu einigen „faulen Eiern"[3] aus der ehemals privilegierten Klasse aufrechterhalten, die sich nicht nur der Veränderung widersetzten, sondern eine Clique organisiert hatten. Gewisse Mitglieder dieser Clique hatten ihre Pläne offenbart. Einige Leute in der Umgebung des Pantschen Lama waren nicht zu alt, sich zu ändern, und könnten noch Fortschritte machen. Der Pantschen selbst könnte seine Gedanken ändern. Er war noch immer Mitglied des Nationalen Volkskongresses. Er lebte jetzt in Peking, aber er könne nach Lhasa zurückkehren, wann immer er wolle; es liege an ihm.

Was den Lamaismus als Religion beträfe, so unterdrücke niemand seine überzeugten Anhänger, alle Tempel seien offen und (die) Gottesdienste würden abgehalten,[4] aber das Problem sei, daß die lebenden Buddhas nicht immer praktizierten, was sie predigten, und keineswegs allem gegenüber indifferent seien, was nicht geistiger Natur sei. Der Dalai Lama selbst hatte Mao gesagt, er glaube nicht, daß er ein lebender Gott sei, obwohl er dies, wenn jemand es öffentlich sage, ableugnen müsse. Viele christliche Pastoren und Priester glaubten ebensowenig, was sie predigten, aber viele ihrer Anhänger seien überzeugte Gläubige. Manche behaupteten, daß Mao selbst nie abergläubisch gewesen sei, aber das stimme nicht. Er erinnerte sich daran, daß seine Mutter eine fromme Buddhistin gewesen war und regelmäßig ihre religiösen Übungen verrichtet hatte; als junger Mensch hatte er sich mit ihr gegen seinen ungläubigen Vater verbündet. Dann war sein Vater eines Tages durch einen menschenleeren Wald gegangen und einem Tiger begegnet – einem lebenden Tiger, keinem Papiertiger – und war nach Hause gerannt, so schnell ihn die Beine trugen, um den Göttern Opfer darzubringen. Die Menschen beteten zu den Göttern, wenn sie in Not waren, aber wenn es ihnen gutging, vergaßen sie die Götter.

---

[3] *„Huai dan"*
[4] Während der Kulturrevolution wurden die meisten Tempel geschlossen, mit einigen Ausnahmen.

„Gibt es immer noch Götter in China?"

Ja, natürlich; wie ich wisse, hätten die Chinesen nicht nur einen Gott, sondern viele. Es gäbe Götter für alles: Türgötter, Küchengötter, Regengötter, Berggötter, Barmherzigkeitsgötter und so weiter. Konnte nicht sogar ein Stein Gott werden? Es gäbe immer noch Millionen, die an den Islam glaubten, und noch mehr Millionen, die Buddhisten oder Taoisten waren. Es gäbe auch mehrere Millionen Christen, Katholiken und Protestanten. Und einige glaubten auch ganz aufrichtig an die Lamagötter.

„Mich würde interessieren, ob Sie jemals in Tibet waren?"

Nein, er sei niemals in Tibet gewesen, ausgenommen in jenen östlichen Randgebieten, die sie während des Langen Marsches überquert hatten. Damals wäre er viel gereist, aber es gäbe Gebiete, die er nie hätte besuchen können. Sie (die Nationalisten) hätten ihn zum Beispiel niemals Jünnenfu (Kunming) sehen lassen. Sie hätten ihn Kweitschou sehen lassen, aber nicht Kweijang (die Hauptstadt). Jetzt könne er wahrscheinlich Jünnan besuchen, aber er hätte das noch nicht getan. Auch in Sinkiang (Chinesisch-Turkestan) sei er noch nicht gewesen.

Er erinnerte sich daran, daß es nun 30 Jahre her sei, daß er mir zuerst von seines Vaters Begegnung mit dem Tiger erzählt hatte, und meinte, damals, gegen Ende des ersten Bürgerkrieges mit den Nationalisten, seien ihre Lebensbedingungen wirklich sehr ärmlich gewesen. Und doch sei diese alte chinesische Rote Armee einig und stark gewesen, auch wenn sie an Zahl schwach war, und nur leichte Waffen besaß.

„Mit Ausnahme der schweren Speere, die damals die Arme-Leute-Miliz führte." Ja, und sogar Besenstiele. Sieg oder Niederlage werde letztlich nicht von den anfänglich verfügbaren Waffen entschieden. Wirklich entscheidend seien der Wille zum Sieg und die richtigen Ziele. Es komme dabei auf so vieles an. Inzwischen waren mehr als 20 Jahre vergangen, ihre Waffen waren besser geworden, aber noch immer entschieden die gleichen Faktoren Sieg oder Niederlage.

„Damals dachten die Menschen hauptsächlich daran, China von Japan zu befreien. Auch ich habe sicher nicht die volle Bedeutung der chinesischen Revolution für die Welt gesehen."

Wie die Vereinigten Staaten die Revolution bewaffneten

Der Vorsitzende erinnerte mich daran, wie sie damals, als ich ihn in Bao An zum erstenmal traf, gerade damit begonnen hatten, sich für den Krieg gegen Japan vorzubereiten. Nachdem sie 1937 ein Abkommen mit Tschiang Kai-schek über einen gemeinsamen Kampf abgeschlossen hatten, hatten Maos Truppen den Kampf mit den feindlichen Hauptstreitkräften vermieden und sich auf die Errichtung von Guerilla-Stützpunkten unter den Bauern konzentriert. Die Japaner seien ihnen dabei eine große Hilfe gewesen. Sie hatten Dörfer in großen Teilen Ostchinas physisch besetzt und niedergebrannt. So erzogen sie das Volk und beschleunigten die Entwicklung ihres politischen Bewußtseins. Sie schufen Bedingungen, die es für die von den Kommunisten geführten Partisanen möglich machten, ihre Truppen zu verstärken und ihre Stützpunktgebiete zu vergrößern. Wenn heute Japaner Mao besuchten und sich entschuldigten, danke er ihnen für ihre Hilfe. Er sage dann, er habe gehofft, sie würden bis Sian und sogar bis Tschungking kommen. Wäre das so geworden, hätte sich die Zahl der Partisanen noch rascher erhöht. Nicht nur die japanischen Kommunisten, sondern auch der linke und der rechte Flügel der japanischen Sozialisten gäben heute zu, daß die japanischen Militaristen den chinesischen Kommunisten geholfen hätten. Später habe auch die Regierung der Vereinigten Staaten ihren Beitrag geleistet, indem sie sich während des (zweiten) Bürgerkrieges mit Tschiang Kai-schek verbündeten. Während des Befreiungskrieges habe man sich hauptsächlich auf die amerikanischen Waffen verlassen, die ihnen von Tschiang Kai-scheks Truppen weitergegeben wurden. Heute würden die Befreiungsstreitkräfte in Vietnam von den USA auf die gleiche Weise unterstützt.
Der Generalissimus sei immer ihr Lehrer gewesen. Ohne seine Lehre wären Menschen wie Mao selbst niemals in der Lage gewesen, zu den Waffen zu greifen und gegen ihn zu kämpfen. In Wahrheit hätten Tschiang Kai-schek und die japanischen Militaristen ihnen das Kämpfen beigebracht, während die USA indirekt ihre Lehrer gewesen seien.

„Einige amerikanische Kommentatoren in Saigon haben die Stärke des Vietkong mit der Periode von 1947 in China verglichen, als die Volksbefreiungsarmee in großem Maßstab mit der Vernichtung der nationalistischen Streitkräfte begann. Sind die Bedingungen relativ vergleichbar?"

Der Vorsitzende glaubte das nicht. Chinas zweiter revolutionärer Krieg schloß die Befreiung des ganzen riesigen Landes ein. Um 1947 zählte die Volksbefreiungsarmee bereits über eine Million Mann, gegenüber mehreren Millionen auf der Seite Tschiang Kai-scheks. Die VBA war damals schon in Divisions- und Armeegruppenstärke zum Kampf angetreten, während die Südvietnamesische Befreiungsarmee noch auf Bataillons- oder allenfalls Regimentsbasis operierte. Die amerikanischen Streitkräfte in Vietnam seien noch immer relativ gering. Natürlich, wenn ihre Zahl größer werde, könnten sie helfen, die Bewaffnung des Volkes gegen sie zu beschleunigen. Aber wenn ich den Führern der USA erzählen wolle, daß sie dabei seien, eine revolutionäre Bewegung aufzubauen, die sie eines Tages besiegen werde, dann würden sie mir nicht zuhören. Sie würden es den Vietnamesen nicht gestatten, ihre Angelegenheiten selbst zu regeln. Hatten sie auf Ngo Dinh Diem gehört? Sowohl Ho Tschi Minh als auch er (Mao) seien der Meinung, daß Ngo Dinh Diem nicht so schlecht war. Sie hatten erwartet, die Amerikaner würden ihn noch für einige Jahre an der Macht halten. Aber die ungeduldigen amerikanischen Generale hatten ihn satt und hatten sich seiner entledigt. Schließlich, nachdem man ihn ermordet hatte, gab es etwa mehr Frieden zwischen Himmel und Erde?

„Können die Vietkong-Truppen jetzt den Sieg aus eigener Kraft erringen?"

Ja, sagte er, das glaube er. Ihre Position war im Verhältnis besser als die der Kommunisten während des ersten (revolutionären) Bürgerkrieges (1927–1937) in China. Zu dieser Zeit habe es keine direkte ausländische Intervention in China gegeben, die Vietkong hätten aber schon die amerikanische Intervention, die ihnen helfe, sich zu bewaffnen und für die Ausbildung der einfachen Soldaten und der Offiziere sorge. Die Gegner der USA seien nicht mehr auf die Befreiungsarmee beschränkt. Diem hatte keine Befehle entgegennehmen wollen. Jetzt habe sich diese Unabhängigkeit auf die Generale verbreitet. Die amerikanischen Lehrer hätten Erfolg.

Auf die Frage, ob einige dieser Generale sich bald der Befreiungsarmee anschließen würden, antwortete Mao mit Ja; möglicherweise würden einige dem Beispiel der Kuomintang-Generale folgen, die zu den Kommunisten übergegangen waren.

Über die Dritte Welt

„Die Intervention der USA in Vietnam, im Kongo und auf anderen früheren kolonialen Kriegsschauplätzen wirft eine Frage auf, die innerhalb der marxistischen Theorie von einigem Interesse ist. Die Frage ist, ob der Widerspruch zwischen dem Neokolonialismus und den revolutionären Kräften in dem, was die Franzosen gerne die Dritte Welt nennen – die sogenannten unterentwickelten Länder oder ehemaligen Kolonien oder noch immer unter Kolonialherrschaft stehenden Nationen in Asien, Afrika und Lateinamerika – heute der politische Hauptwiderspruch in der Welt ist? Oder sind Sie der Meinung, daß der Grundwiderspruch noch immer der zwischen den kapitalistischen Ländern selbst ist?"

Mao Tse-tung sagte, darüber habe er sich noch keine Meinung bilden können. Vielleicht könne ich ihm helfen? Er erinnerte mich daran, daß auch Präsident Kennedy sich für diese Frage interessiert hatte. Hatte er nicht erklärt, daß es zwischen den USA, Kanada und Westeuropa keine wirklichen und grundlegenden Differenzen gebe? Der Präsident habe gesagt, das wirkliche Problem der Zukunft liege in der südlichen Hemisphäre. Als er „Spezialtruppen" forderte und sie zur Bekämpfung „lokaler revolutionärer Kriege" ausbildete, habe der ermordete Präsident anscheinend meine Frage im Sinn gehabt.

Andererseits seien es die Widersprüche zwischen den Imperialisten gewesen, die in der Vergangenheit zwei Weltkriege verursacht hatten, und ihre Kämpfe gegen koloniale Revolutionen hätten ihren Charakter sicher nicht verändert. Seien diese Kriege nicht ausgefochten worden, um die Kolonien neu zu verteilen? Wenn es einen weiteren großen Krieg geben werde, würde es nicht auch dabei um die Kontrolle über die sogenannten unterentwickelten Länder gehen? Tatsächlich seien die sogenannten hochentwickelten Länder keineswegs so einig heute. Wenn man Frankreich betrachte, so sehe man zwei Gründe für De Gaulles Politik. Der eine sei die Sicherung von Frankreichs Unabhängigkeit gegenüber den USA. Der zweite sei der Versuch, die französische Politik an die Veränderungen in den afrikanischen und asiatischen Ländern und in Lateinamerika anzupassen. Das Ergebnis sei ein verschärfter Widerspruch zwischen den imperialistischen Nationen. Aber sei Frankreich deshalb ein Teil der sogenannten „Dritten Welt?" Kürzlich habe er französische Besucher danach gefragt und sie hätten ihm geantwortet, Frankreich sei ein hochentwickeltes Land und könne nicht Mitglied der „Dritten Welt" unentwickelter Länder sein. Anscheinend sei die Sache nicht so einfach. „Vielleicht könnte man sagen, daß Frankreich in der Dritten Welt ist, aber kein Teil der Dritten Welt?"

Vielleicht. Diese Frage habe Kennedy so interessiert, daß er (Mao sagte, das habe er gelesen) Maos Essays über militärische Operationen studiert habe. Er habe auch von algerischen Freunden gehört, daß die Franzosen während des algerischen Befreiungskampfes gegen Frankreich seine Werke gelesen und seine Lehren gegen die Algerier verwendet hätten. Aber damals habe er dem algerischen Ministerpräsidenten Abad gesagt, seine (Maos) Bücher basierten auf den chinesischen Erfahrungen und würden in entgegengesetzter Stoßrichtung nicht funktionieren. Sie könnten auf Volksbefreiungskriege angewendet werden, aber in einem Krieg gegen das Volk seien sie ziemlich nutzlos. Sie hätten die Franzosen nicht vor der Niederlage in Algerien gerettet.

Auch Tschiang Kai-schek hätte die Texte der Kommunisten studiert, aber auch ihn hätte das nicht gerettet.

Mao bemerkte, auch die Chinesen studierten amerikanische

Bücher; trotzdem wäre es schlecht für sie, einen Anti-Volkskrieg zu führen. Zum Beispiel habe er General Maxwell Taylors Buch *The Uncertain Trumpet* gelesen. Taylor, der amerikanische Botschafter in Saigon, verträte die Ansicht, daß atomare Waffen wahrscheinlich nicht einsetzbar seien, deshalb würden nichtnukleare Waffen schließlich entscheiden. Er war zwar dafür, nukleare Waffen zu entwickeln, wollte aber die Priorität für ihre Entwicklung der Armee anvertraut wissen. Jetzt habe er seine Chance, seine Theorien über „spezielle Kriegsführung" auszuprobieren. Er sei erst seit vorigem Juni in Vietnam, nicht einmal so lange, wie der Koreakrieg gedauert hatte. In Vietnam werde General Taylor mit ziemlicher Sicherheit wertvolle Erfahrungen machen.

Der Vorsitzende hatte auch einige Artikel über den Krieg gelesen, die von amerikanischen Regierungsstellen an die Truppen verteilt wurden und in denen stand, wie man mit Partisanen fertig werde. Diese Instruktionen ließen sich über die Mängel und militärischen Schwächen der Partisanen aus und hielten die Hoffnung auf einen amerikanischen Sieg aufrecht. Sie ließen aber dabei die entscheidende politische Tatsache außer Betracht, daß keine Regierung – ob sie nun Diem heiße oder ob es sich um andere Marionetten handle – die von den Massen abgeschnitten sei, sich gegen einen Befreiungskrieg behaupten könne. Wenn man solchen Regierungen helfe, könne nichts Vernünftiges dabei herauskommen. Die Amerikaner (ihre Regierung) würden natürlich nicht auf ihn hören. Und sie würden auch nicht auf mich hören.

„In Südostasien, in Indien, in gewissen Ländern Afrikas und sogar in Lateinamerika existieren gewisse gesellschaftliche Bedingungen, die denen vergleichbar sind, die zur chinesischen Revolution führten. Jedes Land hat seine eigenen Probleme und die Lösungen werden sehr verschieden sein; aber ich möchte doch gerne wissen, ob Sie der Meinung sind, daß soziale Revolutionen entstehen werden, die in vieler Hinsicht auf die chinesische Erfahrung zurückgreifen könnten?"

Antifeudalistische und antikapitalistische Gefühle und Widerstand gegen Imperialismus und Neokolonialismus, antwortete er, entstünden durch Unterdrückung und die Fehler der Vergangenheit. Wo immer es so etwas gebe, würden Revolutionen stattfinden; aber in den meisten Ländern, die ich erwähnte, wünsche das Volk lediglich nationale Unabhängigkeit, nicht Sozialismus – zwei ganz verschiedene Dinge. Auch die europäischen Länder hätten antifeudale Revolutionen erlebt, aber die USA hätten soweit er sehe eigentlich nie eine richtige Feudalepoche gehabt.

„Die Vereinigten Staaten hatten eine kurze Periode des Feudalismus in einem Teil des Landes während der Sklaverei in den Südstaaten. Nach 100 Jahren kämpfen die Exsklaven immer noch um gesellschaftliche und politische Gleichheit, so kann man eigentlich nicht sagen, daß in den USA feudale Einflüsse nicht doch noch fortwirken."

Die USA, sagte er, hätten erst einen fortschrittlichen Unabhängigkeitskrieg gegen den britischen Imperialismus gekämpft, und dann einen Bürgerkrieg, um für einen freien Arbeitsmarkt zu kämpfen. Washington und Lincoln seien für ihre Zeit fortschrittliche Männer gewesen. Als die USA zuerst eine Republik gründeten, wurden sie von allen gekrönten Häuptern Europas gehaßt und gefürchtet. Dies zeige, daß die Amerikaner damals Revolutionäre gewesen seien. Jetzt müßten die Amerikaner um die Befreiung von ihren eigenen Monopolkapitalisten kämpfen. Aus welchem Teil der USA ich stamme? „Ich bin in Missouri geboren, im Mittelwesten. Wir haben keine Revolutionäre hervorgebracht, aber Missouri hat Mark Twain und Harry Truman hervorgebracht – zwei ganz verschiedene Artikel. Missouri war kein Sklavenstaat, aber es war ein Teil der Heimat der amerikanischen Indianer, die man ihnen vor kaum 200 Jahren weggenommen hat. Die Amerikaner denken, sie sind keine Imperialisten, aber die amerikanischen Indianer sind da ganz anderer Meinung. China ist nicht ganz so rücksichtslos mit seinen Minoritäten umgegangen. Nach mehr als 3000 Jahren gehört diesen immer noch über die Hälfte des Territoriums, und es gibt immer noch 50 Millionen Angehörige autonomer Völker in China, die nicht zu den Han gehören. Wie sind heute die Beziehungen zwischen den Han und den ethnischen Minderheiten?"

Er sagte, sie besserten sich. Um es in einem Wort zu sagen, es komme darauf an, sie zu respektieren und sie als Gleichberechtigte zu behandeln.

„Unter den grob gerechnet drei Fünfteln der Erde, die zur Kategorie der Dritten Welt gehören, gibt es außerordentlich brennende Probleme, wie wir wissen. Die Kluft zwischen dem Bevölkerungswachstum und der Produktion vergrößert sich immer mehr. Die Kluft zwischen ihrem Lebensstandard und dem der reichen Länder wächst immer rascher. Wird unter solchen Bedingungen die Zeit warten, bis die Sowjetunion die Überlegenheit des sozialistischen Systems in ihrem Land demonstriert hat, und dann noch einmal 100 Jahre warten, bis sich in den unterentwickelten Gebieten ein Parlamentarismus entwickelt hat und auf friedlichem Wege den Sozialismus einführt?"

Mao meinte, so lange werde es nicht dauern.

„Hat diese Frage nicht möglicherweise auch mit dem Kern der ideologischen Auseinandersetzungen Chinas mit der Sowjetunion zu tun?"

Sicher, meinte er.

„Glauben Sie, daß es möglich wäre, nicht nur die Befreiung der erwachenden Völker der Dritten Welt, sondern auch ihre Modernisierung ohne einen neuen Weltkrieg zu vollenden?"

Über den Gebrauch des Wortes „vollenden" müsse man wohl nachdenken, meinte er. Die meisten dieser Länder seien noch sehr weit von sozialistischen Revolutionen entfernt. In einigen existierten überhaupt keine kommunistischen Parteien, in anderen nur revisionistische. Es heiße, daß in Lateinamerika etwa 20 kommunistische Parteien existierten; davon hätten 18 Resolutionen gegen China verabschiedet. Er schwieg und meinte schließlich, nur eines sei sicher: Wo immer es schwere Bedrückung gebe, werde es auch Revolution geben.

Chruschtschow und der Kult

„Westliche Kommentatoren, besonders aber die italienischen

Kommunisten, haben die sowjetische Führung schwer kritisiert wegen der verschwörerischen und undemokratischen Methoden, mit denen Chruschtschow beiseite geschoben wurde. Was ist Ihre Meinung darüber?"

Mao beantwortete die Frage nicht direkt. Er antwortete, daß Chruschtschow schon vor seinem Fall nicht sehr beliebt in China gewesen sei. Man hätte nur wenige Bilder von ihm sehen können. Aber Chruschtschows Bücher seien vor seinem Fall in den Buchhandlungen in China verkauft worden und man könne sie auch heute noch hier kaufen, aber nicht in Rußland. Die Welt hätte Chruschtschow gebraucht; sein Geist werde verweilen. Natürlich müsse es Leute geben, die ihn mochten. China würde ihn als negatives Beispiel vermissen.

„Auf der Basis Ihres eigenen 70:30-Maßstabs – also daß die Arbeit eines Menschen positiv beurteilt werden muß, wenn 70 Prozent in Ordnung waren und nur 30 Prozent falsch –, wie würden Sie die gegenwärtige Führung der Kommunistischen Partei der Sowjetunion einschätzen? Wie weit liegt sie noch unter diesem Maß?"

Mao sagte, er habe nicht die Absicht, die gegenwärtige Führung auf diese Weise zu beurteilen.

„Gibt es eine Verbesserung der chinesisch-sowjetischen Beziehungen?"

Vielleicht ein wenig, aber nicht sehr viel. Der Hauptunterschied liege darin, daß das Abtreten Chruschtschows die Chinesen einer guten Zielscheibe für polemische Artikel beraubt habe.

„In der Sowjetunion ist China kritisiert worden, weil es einen ,Personenkult' begünstige", sagte ich. „Ist dieser Vorwurf begründet?"

Mao meinte, so etwas möge es bei ihnen schon geben. Man sage, daß Stalin Mittelpunkt eines Persönlichkeitskultes gewesen sei und daß es bei Chruschtschow so etwas überhaupt nicht gegeben habe. Die Kritiker sagten, daß das chinesische Volk solche Gefühle oder Praktiken habe. Dafür möge es gewisse Gründe geben. Wahrscheinlich sei Chruschtschow gefallen, weil er keinerlei Persönlichkeitskult hatte . . .

„Während Sie eine Revolution in China gemacht haben, haben

Sie auch die ausländische Chinawissenschaft revolutioniert, und so gibt es jetzt verschiedene Schulen von Maoisten und Pekingologen. Vor nicht allzulanger Zeit besuchte ich eine Konferenz, auf der Professoren darüber stritten, ob Sie einen eigenen Beitrag zum Marxismus geleistet hätten oder nicht. Zum Schluß der Konferenz fragte ich einen der Professoren, ob es in dieser Kontroverse irgendeinen Unterschied mache, wenn man zeigen könne, daß Mao selbst niemals behauptet hätte, einen solchen schöpferischen Beitrag geleistet zu haben. Der Professor antwortete ungeduldig: ‚Nein, wirklich nicht. Das hat mit dieser Frage überhaupt nichts zu tun.‘ "

Mao lachte. Vor mehr als 2000 Jahren hatte Dschuang Dschou seinen unsterblichen Essay über Lao Dze (im *Dschuang Dze*) geschrieben. Darauf entstanden 100 philosophische Schulen, die sich über den Sinn des Dschuang Dze stritten.

„Bei unserem letzten Zusammentreffen 1960 fragte ich Sie, ob Sie jemals eine Autobiographie geschrieben hätten oder die Absicht hätten, es zu tun. Ihre Antwort war, daß Sie es nicht getan hätten, abgesehen davon, daß Sie mir etwas über Ihr Leben erzählt hatten. Trotzdem haben Professoren angeblich von Ihnen geschriebene „Autobiographien" entdeckt. Eine Frage, die zur Zeit die Professoren beschäftigt, ist die, ob Sie Ihre berühmten philosophischen Essays ‚*Über den Widerspruch*‘ und ‚*Über die Praxis*‘ im Sommer 1937 geschrieben haben, wie es in Ihren ‚*Ausgewählten Werken*‘ heißt, oder ob sie in Wirklichkeit einige Jahre später verfaßt wurden. Würden Sie mir Ihre eigene Meinung über den Zeitpunkt der Abfassung dieser beiden Essays sagen?"

Mao antwortete, er habe sie tatsächlich im Sommer 1937 geschrieben. Während der Wochen vor und unmittelbar nach dem Lukoutschiao-Zwischenfall[5] habe es eine Periode der Muße in

---

[5] Der Beginn der japanischen Invasion Chinas südlich der Großen Mauer, ein Ereignis, das Mao vorausgesagt hatte; daß er recht behielt, stärkte sein Prestige als Führer der Partei und der Nation erheblich. (In der deutschsprachigen Literatur ist dieses Ereignis unter der Bezeichnung „Zwischenfall an der Marco-Polo-Brücke" bekannt, A. d. Ü.)

seinem Leben in Jenan gegeben. Die Armee war an die Front gegangen, und Mao hatte Zeit gefunden, Material für einige Vorlesungen über die Grundlagen der Philosophie an der Anti-japanischen Akademie in Jenan zu sammeln. Ein einfacher und doch grundlegender Text wurde für die Studenten benötigt, die in Drei-Monats-Schnellkursen für die politischen Führungsauf-gaben vorbereitet wurden, die in den nächsten Jahren vor ihnen lagen. Auf dringenden Wunsch der Partei schrieb Mao *„Über den Widerspruch"* und *„Über die Praxis"* als Zusammenfassung der Erfahrung der chinesischen Revolution, indem er das We-sentliche des Marxismus anhand konkreter Beispiele aus dem chinesischen Alltag erklärte. Mao sagte, er habe meist die Nächte durch geschrieben und tagsüber geschlafen. Das, was er wochenlang geschrieben hatte, trug er in Vorlesungsform in zwei Stunden vor. Mao fügte hinzu, daß er selbst *„Über die Praxis"* für wichtiger halte als *„Über den Widerspruch"*.

„Im Westen haben Mao Tse-tung-Spezialisten Ihnen einen Essay mit dem Titel *‚Über dialektischen Materialismus'*[6] zuge-schrieben, der nicht in Ihren ‚Ausgewählten Werken' enthalten ist. Haben Sie jemals einen solchen Essay geschrieben?" Mao ließ sich die Frage wiederholen. Er antwortete, er habe niemals einen Essay mit dem Titel *„Über dialektischen Materialismus"* geschrieben. Daran würde er sich sicher erinnern.

„Von 1927 an waren Sie damit beschäftigt, Ihre Kenntnisse über die Kriegskunst zu erweitern. Haben Sie vor 1937 jemals Zeit gefunden, Hegel zu lesen?" Mao sagte, er habe Hegel und auch Engels vor 1937 gelesen. Er fügte hinzu, daß er niemals irgendwelche amerikanischen marxistischen Theoretiker gelesen habe. Gab es gute? Ich fragte ihn, ob er in seiner Jugend jemals von Thorstein Veblens *Theory of the Leisure Class*[7] gehört habe. Wenn es ins Chinesische übersetzt sei, so habe Mao es jeden-falls nicht gesehen. Ich erwähnte ein Buch, das im 19. Jahr-hundert einen großen Eindruck auf die utopischen Sozialisten in Amerika gemacht hatte, Edward Bellamy, *Looking Backward*.

---

[6] China Quarterly 19, Juli–Sept. 1964, London.
[7] Deutsch: *Theorie der feinen Leute,* dtv, München 1971.

Was moderne amerikanische marxistische Denker anlangte, so gab es Paul Sweezys *Theory of Capitalist Development*[8]. Mao bedauerte, daß er keines dieser Bücher kannte.

Die Bombe

„Da wir gerade von Tigern gesprochen haben", sagte ich, „glauben Sie immer noch, daß die Bombe ein Papiertiger ist?"
Das sei nur so eine Redensart gewesen, meinte er. Natürlich könne die Bombe Menschen töten. Aber schließlich würden die Menschen die Bombe zerstören. Dann werde sie wirklich ein Papiertiger sein.
„Man hat einen angeblichen Ausspruch von Ihnen zitiert, daß China weniger Angst vor der Atombombe habe als die anderen Völker wegen seiner ungeheuren Bevölkerungszahl. Andere Völker würden vielleicht völlig ausgerottet werden, aber China werde immer noch ein paar 100 Millionen Menschen übrig haben, um wieder neu anzufangen. Gab es jemals eine Basis von Tatsachen für diese Behauptung?"
Er fragte, wann und unter welchen Umständen er dies gesagt haben solle. Ich antwortete, daß eine der Quellen für dieses Zitat ein jugoslawischer Diplomat sei, der behauptet habe, Mao habe gesagt, wenn alle Europäer ausradiert seien, blieben in China immer noch 300 Millionen übrig.
Mao antwortete, er könne sich nicht erinnern, dergleichen gesagt zu haben, aber es sei möglich. Er erinnerte sich wohl an eine Unterhaltung mit dem verstorbenen Jawaharlal Nehru bei dessen Besuch in China (im Oktober 1954). Soweit er sich erinnere, habe er gesagt, China wünsche keinen Krieg. Sie hätten keine Atombomben, aber wenn andere Länder den Krieg wollten, werde es eine Katastrophe in der ganzen Welt geben und viele Menschen würden sterben. Wie viele, das könne niemand wissen. Er spreche nicht nur von China. Er glaube nicht, eine

---

[8] Deutsch: *Theorie der kapitalistischen Entwicklung,* Frankfurt 1972.

Atombombe werde die ganze Menschheit zerstören, so daß sich keine Regierung mehr finden werde, um einen Frieden zu schließen. Das habe er zu Nehru während ihrer Unterhaltung gesagt. Nehru habe gesagt, als Vorsitzender der Atomenergiekommission Indiens kenne er die zerstörerische Wirkung der Kernenergie. Er sei sicher, daß niemand überleben könne. Mao hatte geantwortet, daß es wahrscheinlich nicht so sein werde, wie Nehru sage. Die existierenden Regierungen würden wahrscheinlich verschwinden, aber andere würden an ihre Stelle treten.

Er hatte gehört, daß die Amerikaner einen Film gedreht hatten mit dem Titel *On the Beach,* der zeigte, wie ein nuklearer Krieg das Ende der Welt bringe. War das ein wissenschaftlicher Film?

„Es handelt sich um einen sogenannten Science-fiction-Film."

Vor nicht allzulanger Zeit, sagte Mao, habe Chruschtschow angekündigt, daß er über eine tödliche Waffe verfüge, die alles Leben vernichten könne. Dann hatte er seine Ankündigung sofort zurückgezogen – nicht einmal, sondern mehrmals. Mao beabsichtige nicht, etwas abzuleugnen, was er gesagt habe, noch wünsche er, daß ich dieses sogenannte Gerücht für ihn dementiere (über Chinas Fähigkeit, in einem Atomkrieg zu überleben). Auch die Amerikaner hätten viel über die Zerstörungskraft der Atombombe gesprochen, und Chruschtschow hätte eine Menge Lärm darüber gemacht. In diesem Punkt (Prahlerei über ihre Zerstörungskapazität) hätten sie ihn alle übertroffen; in diesem Punkt bleibe er noch weit hinter ihnen zurück, nicht wahr?[9]

Und doch habe er kürzlich einen Bericht erhalten über eine Untersuchung, welche die Amerikaner auf dem Bikini-Atoll sechs Jahre nach den Nukleartests durchgeführt hatten. Von 1959 an hatten sich Forscher auf Bikini aufgehalten. Als sie die Hauptinsel zuerst betraten, mußten sie sich einen Weg durch das Dickicht hauen. Sie hatten Mäuse umherlaufen und Fische in den Bächen herumschwimmen sehen wie gewöhnlich. Das Quellwasser war trinkbar, das Blattwerk der Pflanzen wucherte,

---

[9] Mao machte sich auf diese Weise indirekt über denjenigen lustig, die ihn für einen dummen Bauern hielten, der nicht in der Lage sei, das volle Ausmaß der atomaren Bedrohung zu erkennen.

238

Vögel zwitscherten in den Zweigen. Die Bakterien hatten sich im Ausmaß von 400 Kilogramm pro Quadrat-Mov vermehrt. Wahrscheinlich hatte es zwei schlimme Jahre nach den Versuchen gegeben, aber das Leben war weitergegangen. Wie kam es, daß Mäuse überlebt hatten? Das Pflanzenleben war vernichtet worden, nicht aber die Samen, die in der Erde schliefen, bis die Erdoberfläche wieder sauber war. Für die Bakterien, die Vögel, die Mäuse und die Bäume war die Atombombe wirklich ein Papiertiger. Vielleicht war es beim Menschen anders . . .

Die tiefere Bedeutung dieser letzteren Bemerkung Maos – und Gung Peng bestätigte mir das später – war, daß selbst wenn der Mensch von der Erde verschwand – Massenselbstmord beging – das *Leben* doch nicht von der vom Menschen geschaffenen Bombe vernichtet werden konnte.

Abrüstung?

Alle Regierungen sprachen über vollständige und totale Abrüstung. China selbst hatte seit langer Zeit einen Abrüstungsvorschlag gemacht. Ebenso die Sowjetunion. Die USA sprachen ständig darüber. Was wir statt dessen erzielten, war vollständige und totale Aufrüstung.

„Präsident Johnson hat gewiß Schwierigkeiten, die Probleme im Osten nacheinander zu lösen. Wenn er wirklich der Weltöffentlichkeit die Komplexität dieser Probleme klarmachen wollte, könnte er wohl Schlimmeres tun, als ins Herz der Dinge vorzustoßen, indem er den chinesischen Vorschlag aufgreift, eine Gipfelkonferenz einzuberufen, die über die totale Vernichtung der Kernwaffen befindet."

Mao stimmte zu, meinte aber, dies sei ganz unmöglich. Selbst wenn Johnson eine solche Konferenz wünschte, so sei er doch bloß ein Büttel[10] der Monopolkapitalisten – und diese würden das nie erlauben. China habe bisher erst eine Atomexplosion

---

[10] *Huang liang dschuang tou*, ein Gutsaufseher, Verwalter.

gehabt, und vielleicht müßte erst bewiesen werden, daß eins sich in zwei teilen könne, und so weiter bis ins Unendliche. Doch China wolle nicht einen Haufen Bomben, die letztlich völlig nutzlos seien, da wahrscheinlich keine Nation wagen würde, sie auch zu benutzen. Einige wenige für wissenschaftliche Experimente würden genügen. Selbst die eine Bombe in Chinas Hand hatte man nicht gern.

„Ich erinnere mich an eine Geschichte, die Sie mir einmal erzählt haben: Ein unwissender Militärmachthaber in Südchina ließ einen Steckbrief anschlagen, in dem eine Belohnung für die Ergreifung eines gewissen Mr. Sowjet ausgesetzt wurde,[11] der laut Gerücht irgendwelche Banditen anführe und eine Menge Unruhe verursache. Heute ist es offenbar ‚Mr. China A-Bomb‘, der eine Menge Ärger macht. Wie kommt das?"

Ja, auch Mao fürchtete, dieser Herr habe keinen guten Ruf; die Imperialisten mochten ihn einfach nicht. Sie mochten Mr. China A-Bomb nicht. Aber war es wirklich richtig, Mr. China A-Bomb für alles verantwortlich zu machen und antichinesische Bewegungen zu starten? Hatte China vielleicht Ngo Dinh Diem umgebracht? Und trotzdem war es passiert. Als Präsident Kennedy ermordet wurde, waren die chinesischen Kommunisten sehr überrascht. Sie hatten das nicht geplant. Und wiederum seien sie sehr überrascht gewesen, als Chruschtschow in Rußland abgesetzt worden sei. Auch dies hätten sie nicht angeordnet.

Über die Vereinten Nationen

„Indonesien hat sich aus den Vereinten Nationen zurückgezo-

---

[11] *Su Wei-ai;* die Schriftzeichen, die man zur phonetischen Transkription des russischen Wortes „Sowjet" benutzte, sagten diesem politisch unbedarften Chinesen nichts; so war die Annahme des Provinzmachthabers, es handle sich um einen Personennamen, eigentlich ganz vernünftig. Die Kommunisten gebrauchten diesen ausländischen Ausdruck (als Bezeichnung für ihre politischen Absichten) nach der Kiangsi-Periode nicht mehr.

gen, unter dem Beifall Chinas.[12] Glauben Sie, daß dieser Schritt ein Präzedenzfall ist und daß andere Austritte folgen werden?"

Mao sagte, es seien die USA gewesen, die zuerst einen Präzedenzfall geschaffen hatten, indem sie China aus den Vereinten Nationen ausschlossen. Heute, da eine Mehrheit der Mitgliedstaaten möglicherweise dafür sei, Chinas Mitgliedschaft wiederherzustellen, trotz des Widerstands der USA, schmiedeten sie Pläne, daß dafür eine Zweidrittelmehrheit nötig sei statt der einfachen Mehrheit. Aber die Frage war, ob China gewonnen oder verloren hatte durch sein Ausgeschlossensein von den Vereinten Nationen während der letzten 15 Jahre. Indonesien hatte die UN verlassen, weil es der Meinung war, es bringe keinen großen Nutzen, in den UN zu bleiben. Und war China nicht selbst so etwas wie Vereinte Nationen? Jede einzelne Minorität in China hatte mehr Bevölkerung und Territorium als einige Staaten in den UN, die mit ihren Stimmen dazu beitrugen, China seines Sitzes zu berauben. China war ein großes Land, das eine Menge zu tun hatte, auch außerhalb der Vereinten Nationen.

Was ich denn dazu meine? Würde es China heute besser gehen, wenn es in den letzten 15 Jahren in den Vereinten Nationen gewesen wäre?

„Ja, vielleicht doch, wenn das nicht bedeutet hätte, daß ein China in zwei Chinas geteilt würde. Aber heute gibt es Stimmen, die sagen, China wolle unter keinen Umständen UN-Mitglied werden –?"

Das wäre nicht gut. Wenn zwei Drittel der Vereinten Nationen China einlüden, Mitglied zu werden, und die Chinesen nicht annähmen, würde man sie dann nicht Nationalisten nennen (das heißt Anti-Internationalisten)? Aber selbst wenn die UN beschlössen, Festlandchina anstatt der Taiwan-Clique anzuerkennen, würde es nicht immer noch Schwierigkeiten geben? Wie konnten sie China einen Sitz einräumen, wenn sie es immer noch

---

[12] Indonesien kehrte 1966 in die UN zurück, nachdem die Armee Sukarno abgesetzt und die Kommunistische Partei Indonesiens vernichtet hatte.

als Aggressor verurteilten? (Das bezog sich auf die UN-Resolution, die China als Aggressor bezeichnete, weil es in Korea interveniert hatte, nachdem die amerikanischen Truppen in Nordkorea einmarschiert waren.) Aber nehmen wir einmal an, man würde die Bezeichnung Aggressor auf China nicht mehr anwenden? Was dann? Würden die UN die USA als Aggressor in Vietnam bezeichnen? Wahrscheinlich wären die USA mit derartigen Veränderungen nicht einverstanden. So war keine Gefahr, daß China seinen Sitz in den Vereinten Nationen einnehmen werde.

„Ist es zum gegenwärtigen Zeitpunkt praktikabel, eine Gemeinschaft von Staaten in Erwägung zu ziehen, welche die USA ausschließen?"

Mao wies darauf hin, daß derartige Formen schon existierten. Ein Beispiel sei die Afro-asiatische Konferenz. Eine andere sei Ganefo – „*Games of the New Emerging Forces*"; diese Spiele waren organisiert worden, nachdem die USA China aus den Olympischen Spielen ausgeschlossen hatten.

(Die Vorbereitungen für die Afro-asiatische Konferenz, die im März 1965 in Algier eröffnet werden sollte, waren von vielen Problemen belastet gewesen. Dazu gehörten der Konflikt zwischen Indonesien und Malaysia und die Forderung der prochinesischen Bandung-Teilnehmer, daß die UdSSR als rein europäische Macht ausgeschlossen bleiben müsse. China betrachtete die Afro-asiatische Organisation damals als das potentielle Zentrum der Entwicklung einer Dritten Welt, die von neokolonialistischem oder westlichem Kapital weitgehend unabhängig sein könnte. Falls sie den chinesischen Prinzipien des „Sich-auf-die-eigenen-Kräfte-Verlassens" in der Entwicklung im Innern und der gegenseitigen Hilfe zwischen den afro-asiatischen Staaten folgte, könnte ihr Modernisierungsprozeß den langsamen und schmerzhaften Weg der Kapitalakkumulation durch die traditionellen bürgerlichen Methoden überspringen. Eine solche theoretische Alternative hätte natürlich eine raschere und radikalere politische Entwicklung und ein früheres Erreichen vorsozialistischer Bedingungen in den kapitalarmen afro-asiatischen Staaten zur Folge gehabt. Seit einiger Zeit war auch offensichtlich, daß die afro-asiatische Konferenz als eine Vorstufe zu einer permanenten Versammlung der Habenichts-Nationen betrachtet wurde, die unabhängig von den durch die Amerikaner beherrschten UN existieren könnte, aus denen China und seine engsten Verbündeten seit langem ausgeschlossen waren und aus denen sich Indonesien kürzlich selbst ausgeschlossen hatte. Die Ereignisse gingen jedoch in eine andere Richtung, nicht zuletzt wegen des chinesisch-sowjetischen Gegensatzes.

Wie viele Chinesen?

„Wie viele Menschen, Herr Vorsitzender, existieren denn nun innerhalb Chinas eigenen Vereinten Nationen?" fragte ich. „Können Sie mir eine Bevölkerungsziffer aus der kürzlich durchgeführten Volkszählung geben?"[13]
Der Vorsitzende antwortete, er wisse es wirklich nicht. Einige sagten, es seien 680 bis 690 Millionen, aber er glaube das nicht. Wie konnten es so viele sein?
Als ich meinte, es könne doch nicht zu schwierig sein, auf der Basis der Bezugsscheine für rationierte Güter (Baumwolle und Reis) allein zu rechnen, wies Mao darauf hin, daß die Bauern das Bild manchmal verwirrt hätten. Vor der Befreiung hätten sie Geburten verheimlicht und Söhne nicht registrieren lassen, aus Angst, daß sie eingezogen würden. Seit der Befreiung bestehe die Tendenz, größere Zahlen anzugeben und weniger Land und die Erntezahlen geringer anzugeben, während man die Wirkung von Naturkatastrophen übertreibe. Heutzutage werde eine Geburt sofort gemeldet, aber wenn jemand sterbe, werde dies oft monatelang nicht angegeben. (Er schien damit andeuten zu wollen, daß man sich auf diese Weise mehr Bezugsscheine verschaffen könne.) Zweifellos gäbe es eine wirkliche Senkung der

---

[13] Im Frühjahr und Sommer 1964 wurde eine repräsentative Stichprobenerhebung durchgeführt; offizielle Ergebnisse wurden aber nicht veröffentlicht.

Geburtenziffer, aber die Bauern akzeptierten Familienplanung und Geburtenkontrolle nur sehr langsam. Die mittlere Lebenserwartung habe sich von etwa 30 Jahren auf fast 50 Jahre erhöht.

Die USA in Vietnam

„Haben Sie irgendeinen Rat für die USA?"
Sie hätten schon vor langer Zeit vorgeschlagen, daß sich die USA ein wenig zurückziehen sollten. Die Vereinigten Staaten hätten ihre Hände über die ganze Welt ausgestreckt. Wie üblich wollten die Herrschenden in Amerika aber nicht hören.
Die amerikanische Position sei schwierig, besonders in Vietnam. Sich zurückziehen sei nicht gut; sich nicht zurückziehen sei auch nicht gut.[14] Wo immer sich Zeichen einer Unruhe zeigten, müßten die amerikanischen Imperialisten Truppen hinschicken, erst hierhin und dann dorthin.
„Ich habe Leute in Washington sagen hören, die Flotte und die Marineinfanterie könnten ebensogut in Vietnam sein wie irgendwo anders. Bezahlt werden müßten sie sowieso."
Ja, sie hätten eine Menge zu tun. Reaktionäre in aller Welt bräuchten ihre Hilfe. Im Kongo zum Beispiel. Aber schließlich müßten sie doch alle nach Hause gehen. In der Vergangenheit habe China amerikanische Truppen in Tientsin, Tsingtao, Schanghai, selbst in Peking gesehen. Sie seien alle abgezogen. Sie seien sogar sehr schnell abgezogen.
Die Bedingungen des revolutionären Sieges im antiimperialistischen Krieg in China hätten zunächst darin gelegen, daß die damals herrschende Clique schwach und unfähig war und von Tschiang Kai-schek geführt wurde, der ständig Schlachten verlor.
Zweitens sei die Volksbefreiungsarmee stark gewesen und sei von fähigen Männern geführt worden, und die Leute hätten an die Sache dieser Armee geglaubt. In Ländern, in denen solche

---

[14] *Bu-hao . . . jeh bu-hao.*

Bedingungen nicht herrschten, konnten die Amerikaner intervenieren. Unter anderen Bedingungen würden sie wegbleiben oder allenfalls bald wieder abziehen.

Wir waren beim Essen, als Mao mich fragte, ob ich glaubte, daß Johnson eine andere Vietnampolitik betreiben *könne* als seine Vorgänger.

Ich sagte, wahrscheinlich nicht; es sei einfacher, den alten Geleisen zu folgen, immer tiefer in die Falle. Aber der Krieg in Vietnam sei nicht populär, und Johnson wäre gerne populär. Seine Regierung stünde vielen innenpolitischen Problemen gegenüber, die ein größerer Krieg in Asien kaum lösen könnte.

Andererseits würde er wohl nicht aufgeben, da Ho Tschi Minh und Mao Tse-tung ihm mit größter Wahrscheinlichkeit keinen „attraktiven" Ausweg bieten könnten, bis die Kosten sehr groß würden.

Ich hatte Außenminister Tschen Ji gegenüber meiner Meinung schon Ausdruck gegeben, daß „es mich nicht überraschen würde, wenn vor dem nächsten Jahr 100 000 amerikanische Soldaten in Vietnam stünden".

Mao fragte, welches die innenpolitischen Probleme seien, denen sich Johnson gegenübersehe.

Ich zählte einige offensichtliche Probleme auf, einschließlich der Arbeitslosigkeit, die besonders hoch unter den Negern sei und damit die Rassenprobleme vergrößerte. Der Krieg könne natürlich zeitweise die Arbeitslosigkeit senken. Die Automation spiele eine Rolle bei diesem Problem, und ich erwähnte auch die Landflucht; die Mechanisierung und Kapitalisierung des Farmbetriebs hatte viele Kleinbauern von ihrem Besitz vertrieben und auf diese Weise Millionen landloser Menschen auf den städtischen Arbeitsmarkt geworfen.

Heute würden nur etwa acht Prozent der Gesamtbevölkerung der USA benötigt, um mehr Lebensmittel zu erzeugen, als die Nation überhaupt konsumieren konnte.

Mao bat mich, diese Zahl zu wiederholen. Als ich dies tat, schüttelte er zweifelnd den Kopf. Wie war das möglich? war alles, was er dazu sagte.

China und die USA

„Natürlich bedaure ich es persönlich, daß die Kräfte der Geschichte das amerikanische und das chinesische Volk 15 Jahre lang praktisch von jeder Kommunikation miteinander abgeschnitten und getrennt haben. Heute ist die Kluft anscheinend breiter als je. Trotzdem glaube ich selbst nicht, daß alles in einem Krieg und in einer der großen Menschheitstragödien enden wird."

Mao sagte, die Kräfte der Geschichte würden zu gegebener Zeit die beiden Völker auch wieder zueinanderbringen; dieser Tag werde sicher kommen. Wahrscheinlich habe ich recht, daß man inzwischen einen Krieg vermeiden könne.

Einen Krieg werde es nur geben, wenn amerikanische Truppen nach China kämen. Vielleicht würden sie kommen, vielleicht auch nicht. Wenn sie kämen, würde das nicht sehr nützlich sein. Das werde man schlichtweg nicht zulassen. Wahrscheinlich wüßte die amerikanische Führung das auch, und infolgedessen würden sie es vermeiden, in China einzudringen. *Deshalb werde es keinen Krieg geben, denn wenn die Amerikaner keine Truppen nach China schickten, so würden die Chinesen ganz sicher niemals Truppen schicken, um die USA anzugreifen.*

„Welche Möglichkeiten eines Krieges könnten in Vietnam entstehen? Ich habe eine Menge Zeitungsmeldungen gelesen, die andeuten, daß die USA die Möglichkeit erwägen, den Krieg nach Nordvietnam auszudehnen." Nein, das werde nicht geschehen. Rusk habe inzwischen klargemacht, daß die USA das nicht tun würden. Vielleicht habe Rusk früher so etwas gesagt, aber jetzt habe er sich korrigiert und gesagt, er habe so etwas nie behauptet. Deshalb brauche es also keinen Krieg in Nordvietnam geben.

„Aus Gesprächen, die ich von Zeit zu Zeit mit hohen amerikanischen Beamten, einschließlich Dean Rusk, geführt habe, möchte ich schließen, daß diejenigen, die in den USA Politik machen und ausführen, die Herrschenden in den Vereinigten Staaten, Sie einfach nicht verstehen."

Warum nicht? *Die chinesischen Armeen würden nicht ihre Grenzen*

überschreiten, um zu kämpfen. Das war doch klar genug. Nur wenn die
USA China angreifen würden, würde China kämpfen. War das nicht klar?
Die Chinesen hatten genug mit ihren inneren Angelegenheiten zu tun.
Jenseits seiner eigenen Grenzen zu kämpfen sei verbrecherisch. Warum
sollten die Chinesen das tun? Die Südvietnamesen könnten sehr gut mit
ihrer Situation fertig werden.

„Amerikanische Politiker sagen häufig, wenn die USA ihre
Truppen aus Vietnam zurückzögen, würde ganz Südostasien
überrannt werden."

Die Frage sei, sagte Mao, von wem „überrannt"? Überrannt
von den Chinesen oder überrannt von ihrer eigenen Bevölkerung? China wurde nur von seiner eigenen Bevölkerung überrannt.

„Befinden sich zur Zeit chinesische Truppen in Vietnam?"

Mao versicherte, daß sich keinerlei chinesische Truppen weder
in Nordvietnam noch irgendwo sonst in Südostasien befänden.
China habe keine Truppen außerhalb seiner Grenzen.

„Dean Rusk hat gesagt, daß sich die USA aus Vietnam zurückziehen würden, wenn China seine aggressive Politik aufgeben
würde. Was bedeutet das?"

Mao erwiderte, China habe keine aggressive Politik aufzugeben.
Wen greife China denn an? China habe keine aggressiven Akte
begangen. China unterstütze revolutionäre Bewegungen, aber
nicht, indem es in fremde Länder eindringe. Natürlich, wenn
irgendwo ein Befreiungskampf stattfinde, dann würde China
Stellungnahmen veröffentlichen und Demonstrationen zu ihrer
Unterstützung veranstalten. Genau das irritiere die Imperialisten.

Mao fuhr fort mit der Feststellung, gelegentlich machten die
Chinesen absichtlich Lärm, wie zum Beispiel um Quemoy und
Matsu. Ein Hagel von Geschossen an dieser Stelle konnte eine
Menge Aufmerksamkeit erregen, vielleicht weil sich die Amerikaner dort, so weit von zu Hause, unsicher fühlten. Was konnte
man schon erreichen, wenn man einige leere Granaten in diesen
chinesischen Territorialgewässern verschoß. Vor nicht allzulanger Zeit wurde die amerikanische Siebente Flotte in der Taiwanstraße für nicht ausreichend erachtet, diesen Geschossen stand-

zuhalten. So brachten sie Teile der Sechsten Flotte auf China-kurs und verlegten auch einen Teil der Marine aus San Fran-cisco nach dort. Als sie hier ankamen, fanden sie, daß es hier nichts für sie zu tun gab. Man habe den Eindruck, China könne den amerikanischen Streitkräften befehlen, hierhin und dorthin zu gehen.

Genauso sei es auch mit Tschiang Kai-scheks Armee gewesen. Sie waren in der Lage gewesen, Tschiang zu befehlen, im Eil-tempo in eine Richtung zu ziehen und dann in der entgegenge-setzten Richtung zu marschieren. Natürlich, wenn Marinesolda-ten es warm hatten und ihr Magen gefüllt war, dann mußte man ihnen auch etwas zu tun geben. Aber wie kam es denn, daß das Abschießen von leeren Geschoßhülsen innerhalb Chinas Aggres-sion genannt werden konnte, während diejenigen, die tatsächlich mit Waffengewalt intervenierten und Bomben warfen und Men-schen in anderen Ländern verbrannten, nicht als Aggressoren betrachtet wurden?

Einige Amerikaner hätten seinerzeit behauptet, die chinesische Revolution werde von russischen Aggressoren geführt, aber in Wirklichkeit wurde die chinesische Revolution von Amerikanern mit Waffen versehen. Ebenso werde zur Zeit die vietnamesische Revolution von den Amerikanern ausgerüstet, nicht von China. Die Befreiungskräfte hatten nicht nur ihren Nachschub an ame-rikanischen Waffen in den letzten Monaten sehr verbessert, sondern auch ihre Streitkräfte erheblich verstärkt, indem sie von Amerikanern ausgebildete Soldaten und Offiziere aus den Ma-rionettenarmeen Südvietnams übernahmen. Auch Chinas Befrei-ungsarmee hatte damals an Zahl und Kampfkraft gewonnen, indem sie die Truppen für sich gewann, die Amerika für Tschiang Kai-schek ausgebildet und bewaffnet hatte. Diese Bewegung nannte man damals „Mützenwechsel". Wenn natio-nalistische Soldaten in großer Zahl ihre Mützen wechselten, weil sie kein Vertrauen zu ihren Offizieren hatten und das Gefühl hatten, sie würden nutzlos sterben, daß die Bauern sie umbrin-gen würden, nur weil sie die falsche Mütze trugen, dann war das Ende nahe. Mützenwechsel werde jetzt auch unter den vietna-mesischen Marionettentruppen immer beliebter.

„Wollen Sie damit sagen, daß die Bedingungen des Sieges für die Befreiungstruppen in Südvietnam schon jetzt da sind?"

Mao meinte, die amerikanischen Truppen seien noch nicht zum Abzug bereit. Der Kampf werde vielleicht noch ein oder zwei Jahre dauern. Danach würden die Truppen der USA es nicht mehr interessant finden zu kämpfen und vielleicht nach Hause gehen oder anderswohin.

„In einem Interview mit Ministerpräsident Tschou En-lai, das ich kürzlich führte, gewann ich den Eindruck, daß China sich einer neuen Indochina-Konferenz zur Durchführung des Abkommens von 1954 widersetzen würde, wenn die USA nicht vorher ihre Truppen aus Vietnam abziehen. Ist es jetzt Ihre Politik, darauf zu bestehen, daß sich die US-Streitkräfte zurückziehen, bevor Sie an einer Indochina-Konferenz zur Diskussion der internationalen Stellung eines geeinigten Vietnam teilnehmen?"

Der Vorsitzende antwortete, er wisse nicht, was Ministerpräsident Tschou mir gesagt habe. *Er selbst denke, daß verschiedene Möglichkeiten erwähnt werden sollten. Zuerst könnte eine Konferenz stattfinden und der Rückzug der USA anschließend erfolgen. Zweitens könne die Konferenz bis nach dem Rückzug verschoben werden. Drittens könne eine Konferenz erfolgen, aber die amerikanischen Truppen könnten um Saigon herum stationiert bleiben, wie im Fall Korea. Schließlich sei es möglich, daß die Südvietnamesische Befreiungsfront die Amerikaner vertreibe ohne irgendeine Konferenz oder internationale Vereinbarung.*

Die Genfer Konferenz von 1954 hätte den Rückzug der französischen Truppen vorgesehen gehabt und jede Intervention durch ausländische Truppen untersagt. Die USA hätten trotzdem das Genfer Abkommen verletzt, und das könne wiederum passieren ... Offen gesagt, es sei im Grunde gut, daß die Vereinigten Staaten Truppen in Südvietnam unterhielten. Das bildete die Menschen dort aus und mache die Befreiungsarmee stark. Es sei nicht genug, einen einzigen Ngo Dinh Diem dort zu haben, so wie in China ein einzelner Tschiang Kai-schek nicht genug gewesen war. Man hatte ein Japan gebraucht, das China achteinhalb Jahre lang überrannt hatte. Erst dann konnte die Nation fähige Führer entwickeln und eine starke revolutionäre Armee, die in der Lage war, die inneren Reaktionäre zu besiegen und die amerikanischen Imperialisten aus dem Land zu treiben.

„Wie würde China reagieren, wenn die Vereinigten Staaten sich zu einer Friedenspolitik entschließen, anbieten, ihre Streitkräfte aus Südkorea, Taiwan, ganz Südostasien und überall sonst abzuziehen, unter der Bedingung, daß China und andere Mächte zustimmen, nicht nur ihre Kernwaffen total zu vernichten, sondern sich auch mit einer weltweiten Abrüstung einverstanden zu erklären?" Mao sagte, darüber habe er offen gestanden noch nie nachgedacht.

„Ich habe Präsident Johnson noch nie persönlich gesehen, aber ich nehme an, daß wenn Sie eine persönliche Botschaft für ihn hätten, ich ihm diese übermitteln könnte. Möchten Sie ihm irgend etwas mitteilen?"
Nach einer Pause: nein.[15]

„Sehen Sie unter diesen Umständen irgendeine Hoffnung", fragte ich, „zu einer Verbesserung der chinesisch-amerikanischen Beziehungen?"
Ja, er glaube wohl, daß es Hoffnung gebe. Es werde Zeit brauchen. Vielleicht werde es zu seinen Lebzeiten keine Verbesserung mehr geben. Er werde bald Gott sehen.[16]

Gott sehen

„Da wir von Ihrer Gesundheit sprechen, was wir bisher nicht getan haben: Wenn ich von diesem Abend schließen darf, scheinen Sie mir in guter Kondition zu sein."
Mao Tse-tung lächelte eigenartig und antwortete, darüber gebe es einige Zweifel. Er wiederholte, bald werde er sich vorbereiten

---

[15] Einfach *Bu-schih*
[16] Auf chinesisch: „*Bu dju jao djen Schang-di*", wörtlich: „gezwungen sein, Gott zu sehen binnen kurzem". Mao gebrauchte das Wort *Schang-di*, Kaisergott, das höchste Wesen über allen Göttern, ein eindeutigerer Ausdruck als *Tien*, der Gott, Natur, Himmel oder ein anderes universelles Urprinzip bedeuten kann.

Gott zu sehen. Ob ich das nicht glaube? „Ich frage mich, ob Sie vielleicht gerne wissen möchten, ob es einen Gott gibt. Glauben Sie *das*?"

Nein, sagte er, aber einige Leute, die von sich behaupteten, gut informiert zu sein, behaupteten, es gebe einen Gott. Es gab anscheinend viele Götter, und manchmal konnte ein Gott auf allen Seiten kämpfen. In den Kriegen Europas war der christliche Gott auf seiten der Engländer, Franzosen, Deutschen und so weiter gewesen, sogar wenn sie gegeneinander kämpften. Zur Zeit der Suezkrise war Gott mit den Engländern und Franzosen, aber Allah kämpfte auf der anderen Seite.

Während des Abendessens hatte Mao erwähnt, daß seine beiden Brüder getötet worden waren. Seine erste Frau war ebenfalls während der Revolution (1930) hingerichtet worden, und ihr Sohn war im Koreakrieg gefallen. Jetzt sagte er, es sei seltsam, daß der Tod ihn bisher übergangen habe. Er war oft auf ihn vorbereitet gewesen, aber der Tod scheine ihn nicht gewollt zu haben. Was konnte er tun? Bei verschiedenen Gelegenheiten hatte es so ausgesehen, als ob er sterben müsse. Sein Leibwächter war gefallen, während er neben ihm stand. Einmal war er über und über mit dem Blut eines anderen Soldaten bespritzt worden, aber die Bombe hatte ihn nicht getroffen.

„War das in Jenan?"

In Jenan auch. Sein Leibwächter war während des Langen Marsches gefallen.[17] Noch bei einigen anderen Gelegenheiten war er dem Tod nur um Haaresbreite entkommen. Entsprechend den Gesetzen der Dialektik mußte jeder Kampf letzten Endes seine Lösung finden, auch der Kampf des Menschen ums Leben auf dieser Erde.

„Solche Zufälle des Schicksals, die Sie verschont haben, ermög-

---

[17] 1935 fiel Maos Bruder Mao Tse-tan im Kampf. Sein jüngster Bruder Mao Tse-min machte den Langen Marsch mit und fiel 1942 einer antikommunistischen Säuberungswelle in Sinkiang zum Opfer. (Maos späterer Leibwächter Tschen Tschang-feng veröffentlichte 1960 seine Memoiren, die unter dem Titel „Mit Vorsitzendem Mao auf dem Langen Marsch" 1972 in Peking auch in deutscher Sprache erschienen sind, A. d. Ü.)

lichten die vielleicht außergewöhnlichste Karriere in der chinesischen Geschichte. In den langen Annalen der chinesischen Geschichte kann ich mich an keinen Menschen erinnern, der, aus dem Dunkel der bäuerlichen Gesellschaft stammend, nicht nur eine erfolgreiche Sozialrevolution anführte, sondern auch ihre Geschichte schrieb, die Strategie ihres militärischen Sieges entwarf, eine ideologische Doktrin formulierte, die das traditionelle Denken Chinas umformte, und dann die praktische Verwirklichung seiner Philosophie erlebte in einer neuen Form der Zivilisation, die auf die ganze Welt einwirkt."

Nach einem Augenblick des Nachdenkens sagte Mao, ich wisse ja, daß er sein Leben als Grundschullehrer begonnen habe. Damals habe er nicht ans Kriegführen gedacht. Noch habe er daran gedacht, Kommunist zu werden. Damals sei er mehr oder weniger eine demokratische Persönlichkeit gewesen wie ich selbst. Später – er frage sich manchmal selbst, durch welche Kombination von Gründen – habe er sich für die Gründung der Kommunistischen Partei Chinas interessiert. Jedenfalls bewegten sich die Ereignisse nicht in Übereinstimmung mit den Wünschen des Individuums. Was zählte, sei, daß China durch Imperialismus, Feudalismus und bürokratischen Kapitalismus unterdrückt worden war. Das seien die Tatsachen . . .

,,Die jungen Menschen, die Ihren Vorlesungen 1937 zuhörten, lernten später die Revolution durch die Praxis, aber was kann diese Praxis für die Jugend in China heute ersetzen?"

Natürlich hätten die Jugendlichen unter 20 in China niemals einen Krieg gekämpft, nie einen Imperialisten gesehen und nie den Kapitalismus an der Macht erlebt. Sie wüßten nichts über die alte Gesellschaft aus erster Hand. Die Eltern könnten ihnen etwas darüber erzählen, aber von Geschichte zu hören und sie aus Büchern zu lesen sei etwas anderes als sie zu erleben.

,,Der Mensch macht seine eigene Geschichte, aber er macht sie in Übereinstimmung mit seiner Umwelt. Sie haben die Umwelt in China grundlegend verändert. Was wird die unter leichteren Bedingungen aufgewachsene jüngere Generation tun?"

Er könne es auch nicht wissen, sagte er. Er zweifle daran, ob irgend jemand sicher sein könne. Es gäbe zwei Möglichkeiten. Es könnte eine kontinuierliche Entwicklung der Revolution zum Kommunismus geben. Die andere Möglichkeit sei, daß die Jugend die Revolution verleugne und schlechte Dinge tue *(gan huai schih)*: Ihren Frieden mit dem Imperialismus mache, die Überreste der Tschiang-Kai-schek-Clique aufs Festland zurückhole und sich hinter dem kleinen Prozentsatz von Konterrevolutionären zusammenschare, den es im Land immer noch gäbe. Ich fragte ihn nach seiner Meinung. Natürlich hoffe er nicht, daß es eine Konterrevolution gäbe, aber zukünftiges Geschehen werde von zukünftigen Generationen bestimmt, und Bedingungen gemäß, die wir nicht vorhersehen können. Auf lange Sicht sollten zukünftige Generationen eher einsichtiger sein als wir, ebenso wie die Menschen der bürgerlich-demokratischen Ära klüger waren als die der Feudalära. Ihre Urteile würden den Ausschlag geben, nicht unsere. Die Jugend von heute und die künftige Jugend würden das Werk der Revolution in Übereinstimmung mit ihren eigenen Wertvorstellungen vollenden.

Maos Stimme wurde leiser, und er schloß seine Augen halb. Das Leben des Menschen auf dieser Erde ändere sich immer rascher. Tausend Jahre später würden wahrscheinlich sogar Marx, Engels und Lenin ziemlich lächerlich wirken.

Bevor ich mich erhob, um mich zu verabschieden, übermittelte der Vorsitzende dem amerikanischen Volk seine Grüße und sagte einfach, er wünsche ihnen Fortschritt. Wenn er ihnen Befreiung wünsche, würde das nicht einigen Leuten mißfallen? Würden sie nicht sagen, daß sie schon das Stimmrecht besaßen? Aber denjenigen unter ihnen, die nicht wirklich frei seien und die sich nach Freiheit sehnten, denen wünsche er sein Bestes.

Mao Tse-tung begleitete mich zur Tür und trotz meiner Proteste auch zum Wagen, wo er einen Augenblick stehenblieb, ohne Mantel in der eisigen Pekinger Nacht, um sich winkend von mir zu verabschieden in der traditionellen Höflichkeit dieser uralten Kulturstadt. Ich sah keine Wachen am Eingang, noch kann ich mich erinnern, an diesem ganzen Abend auch nur einen bewaffneten Wächter in unserer Umgebung gesehen zu haben. Zwei oder drei einfach gekleidete junge Frauen waren ein- und ausgegangen und manchmal im Hintergrund stehengeblieben, als seien sie Ordonnanzen. Konnten sie Maos Töchter gewesen sein? Eine hielt seinen Arm, als er aufstand.

Mao schüttelte mir die Hand und gab mir eine Warnung mit auf den Weg, auf mich aufzupassen, wobei er eine chinesische Lebensweisheit zitierte: „Unvorhersehbare Stürme und Mißgeschicke liegen in der Luft!"

Als der Wagen anfuhr, schaute ich zurück und sah Mao die Schultern heben und in die Große Halle des Volkes zurückkehren.

Gespräche mit Tschou En-lai
Oktober und Dezember 1964:
Interview mit Ministerpräsident
Tschou En-lai

In zwei Interviews mit Ministerpräsident Tschou En-lai erhielt ich einige Daten und Schätzungen über die landwirtschaftliche und industrielle Produktion Chinas im Jahre 1964, die seit vier Jahren die erste offiziell zugängliche Information dieser Art darstellten. Sie legten die Annahme nahe, daß China ein annehmbares Niveau in der Lebensmittelproduktion und in einigen ausgewählten Industriezweigen erreicht hatte und daß es dem chinesischen Volk gelungen war, die Rückschläge der Jahre 1959–1961 mit ihren aufeinanderfolgenden Mißernten und dem totalen Rückzug der sowjetischen Hilfe annähernd zu überwinden. Der Ministerpräsident vermied vorsichtig jeden übertriebenen Optimismus, in Übereinstimmung mit der allgemein hier verbreiteten Ansicht, daß China noch ein oder zwei weitere Rekordernten benötige, um die Schwelle zu einer Zeit relativen Wohlstands sicher zu überschreiten.

Tschou En-lai empfing mich zweimal in seinem Wohnsitz, der sich im Regierungsviertel innerhalb der ehemaligen Verbotenen Stadt befindet. Unsere Gespräche dauerten insgesamt vier Stunden. Er sah gesund aus und lachte über Gerüchte, die von einer „ernsthaften Erkrankung" sprachen. Trotz seiner 66 Jahre zeigte sein Haar nur wenige graue Strähnen. Der bodenständige Realismus in einigen seiner Bemerkungen zeigte deutlich seine Abneigung gegen Abenteurertum und gewagte Experimente, aber auch die tiefe Einsicht, daß China noch Jahrzehnte der Arbeit, weit über seine eigene Lebenszeit hinaus, benötige, um zu einer modernen Nation zu werden. Einige seiner Ausführungen waren vertraulichen Charakters, aber in den meisten Fällen war er damit einverstanden, daß er in indirekter oder direkter Rede zitiert werde.

In seiner Darstellung der auswärtigen Beziehungen konnte der Ministerpräsident keine Hoffnungen auf ein baldiges Nachlassen der Spannungen mit den USA machen. Er sagte, die (mögliche) Anerkennung einer unabhängigen Regierung auf Taiwan würde eine solche Hoffnung auf viele Jahre hinaus zunichte machen. Sollten sich die Vereinten Nationen entsprechend verhalten, werde China jeden zukünftigen Kontakt mit dieser Körperschaft ablehnen. Er beglückwünschte General De Gaulle zu seiner „Rettung" Frankreichs und besonders zu seiner Politik finanzieller Unabhängigkeit. In zehn Punkten größerer Meinungsverschiedenheiten mit Chruschtschows UdSSR sah er immerhin einen Lichtblick: Chruschtschows Absetzung. China war kompromißlos gegen eine Teilnahme der UdSSR an der kommenden Afro-asiatischen Konferenz und ebenso konsequent gegen eine internationale Konferenz der kommunistischen Parteien, wie sie nach Chruschtschow jetzt auch von den neuen Machthabern in der UdSSR gefordert wurde.

Ministerpräsident Tschou führte aus, daß die vorläufigen Berichte über die Getreideernte von 1964 zum Jahresende noch um etwa zehn Prozent unvollständig seien, aber er schätzte sie vorsichtig auf etwa 200 Millionen Tonnen ein. Diese Zahl stütze sich auf die tatsächlichen Verkäufe durch die Kommunen und auf die Steuerabgaben an die Regierung. Andere Schätzungen, die auf Durchschnittswerten aus „Stichprobenerhebungen" beruhten (typische Erträge unter verschiedenen Bedingungen werden festgestellt und hochgerechnet), wurden, so der Ministerpräsident, von den Statistikern bevorzugt. Solche auf Stichproben fußende Schätzungen zeigten einen Anstieg von 14 bis 15 Prozent gegenüber der Ernte von 1963. (Auf dieser Basis würde die Ernte etwa 210 Millionen Tonnen betragen – vielleicht die höchste in der Geschichte Chinas –, aber offizielle Stellen in China vermieden solche optimistischen Schätzungen vorsichtig und warteten lieber die Endergebnisse ab.)

Die Baumwollernte von 1964 zeigte über weite Gebiete einen Anstieg von 40 bis 50 Prozent, sagte der Ministerpräsident. (Er gab keine Schätzung für das gesamte Anbaugebiet, aber es besteht Grund zu der Annahme, daß sich der allgemeine Ertragsanstieg auf nicht weniger als 15 Prozent gegenüber der Ernte von 1963 beläuft und einen neuen Rekord darstellt.)

Als Gründe für die Verbesserung der landwirtschaftlichen Erträge wurden der Ausbau der Bewässerungsanlagen und der Elektrifizierung auf dem Lande, der erhöhte Gebrauch von künstlichem Dünger und die im allgemeinen günstigen Wetterbedingungen angegeben. (In einem anderen Interview mit dem Stellvertretenden Landwirtschaftsminister Wu Dschen erfuhr ich, daß die Produktion von künstlichem Dünger 1964 auf sieben Millionen Tonnen gestiegen sei. Diese Zahl war etwa doppelt so hoch wie die Schätzungen ausländischer Spezialisten in Hongkong.)

Die Stahlproduktion lag quantitativ immer noch „ein bißchen unter den vergangenen Rekorden", hatte sich aber gegenüber 1963 allgemein um 20 Prozent gesteigert. Der Ministerpräsident versicherte, daß die erheblich verbesserte Qualität und das breitere Angebot bei den meisten Industrieprodukten China eine ausgewogenere und moderne Industriewirtschaft sicherten. (Die früheren Zahlen waren zum Teil durch die Produktion von in „Hinterhof-Schmelzöfen" in kleinem Maßstab erzeugtem Eisen und Stahl aufgeschwemmt. Man war von diesen Methoden jetzt in weitem Umfang wieder abgekommen. Ausländische Beobachter in Peking schätzten die industrielle Stahlerzeugung in China auf 13 bis 15 Millionen Tonnen.)

Auf einigen alten und neuen Gebieten waren sowohl quantitative wie auch qualitative Fortschritte erzielt worden. Der Ministerpräsident erwähnte Petroleum; hier hatte China die „Eigenversorgung" inzwischen erreicht, hauptsächlich durch die Erschließung der reichen Ölfelder in Datjing. Für 1965 sagte er eine Petroleumausbeute von zehn Millionen Tonnen voraus. China stellte jetzt zahlreiche Typen moderner Treibstoffe her. Als Antwort auf meine Frage, ob ich mit meiner schon 1962 getroffenen Feststellung, China stelle jetzt auch selbst Düsentriebwerke und Düsenflugzeuge her, das Richtige getroffen habe, bestätigte der Ministerpräsident, dies sei tatsächlich der Fall. Während der letzten Jahre habe sich auch hier die Qualität wesentlich verbessert. Im Zuge der Bemühungen der Regierung, den Lebensstandard des Volkes zu erhöhen, betonte der Ministerpräsident, würden nun systematische und ausgedehnte Anstrengungen unternommen, Familienplanung und Geburtenkontrolle zu propagieren. Die Propagandakampagne werde intensiv geführt, breite sich aber nur langsam in den ländlichen Gebieten aus. (Alle modernen und praktikablen Methoden der Geburtenkontrolle wurden befürwortet und angewandt – einschließlich der Schwangerschaftsunterbrechung auf Wunsch.) Der Ministerpräsident definierte es als Ziel der chinesischen Regierung, die Geburtenrate allmählich bis auf das in Japan erreichte Niveau zu senken.

Auf dem Gebiet der Kernenergie werde China „auf keinen Fall 100 Bombentestexplosionen durchführen wie in den USA"; dies hielt Ministerpräsident Tschou auch für ganz unnötig. Trotzdem werde die weitere Entwicklung von Kernwaffen – wahrscheinlich der Wasserstoffbombe – in China „auf keinen Fall langsamer verlaufen als die der industriell fortgeschrittenen Länder". Der Ministerpräsident führte aus, daß Chinas einseitige Verpflichtung, Kernbomben nicht als erster zu benutzen, ausdrücklich die Benutzung auch von Kernwaffen mit geringer Reichweite oder taktische Kernwaffen ausschließe. Gleichzeitig werde China auch weiterhin die totale Vernichtung aller Kernwaffen fordern.

Nach Pekings Ansicht über eine Lösung der Südvietnam-Frage sollte das Genfer Abkommen von 1954 für ein friedliches und geeintes Vietnam durchgeführt werden. Der Ministerpräsident unterstrich, daß die Sicherung des Rückzugs der US-Truppen aus Südvietnam das Hauptproblem darstelle; „dann kann das Volk dort seine internen Probleme selbst regeln."

Tschou En-lai bestritt, daß Grenzstreitigkeiten die Hauptursache der Spannungen zwischen China und der UdSSR seien. Er gab jedoch zu, daß die ideologischen Differenzen die Politik auf vielen Gebieten beeinträchtigten. Er gab seiner tiefen Befriedigung darüber Ausdruck, daß China zu Anfang 1965 seine gesamten Schulden an die UdSSR zurückgezahlt haben werde. In Zukunft werde China keine Auslandskredite mehr akzeptieren. Auch die inneren Anleihen werde China vor 1968 zurückgezahlt haben. (Früher wickelte China 80 Prozent seines Außenhandels mit dem Ostblock ab; aber 1964 handelte China mit 125 Ländern und Gebieten, und über 70 Prozent des Außenhandels wurde mit anderen Ländern als der UdSSR getätigt.)

Unsere Interviews begannen mit Fragen über die Landwirtschaft. Nach einer Diskussion der Ernteerträge stellte ich die Frage, warum China bei so günstigen Ernteaussichten fortfahre, Getreide im Ausland zu kaufen. Der Ministerpräsident erklärte, daß derartige Käufe vor zwei oder drei Jahren tatsächlich getätigt wurden, um Bedarfslücken zu schließen, daß aber die Käufe zum gegenwärtigen Zeitpunkt reine Handelsgeschäfte seien. China profitiere davon, daß es Reis in „viele Länder" exportiere – zum Beispiel Ceylon, Kuba und Indonesien – und statt dessen billigen Weizen zum Verbrauch im Inland importiere. Dieser Weizen werde in den Städten verkauft, was die Kommunen instand setze, mehr Reis als Reserve im Innern zurückzuhalten. Diese Politik werde man auch weiterhin verfolgen.

In der Diskussion im Ausland spielte die Frage eine Rolle, in welchem Ausmaß die „Erholung" durch die Ausdehnung privater Parzellen, also durch materiellen Anreiz forciert worden war. Auf meine Frage, ob es zutreffe, daß nicht weniger als ein Fünftel der Gesamternte aus dieser Quelle stamme, antwortete der Ministerpräsident, der Anteil privater Parzellen betrage nicht mehr als sieben Prozent des gesamten bebauten Landes, und eine Ausdehnung über zehn Prozent hinaus werde keinesfalls erlaubt. Die Gesamterträge der privaten Parzellen seien schwer festzustellen; oft würden sie nicht gemeldet. Sie bildeten teilweise jene zehn Prozent, die nach den Stichprobenerhebungen der Statistiker von den staatlichen Schätzungen der Ernte für 1964 abgezogen worden seien. Sicher ergäben viele private Parzellen bessere Erträge als das Kollektivland. Die Bauern kümmerten sich in ihrer Freizeit intensiv um diese Parzellen und benutzten den Dünger von ihren Schweinen und aus anderen Quellen dazu, die Erträge zu steigern.

Die Unterhaltung ging weiter.

Frage: „Wird durchschnittlich mehr Dünger auf den privaten Parzellen verbraucht als auf dem Kollektivland?"

Ministerpräsident Tschou: „Die Bauern verkaufen einen Teil ihres Schweinedüngers an die Kommune, um etwas Bargeld in die Hand zu bekommen. Aber meist brauchen sie ihn selbst (für ihre privaten Parzellen).

Zur Zeit läuft das Theaterstück *Dünger aufs Feld schicken*. Aber es ist nicht möglich, daß sich jedermann verhält wie die in diesem Stück beschriebenen fortgeschrittenen Kommunemitglieder. Sonst wäre es nicht nötig gewesen, dieses Stück auf die Bühne zu bringen. Wer Augen hat, zu sehen, der weiß, daß das (an gesellschaftlicher Haltung), was ein solches Stück fordert, genau die Dinge sind, die zu tun einigen Leuten noch ziemlich schwerfällt. Das Stück bringt exemplarisches Verhalten auf die Bühne, um es den weniger Fortgeschrittenen zu ermöglichen, aufzuholen. Die Bemerkungen der westlichen Journalisten sind deshalb völlig überflüssig. Wir geben selbst zu, daß bei uns nicht alles fortschrittlich ist. Wir empfehlen fortgeschrittenes Verhalten, um Beispiele zu setzen, die andere befolgen sollen.

Wer nach China kommt, um die Tatsachen herauszufinden, braucht nicht nach Inside-Informationen zu jagen. Man kann unsere Probleme auf der Bühne oder in der Presse studieren. Natürlich kann das, was auf der Bühne oder in der Presse gefordert wird, auch falsch sein, aber der allgemeine Trend läßt sich doch beurteilen. Wenn wir das Gute ermuntern und das Schlechte kritisieren, so bedeutet das, daß es natürlich Schlechtes gibt und das Gute noch nicht vollkommen ist. Und wenn alles gut wird, dann werden wir bestimmt das Bessere als Beispiel hinstellen.

Zum Beispiel propagieren wir zur Zeit das Beispiel der Dadschai-Produktionsbrigade. Diese Brigade arbeitet im Taihang-Gebirge [in der Provinz Schansi] und in einem Gebiet, das ganz und gar aus kahlen, unfruchtbaren Hängen besteht. Aber genau dort haben Menschen, ganz auf ihre eigenen Kräfte gestellt, über mehr als zehn Jahre die gesamten Hänge in Terrassenfelder verwandelt, die Produktion entwickelt und aus einem armen Tal ein reiches Tal gemacht.

Während der letzten elf Jahre hat diese Brigade nur einmal Geld vom Staat geliehen und es im folgenden Jahr zurückgezahlt.

Einige große Wasserspeicherungsprojekte [in Schansi] sind zwar im Bau, aber die in Dadschai sind alleine von den Bewohnern gebaut worden. In den letzten elf Jahren hat jeder Haushalt in Dadschai [durch das Kollektiv] durchschnittlich jährlich eine Tonne Getreide an den Staat verkauft. Das ist wirklich großartig. Der in diesem Jahr verkaufte Betrag hat diese Zahl sogar erheblich überschritten. Dadschai ist natürlich ein recht gutes Beispiel; aber solche Beispiele kann man in allen Provinzen Chinas finden. China hat eine Landbevölkerung von insgesamt mehr als 120 Millionen Haushaltungen. Wenn die von jedem Haushalt [in ganz China] durch die Kommune oder Produktionsbrigade verkaufte Getreidemenge plötzlich auf durchschnittlich eine Tonne stiege, wären das über 120 Millionen Tonnen im Jahr. Das ist natürlich im Augenblick nicht zu verwirklichen, aber wir müssen den Geist von Dadschai propagieren, und für die Zukunft ist das durchaus eine reale Möglichkeit."

Nach Abzug der Steuern und der obligatorischen Getreideverkäufe an den Staat behalten die Kommunen etwa 60 Prozent ihrer Erträge. Ablieferungen an den Staat in Höhe von 120 Millionen Tonnen würden eine Ernte von über 300 Millionen Tonnen erfordern – und China zu den Spitzenexporteuren von Getreide in der Welt machen.

Dadschai hatte 1964 83 Haushalte, durchschnittlich 4,3 Personen pro Haushalt. Für Demographen könnten diese Zahlen interessantes Material für Spekulationen über die unbekannte „Gesamtbevölkerungszahl" und die bisher nicht bekanntgegebenen Ergebnisse der Volkszählung von 1964 sein.

Frage: „Entsprechend dem chinesischen Fünfjahresplan [von 1957] sollte China 1973 die Industrieproduktion Großbritanniens erreichen. Warum hört man diese Parole heute nicht mehr?"

Der Ministerpräsident: „Großbritannien einzuholen ist nicht mehr das Zentrum unserer Aufmerksamkeit. Als die Sowjetunion sich 1957 das Ziel setzte, die Bruttoproduktion der Vereinigten Staaten zu übertreffen, setzten wir uns das Ziel, Großbritannien zu übertreffen. Nachdem wir in all diesen Jahren des Aufbaus auf dem schwierigen Weg des Sich-auf-die-eigene-Kraft-Verlassens eine Menge Erfahrung gesammelt haben, haben wir begriffen, daß dies nicht unser Hauptziel sein sollte. Die Modernisierung unserer Industrie kann nicht allein durch die quantitative Steigerung in der Produktion einiger weniger Posten verwirklicht werden. Nehmen wir zum Beispiel Erdöl. Großbritannien produziert praktisch kein Petroleum, und so könnten wir es in diesem Punkt auf einen Schlag übertreffen, wenn Zahlen auf diesem Gebiet ein Maßstab wären. Aber das wäre ein sehr niedrig gestecktes Ziel, und wie könnten wir nach seiner Erreichung sagen, jetzt hätten wir Großbritannien überholt? Betrachten wir doch einmal, was für uns ein hohes Ziel sein könnte. Nach einer Spanne von mehreren hundert Jahren ist Großbritannien ein modernes Industrieland geworden, in dem Elektrizität in großem Umfang verbraucht wird. Es ist eine Notwendigkeit nicht nur für die Industrie geworden, sondern auch für den Verbraucher. Was für Krisen auch in der kapitalistischen Wirtschaft Großbritanniens kommen mögen – die Stahl- und Kohleproduktion würde dadurch fallen –, so würde doch die Produktion von Elektrizität nicht nennenswert fallen, weil die Produktionskosten durch die anhaltende Nachfrage der Privatkonsumenten gedeckt werden könnten. [Beständige Nachfrage nach nichtindustriellen Gütern garantiert einen gewissen Grundabsatz] 1964 wurde im ländlichen China 22mal mehr Elektrizität hergestellt als 1957, aber China würde eine sehr lange Zeit benötigen, um Großbritannien im Pro-Kopf-Verbrauch von Elektrizität zu überrunden. Je nach den unterschiedlichen Bedingungen in den verschiedenen Ländern [bestehen auch Unterschiede] in der Quantität der verschiedenen von einem Land benötigten Industrieprodukte; das eine Land wird mehr von diesem Produkt benötigen, das andere mehr von jenem. Unsere Wirtschaft ist die Planwirtschaft, die britische eine kapitalistische Wirtschaft. Sie sind ihrer Natur nach verschieden. Es ist wichtig, das Niveau und die Technologie unserer Wirtschaft als ein Ganzes zu betrachten."

Frage: „Können Sie mir sagen, wie hoch Sie die Gesamtbevölkerung Chinas derzeit einschätzen? Ich habe überzeugende Beweise dafür gesehen und gehört, daß die chinesische Familien-

planungspolitik sich ernsthaft darum bemüht, das Bevölkerungswachstum in Grenzen zu halten. Wann, glauben Sie, wird der
jährliche Bevölkerungszuwachs unter die Zwei-Prozent-Rate fallen?"
Der Ministerpräsident: „Familienplanung ist der erste Schritt zu
unserem Ziel. In einigen Städten macht sie gute Fortschritte,
aber auf dem Land kann man nicht erwarten, daß diese Arbeit
sofort Früchte trägt. Die Sterblichkeit fällt rascher als die Geburtenrate. Die Alten leben länger und die Säuglingssterblichkeit ist
noch niedriger. Das liegt daran, daß sich die zur Verfügung
stehenden Mittel zur Sicherung des Existenzminimums verbessert haben. Wir können freilich nicht sagen, daß das chinesische
Volk schon im Wohlstand lebt. Aber wie Sie sehr genau wissen,
sind seine Lebensbedingungen wesentlich besser als im alten
China. Der Lebensstandard im heutigen China ist natürlich
niedriger als der der USA. Aber dafür haben wir auch keine fünf
Millionen Arbeitslose. Das Leben der arbeitslosen Familien in
den USA ist sehr bitter, während andere einen viel höheren
Lebensstandard haben als die Chinesen. In China gibt es keine
großen Unterschiede im Lebensstandard; deshalb ist die Sterblichkeit sehr niedrig.
Wir ermutigen die Familienplanung. Die Arbeit auf diesem
Gebiet hat in den Städten recht gute Ergebnisse gebracht, besonders in Schulen, Fabriken und Behörden, wo die jungen
Leute die Vorteile einer späten Eheschließung einsehen und
bereit sind, nach der Heirat Familienplanung zu praktizieren.
Familienplanung ist durchführbar, aber sie braucht eine geeignete Publizität und Erziehungsarbeit, und sie braucht Zeit. Sie
wäre sehr erfolgreich, wenn der Nettozuwachs der chinesischen
Bevölkerung innerhalb dieses Jahrhunderts auf unter ein Prozent
sinken würde."
Frage: „Sehen Sie irgendeine Möglichkeit, die chinesisch-amerikanischen Beziehungen zu verbessern? Hielten Sie es für nützlich, wenn es einen Austausch von Wissenschaftlern und Gelehr-
ten gäbe?"
Der Ministerpräsident: „Um die Beziehungen zwischen China
und den USA zu verbessern, müssen wir mit Prinzipienfragen

beginnen, nicht mit Nebenfragen. Bei den Botschaftergesprächen zwischen China und den USA in Warschau legen wir immer wieder die folgenden beiden Punkte vor: Der eine besagt, daß eine Übereinkunft zwischen China und den Vereinigten Staaten über die friedliche Koexistenz auf der Basis der Fünf Prinzipien erzielt werden muß. Der andere besagt, daß die USA alle bewaffneten Streitkräfte aus Taiwan und der Taiwanstraße zurückziehen müssen. Sobald eine Übereinkunft in diesen beiden Grundsatzfragen erreicht werden kann, werden andere Fragen rasch gelöst werden. Andererseits wird die bloße Behandlung von Nebenfragen uns der Lösung des Hauptproblems nicht näherbringen.

Die Gespräche in Warschau dauern nun schon über neun Jahre an, und bislang haben sich die USA stets geweigert, diesen beiden Grundstäzen zuzustimmen. Die Vereinigten Staaten verhalten sich ähnlich wie andere, indem sie sagen, sie seien für die friedliche Koexistenz; aber wenn China sie fordert, lehnen die USA ab. Beweist dies nicht, daß die Worte der amerikanischen Regierung heuchlerisch sind? Was die Frage des Besuchs einiger Personen in China anlangt, so ist auf diesem Gebiet zur Zeit auch keine Übereinkunft möglich. Diejenigen, die wir hier gerne sehen würden, läßt die amerikanische Regierung nicht einreisen, während diejenigen, die sie nach China schicken möchte, bei uns nicht willkommen sind. In einem Wort: Solange die Grundsatzfragen nicht geklärt sind, sind wir sogar in kleinen Fragen auf dem toten Gleis. Vielleicht sind Sie eine Ausnahme. Wir heißen Sie willkommen, und trotzdem hat das amerikanische Außenministerium Ihnen erlaubt zu kommen."

(Ich schob eine Frage ein über die Auswirkungen eines in der Diskussion befindlichen Plans, eine „Unabhängige Republik Taiwan" zu schaffen.)

„Gegenwärtig erhebt die Tschiang-Kai-schek-Clique auf Taiwan den Anspruch, ganz China zu vertreten. Natürlich kann kein chinesischer Patriot dem zustimmen. Aber wenn es wirklich jemanden in Taiwan gibt, der so korrumpiert ist, diesen Wink der Vereinigten Staaten willig zu befolgen und den Bedürfnissen der amerikanischen Regierung zu willfahren, indem er Taiwan zu einer unabhängigen politischen Einheit erklärt, und, gestützt auf die Mehrheit in den Vereinten Nationen, die von der amerikanischen Regierung manipuliert und erpreßt wird, weiterhin Chinas rechtmäßigen Sitz in den Vereinten Nationen usurpiert, dann sage ich Ihnen ganz offen, daß es nicht nur unmöglich sein wird, die chinesisch-amerikanischen Beziehungen zu verbessern und wiederherzustellen, sondern darüber hinaus wir auch nichts mit den Vereinten Nationen zu tun haben möchten. Sollte eine derartige Situation entstehen, wäre die Konfrontation zwischen China und den USA nicht mehr eine Frage von einigen Jahren; sie würde von sehr langer Dauer sein, wir könnten nicht sagen, wie viele Jahre. So wird es bleiben, bis der Tag kommt – und ich glaube, er wird kommen – wo die USA selbst nicht mehr auf diesem Wege weitergehen können und diese Politik aufgeben."

Frage: „Auch die japanische Regierung Sato scheint bereit, einen amerikanischen Alternativplan für ein unabhängiges Taiwan zu unterstützen. Denken Sie, daß dies der Preis ist, den Ministerpräsident Sato bereit sein könnte für die Rückgabe Okinawas zu zahlen?"

Der Ministerpräsident: „Es besteht keine direkte Beziehung zwischen diesen beiden Fragen. Wenn Japan Okinawa wiedergewinnen könnte, wären seine Vorstellungen sicher ganz verschieden von denen der USA. Ein solches Japan wäre nicht länger das Japan von heute. Gegenwärtig folgt es der amerikanischen Regierung, indem es ‚Zwei Chinas‘ oder ‚Ein China, ein Taiwan‘ fordert oder nur Taiwan anerkennt. Das heißt, im Schlepptau der amerikanischen Politik segeln und für sie die Trommel rühren, und dies zeigt, daß Japan weder den Willen noch die Kraft besitzt, Okinawa wiederzugewinnen." Frage: „China befürwortet die Einberufung einer Konferenz der Signaturstaaten des Genfer Abkommens von 1954, um den Krieg in Südvietnam zu beenden. Wären China und die Demokratische Republik Vietnam bereit, General de Gaulles Vorschlag für internationale Garantien für die Unabhängigkeit und Neutralisierung Vietnams zu diskutieren?"

Der Ministerpräsident: „Wir halten daran fest, daß ein friedliches und geeintes Vietnam in Verfolgung der Bestimmungen des Genfer Abkommens von 1954 verwirklicht werden sollte und daß seine Gesellschaftsordnung den Wünschen seiner Bevölkerung entsprechen muß. Die Südvietnamfrage ist nicht die nach der sofortigen Einberufung einer Konferenz. Zunächst und zuvörderst müssen die amerikanischen Truppen aus Vietnam zurückgezogen werden, damit das südvietnamesische Volk seine inneren Probleme selbst regeln kann. Was die Fragen der Respektierung von Friede, Neutralität und Unabhängigkeit von Laos und Kambodscha anlangt, so sollte die Genfer Konferenz unverzüglich zusammentreten, um sie zu diskutieren."

Frage: „Nach im Ausland veröffentlichten Berichten war die chinesische Bombe wesentlich ,höher entwickelt', als amerikanische Experten angenommen hatten. Was bedeutet das konkret?"

Der Ministerpräsident: „Amerikanische Experten schlossen aus den gesammelten Daten, daß das technische Niveau der Atombombe, die wir zur Explosion brachten, über dem der ersten Atombombenversuche der USA, Großbritanniens und Frankreichs liege. Zu diesem Thema wissen die amerikanischen Experten mehr als Sie und vielleicht auch mehr als ich. Wir sind beide keine Experten." Frage: „Das Anhäufen von Nuklearwaffen scheint ebenso kindisch zu sein wie Knabenkämpfe mit hölzernen Soldaten, da diese Waffen nicht wirklich gebraucht werden können. Und jedesmal, wenn mit ihnen lauthals gedroht wird, kommt es einem vor wie eine neue Partie Russisch Roulette. Dann sieht die Sache recht gefährlich aus, nicht wahr?"

Der Ministerpräsident: „Nicht so gefährlich. Warum haben Sie solche Angst? Seit dem Zweiten Weltkrieg sind fast 20 Jahre vergangen."

Frage: „Auch zwischen dem Ersten und dem Zweiten Weltkrieg sind 20 Jahre vergangen."

Der Ministerpräsident: „Wir sind keine Fatalisten. Wir sehen die Dinge vom dialektischen Standpunkt aus. Eine Anzahl von Ländern ist in den Besitz von Kernwaffen gelangt, keines wagt es jetzt, sie zu benutzen. Warum hätte sonst [General Maxwell] Taylor die ,Besondere Kriegsführung' erfunden? Interessant ist, daß er jetzt Experimente mit seiner Erfindung macht. Unsere

Kader in China gehen [in regelmäßigen Abständen] zu den Einheiten an der Basis auf dem Land draußen, um Erfahrungen aus erster Hand zu gewinnen, und genauso macht es Taylor jetzt [in Vietnam]. Aber für ihn ist es eine bittere Erfahrung."

Der Ministerpräsident ließ sich ausführlich über die Erfolge des Partisanenkriegs in Vietnam aus und erwähnte anschließend den Aufstieg Frankreichs, seit es sich aus Vietnam und Algerien zurückgezogen habe und zu einer Macht geworden sei, die sogar den amerikanischen Dollar herausfordern könne.

Er fuhr fort: „Warum kann de Gaulle so stolz sein? Weil er den Kolonialkrieg in Algerien beendet hat. Oberflächlich betrachtet hat er sein Gesicht verloren, als er 800 000 Mann Truppen und eine Million Zivilisten zurückzog und die völlige Unabhängigkeit Algeriens anerkannte, aber in Wirklichkeit bewahrte er Frankreich vor einer Wirtschaftskrise. Könnten die USA einen Präsidenten hervorbringen, der alle amerikanischen Truppen, die überall in der Welt stationiert sind, zurückziehen und die weltpolitische Konzeption der Vereinigten Staaten völlig verändern würde?"

Der Ministerpräsident sprach über die Zukunft des Landes und die schweren Aufgaben, die noch vor China lagen, und beschwor die dramatischen Gegensätze in der Wirtschaft – eine gigantische Stahlpresse mit einer Kapazität von 16 000 Tonnen, die keinen Vergleich mit anderen in der Welt zu scheuen braucht, aber der Transport ist auf gummibereifte Handwagen angewiesen; feinste Präzisionsinstrumente und Schiffe mit Dieselantrieb in Koexistenz mit den Sampans der Bauern und ihren Öllämpchen. Es werde „noch eine ganze Weile dauern, bis China eine moderne Nation wird." Er schloß:

„In Schanghai sind die Schiffe zum Laden und Befördern des Düngers besonders schäbig. In Nordkiangsu kann man noch Rückständigeres finden. Beispielsweise im Dschidung-Kreis an der Küste, südöstlich von Nandung, wo praktisch alle Felder bewässert sind, gibt es nicht einmal Ochsen, geschweige denn landwirtschaftliche Maschinen. Warum? Man braucht sie nicht. Jeder Bauer besitzt nur ein Mov Land oder etwas mehr. Und der Ertrag ist hoch: bei entkörnter Baumwolle über 50 Kilogramm pro Mov und bei Getreide etwa 500 Kilogramm pro Mov. Praktisch das gesamte Land ist wasserdurchtränkt und kann nur in manueller Arbeit bestellt werden. Kein Tiefpflügen ist notwendig. Ein dichtes Fluß- und Kanalnetz durchzieht das Gebiet, und der Dünger wird in ganz kleinen Booten oder mit Tragestangen befördert. Aber der Ertrag ist gut und die Leute dort unten sind recht gut dran. Wie kann man in solchen Gebieten mechanisieren? Das bleibt ein Thema für weitere Bemühungen.

Die Verhältnisse in China sind höchst kompliziert. Nehmen Sie zum Beispiel revolutionäre Kriege; wir haben eine ganze Menge gelernt, wir haben Tschiang Kai-schek besiegt und wir kämpfen gegen die USA. Das ist keine bloße Redensart; wir haben Blut dafür vergossen. Aber, um ehrlich zu sein, als Ministerpräsident habe ich Chinas wirtschaftlichen Aufbau, der seit 15 Jahren andauert, nicht vollends meistern können. Ich habe etwas gelernt, aber nicht sehr gut. Wir lernen alle. Die Gesetze, die die ökonomische Entwicklung steuern, sind außerordentlich kompliziert. Wir haben ein wenig Erfahrung gesammelt, aber wir müssen noch viel mehr Erfahrung sammeln. Einige der Gesetze haben wir verstanden, aber viele der Gesetze, die die wirtschaftliche Entwicklung steuern, verstehen wir noch nicht. Wir haben in den letzten Jahren eine ganze Reihe von Dingen richtig gemacht, aber wir haben auch einige Dinge falsch gemacht. Man muß sowohl positive wie negative Erfahrungen machen. So war es in den Kriegen der Vergangenheit. Manchmal haben wir eine Schlacht gewonnen und manchmal eine verloren, mehr als einmal; nur dadurch haben wir unsere Erfahrung bereichert und unsere Revolution zum Sieg geführt. Das gleiche gilt für den Aufbau. In unserer Sicht können wir nur dann Schwierigkeiten überwinden, wenn wir wagen, uns ihnen zu stellen, und nur wenn wir wagen, unsere Unzulänglichkeiten und Fehler zuzugeben, können wir sie berichtigen. So werden wir unaufhaltsam voranschreiten, indem wir immer wieder Schwierigkeiten überwinden und Unzulänglichkeiten und Fehler verbessern.

Wer mit solchen Dingen nicht vertraut ist, glaubt vielleicht, wir hätten immer nur alles richtig gemacht. Wie könnte das sein?

Andere neigen dazu, Fehler zu finden. Als sie Unzulänglichkeiten bei uns fanden, dachten sie, daß China in extremen wirtschaftlichen Schwierigkeiten sei. Jetzt, da die wirtschaftliche Situation in China sich zum Besseren gewandelt hat, sagen einige, alles sei in bester Ordnung. Sie zeichnen stets ein unrichtiges Bild von China. Was uns anbetrifft, wir haben den richtigen Weg gefunden. Und während wir diesen Weg gehen, werden sich uns Schwierigkeiten und Unzulänglichkeiten in den Weg stellen, wir werden beständig arbeiten müssen, sie im Voranschreiten zu überwinden, und wir müssen beständig unsere Erfahrungen und Lektionen auswerten, damit wir bessere Methoden finden, unsere Sache voranzubringen. Das gilt sowohl für den revolutionären Kampf wie auch für Produktion und Aufbau. Mit anderen Worten: Das gilt sowohl für den Klassenkampf wie auch für den Produktionskampf. Der Mensch zieht ständig Erfahrung aus der Praxis, macht andauernd Entdeckungen und Erfindungen und hört nicht auf, schöpferisch zu sein und voranzuschreiten."

Beschluß des Zentralkomitees der Kommunistischen Partei Chinas über die Große Proletarische Kulturrevolution

(Angenommen am 8. August 1966)

1. Ein neues Stadium in der sozialistischen Revolution

Die Große Proletarische Kulturrevolution, die sich jetzt entfaltet, ist eine große Revolution, die die Seele der Menschen erfaßt, und stellt in der Entwicklung der sozialistischen Revolution unseres Landes ein neues Stadium dar, das noch tiefer und weiter als das vorangegangene ist.

Auf der 10. Plenartagung des VIII. Zentralkomitees der Partei sagte Genosse Mao Tse-tung: Um eine politische Macht zu stürzen, ist es immer notwendig, vor allem die öffentliche Meinung zu schaffen und in der ideologischen Sphäre zu arbeiten. Das gilt für die revolutionäre Klasse genauso wie für die konterrevolutionäre. Diese These des Genossen Mao Tse-tung hat sich in der Praxis als völlig richtig erwiesen.

Obwohl die Bourgeoisie gestürzt worden ist, versucht sie immer noch, die alten Ideen, die alte Kultur, die alten Sitten und Gebräuche der Ausbeuterklassen zu verwenden, um die Massen zu korrumpieren, ihre Herzen zu gewinnen und eine Restauration mit allen Kräften herbeizuführen. Das Proletariat muß genau das Gegenteil tun: es muß jeder Herausforderung der Bourgeoisie auf ideologischem Gebiet hartnäckig begegnen und neue Ideen, eine neue Kultur, neue Sitten und Gebräuche des Proletariats anwenden, um das geistige Antlitz der gesamten Gesellschaft zu ändern. Gegenwärtig besteht unser Ziel darin, gegen Leute in Machtpositionen, die den kapitalistischen Weg gehen, zu kämpfen und ihnen einen vernichtenden Schlag zu versetzen, die reaktionären bürgerlichen akademischen „Autoritäten" und die Ideologie der Bourgeoisie und aller anderen Ausbeuterklassen zu kritisieren und zurückzuweisen sowie die

Erziehung, Literatur und Kunst und alle anderen Teile des Überbaus, die nicht der sozialistischen Wirtschaftsbasis entsprechen, umzuformen, damit die Konsolidierung und Entwicklung des sozialistischen System gefördert werden.

2. Die Hauptströmung und die Zickzackwege

Die Massen der Arbeiter, Bauern und Soldaten, der revolutionären Intellektuellen und Funktionäre bilden die Hauptkraft in dieser großen Kulturrevolution. Eine große Anzahl revolutionärer junger Leute, die vorher völlig unbekannt waren, sind zu mutigen und wagenden Bahnbrechern geworden. Sie sind energisch in der Tat und intelligent. Durch die Medien der Wandzeitungen mit großen Schriftzeichen und der großen Debatten bringen sie ihre Meinungen frei zum Ausdruck, entlarven und kritisieren sie die Dinge gründlich und greifen entschlossen die offenen und versteckten Vertreter der Bourgeoisie an. In solch einer großen revolutionären Bewegung ist es kaum vermeidbar, daß sie diese oder jene Mängel offenbart haben, aber ihre allgemeine revolutionäre Orientierung war von Anfang an richtig. Dies ist die Hauptströmung in der großen proletarischen Kulturrevolution. In dieser Hauptrichtung schreitet die große proletarische Kulturrevolution weiter fort.

Da die Kulturrevolution eine Revolution ist, stößt sie unvermeidlicherweise auf Widerstand. Dieser kommt hauptsächlich von jenen in Machtpositionen, die sich in die Partei eingeschlichen und den kapitalistischen Weg eingeschlagen haben. Er kommt auch von der alten Macht der Gewohnheit in der Gesellschaft. Gegenwärtig ist dieser Widerstand immer noch recht stark und hartnäckig. Aber letzten Endes ist die große proletarische Kulturrevolution eine unwiderstehliche Allgemeinentwicklung. Es gibt übergenug Beweise dafür, daß ein solcher Widerstand zusammenbrechen wird, wenn erst die Massen einmal richtig mobilisiert sind.

Da der Widerstand recht stark ist, wird es in diesem Kampf auch

Umkehrungen und sogar wiederholte Kehrtwendungen geben. Das ist nicht schlimm. Das stählt das Proletariat und andere Werktätige und vor allem die junge Generation, erteilt ihnen Lehren und gibt ihnen Erfahrung und hilft ihnen, zu verstehen, daß der Weg der Revolution in einem Zickzackkurs verläuft und nicht glatt und eben ist.

3. Über alles den Wagemut stellen und kühn die Massen mobilisieren

Der Ausgang dieser großen Kulturrevolution wird davon bestimmt sein, ob die Parteiführung es wagt oder nicht, kühn die Massen zu mobilisieren.

Gegenwärtig gibt es vier verschiedene Situationen zu unterscheiden, was die Führung der Bewegung der Kulturrevolution durch die Parteiorganisationen verschiedener Ebenen betrifft:

1. Die Situation, in welcher die verantwortlichen Personen der Parteiorganisationen an der Spitze der Bewegung stehen und es wagen, kühn die Massen zu mobilisieren. Für sie ist es am wichtigsten, wagemutig zu sein, sie sind furchtlose kommunistische Kämpfer und gute Schüler des Vorsitzenden Mao. Sie treten für die Wandzeitungen mit großen Schriftzeichen und für große Debatten ein. Sie ermutigen die Massen, jegliche finsteren Elemente zu entlarven und auch die Mängel und Irrtümer in der Arbeit der verantwortlichen Personen zu kritisieren. Diese richtige Art der Führung ist das Resultat dessen, daß man der proletarischen Politik den Vorrang zugewiesen und die Ideen Mao Tse-tungs an die Spitze gestellt hat.

2. In vielen Einheiten haben die verantwortlichen Personen ein sehr mangelhaftes Verständnis für die Aufgaben der Führung in diesem großen Kampf, ihre Führung ist weit davon entfernt, gewissenhaft und wirksam zu sein, und sie sind daher unfähig und in einer schwachen Position. Bei ihnen kommt vor allem die Angst, sie halten sich starr an veraltete Methoden und Regeln und sind nicht willens, die Konventionen der Praxis zu brechen

und Fortschritte zu machen. Die neue revolutionäre Ordnung der Massen hat sie überrascht mit dem Ergebnis, daß ihre Führung der Entwicklung und den Massen nachhinkt.

3. In manchen Einheiten sind die Verantwortlichen, die in der Vergangenheit diese oder jene Fehler begangen haben, noch eher geneigt, Angst über alles andere zu setzen, und sie fürchten, die Massen könnten ihre Fehler benützen, um sich gegen sie zu wenden. In der Tat, wenn sie ehrliche Selbstkritik üben und die Kritik der Massen annehmen, werden Partei und Massen Nachsicht mit ihren Fehlern haben. Tun sie dies aber nicht, werden sie weiterhin Fehler machen und schließlich zu Hindernissen auf dem Weg der Massenbewegung werden.

4. Manche Einheiten werden von jenen am Ruder kontrolliert, die sich in die Partei eingeschlichen und den kapitalistischen Weg beschritten haben. Solche Personen an der Macht sind äußerst ängstlich, von den Massen entlarvt zu werden, und suchen daher jeden möglichen Vorwand, um die Massenbewegung zu unterdrücken. Sie greifen zu Taktiken wie die Verschiebung der Angriffsziele und verwandeln Schwarz in Weiß im Versuch, die Bewegung auf Irrwege zu leiten. Wenn sie sich äußerst isoliert finden und nicht mehr so wie früher weiter können, treiben sie noch mehr Intrigen, greifen die Menschen hinterrücks an, verbreiten Gerüchte und verwischen den Unterschied zwischen Revolution und Konterrevolution, so gut sie können, das alles mit dem Ziel, die Revolutionäre anzugreifen.

Was das ZK der Partei von den Parteikomitees aller Ebenen verlangt, ist, daß sie an der richtigen Führung festhalten, vor allem wagen, kühn die Massen zu mobilisieren, den Zustand von Schwäche und Inkompetenz, wo solches existiert, ändern, jene Genossen ermutigen, die Fehler gemacht haben, aber willens sind, sie zu berichtigen, ihre geistigen Hindernisse beiseite zu werfen und sich dem Kampf anzuschließen, und all jene an der Macht von den leitenden Stellen entfernen, die sich auf den kapitalistischen Weg begeben haben, und so die Wiederergreifung der Führung durch proletarische Revolutionäre ermöglichen.

4. Laßt die Massen
sich in dieser Bewegung selbst erziehen

In der großen proletarischen Kulturrevolution können die Massen nur selbst sich befreien, und die Methode, in allem für sie zu handeln, darf nicht angewendet werden.

Vertraut den Massen, stützt euch auf sie und achtet ihre Initiative. Befreit euch von der Furcht. Habt keine Angst vor Unordnung. Vorsitzender Mao hat uns oft gesagt, daß Revolution nicht derart verfeinert, sanft, gemäßigt, gütig, höflich, zurückhaltend und großmütig sein kann. Laßt die Massen sich in dieser großen revolutionären Bewegung selbst erziehen und es lernen, zwischen richtig und falsch und zwischen korrekter und unkorrekter Handlungsweise zu unterscheiden. Macht den größtmöglichen Gebrauch von den Wandzeitungen mit großen Schriftzeichen und von großen Debatten, um die Dinge auszudiskutieren, so daß die Massen die korrekten Ansichten erklären, die irrigen kritisieren und alle finsteren Elemente entlarven können. So werden die Massen imstande sein, im Verlaufe des Kampfes ihr politisches Bewußtsein zu erhöhen, ihre Fähigkeiten und Talente zu fördern, zwischen Recht und Unrecht zu unterscheiden und zwischen dem Feind und uns eine deutliche Linie zu ziehen.

5. Führt entschlossen
die Klassenlinie der Partei durch

Wer sind unsere Feinde? Wer unsere Freunde? Das ist eine für die Revolution und auch für die große Kulturrevolution erstrangige Frage.

Die Parteiführung sollte es gut verstehen, die Linken zu entdekken, ihre Reihen zu entwickeln und zu verstärken, und sich fest auf die revolutionären Linken stützen. Während der Bewegung ist dies die einzige Möglichkeit, die reaktionärsten Rechten voll und ganz zu isolieren, die in der Mitte Stehenden zu gewinnen und sich mit der großen Mehrheit zu vereinen, so daß wir am

Ende der Bewegung die Einheit von mehr als 95 Prozent der Funktionäre und der Massen erreichen.

Konzentriert alle Kräfte, um gegen die Handvoll ultrareaktionärer bürgerlicher Rechtselemente und konterrevolutionärer Revisionisten loszuschlagen, um ihre Verbrechen gegen die Partei, den Sozialismus und die Ideen Mao Tse-tungs völlig aufzudecken und zu kritisieren und sie maximal zu isolieren.

Das Hauptangriffsziel der gegenwärtigen Bewegung sind jene innerhalb der Partei, die in Machtpositionen sind und den kapitalistischen Weg gehen.

Man muß Sorge dafür tragen, daß man zwischen den parteifeindlichen, antisozialistischen Rechtselementen und jenen, die Partei und Sozialismus unterstützen, aber etwas gesagt oder getan haben, was falsch war, oder schlechte Artikel oder Werke geschrieben haben, streng unterscheidet.

Man muß auch aufpassen, um streng zwischen den reaktionären bürgerlichen Despoten der Wissenschaft und den reaktionären „Autoritäten" einerseits und den Menschen mit gewöhnlichen bürgerlichen akademischen Ideen andererseits zu unterscheiden.

6. Richtige Lösung von Widersprüchen im Volk

Man muß streng zwischen zwei verschiedenen Arten von Widersprüchen unterscheiden: jenen im Volk und jenen zwischen uns und dem Feind. Widersprüche im Volk dürfen nicht in solche zwischen uns und dem Feind umgefälscht werden, noch dürfen die Widersprüche zwischen uns und dem Feind als solche im Volk hingestellt werden.

Es ist ganz natürlich, daß die Volksmassen verschiedene Ansichten haben. Kontroversen zwischen verschiedenen Ansichten sind unvermeidlich, notwendig und nützlich. Im Verlauf einer normalen und erschöpfenden Diskussion werden die Massen bestätigen, was recht, korrigieren, was falsch ist, und allmählich Einmütigkeit erzielen.

Die in Diskussionen anzuwendende Methode ist die Darlegung

der Tatsachen, die Argumentation und mit Hilfe dieser Argumentation die Überzeugung. Es ist unzulässig, eine Minderheit, die anderer Ansicht ist, mit Gewalt zum Nachgeben zu zwingen. Die Minderheit soll geschützt werden, denn manchmal liegt bei ihr die Wahrheit. Auch wenn sie unrecht hat, soll ihr dennoch erlaubt werden, in ihrer Sache zu sprechen und ihre Meinung zu behalten.

Wenn es eine Debatte gibt, soll sie durch Argumente und nicht durch Zwang oder Gewalt geführt werden.

Im Verlauf der Debatte soll jeder Revolutionär es verstehen, die Dinge für sich zu überlegen, und soll den kommunistischen Geist entwickeln: zu denken, zu sprechen und zu handeln wagen. Revolutionäre Genossen sollen, um die Einheit zu festigen, keine endlosen Diskussionen über Nebensächlichkeiten führen, unter der Voraussetzung, daß sie die gleiche Hauptrichtung haben.

7. Seid auf der Hut vor jenen, die die revolutionären Massen als „Konterrevolutionäre" abstempeln

In gewissen Schulen, Einheiten und Arbeitsgruppen der Kulturrevolution haben einige der verantwortlichen Personen Gegenangriffe auf die Massen organisiert, die Wandzeitungen mit großen Schriftzeichen gegen sie verfaßt hatten. Diese Leute haben sogar Losungen aufgestellt wie: Widerstand gegen die Leiter einer Einheit oder einer Arbeitsgruppe bedeutet Widerstand gegen das ZK der Partei, die Partei und den Sozialismus, bedeutet Konterrevolution. Auf diese Weise ist es unvermeidlich, daß ihre Schläge auf einige wirklich revolutionäre Aktivisten fallen werden. Das ist ein Fehler in der Orientierung und der Linie und absolut unzulässig.

Manche Leute, die wirklich ernste ideologische Fehler begangen haben, und besonders einige der parteifeindlichen und antisozialistischen Rechten benützen gewisse Mängel und Fehler in der Massenbewegung, um Gerüchte und Erfindungen zu verbreiten, um zu agitieren und manche Personen vorsätzlich als „Konterrevolutionäre" abzustempeln. Es ist notwendig, vor solchen Taschendieben auf der Hut zu sein und rechtzeitig ihre Tricks zu entlarven.

Im Verlauf der Bewegung sollen mit Ausnahme jener Fälle aktiver Konterrevolutionäre, gegen die ein klarer Beweis eines Verbrechens wie Mord, Brandstiftung, Giftmischerei, Sabotage oder Diebstahl von Staatsgeheimnissen vorliegt und die dem Gesetz entsprechend behandelt werden müssen, keine Maßnahmen ergriffen werden gegen Studenten und Schüler der Universitäten, Fachschulen, Mittel- und Grundschulen wegen aus der Bewegung entstandener Probleme. Zur Verhinderung einer Ablenkung des Hauptzieles des Kampfes ist es unerlaubt, unter irgendwelchen Vorwänden die Massen oder die Studenten aufzuhetzen, gegeneinander zu kämpfen. Sogar ausgesprochene Rechte sollen in einem späteren Stadium der Bewegung in jedem Fall entsprechend den Umständen behandelt werden.

8. Die Kaderfrage

Die Kader teilen sich im großen und ganzen in die vier folgenden Gruppen:
1. gute;
2. verhältnismäßig gute;
3. solche, die ernste Fehler gemacht haben, aber noch keine parteifeindlichen, antisozialistischen Rechten sind;
4. die kleine Menge parteifeindlicher, antisozialistischer Rechter.

Unter normalen Verhältnissen bilden die beiden ersten Gruppen (gute und verhältnismäßig gute) die große Mehrheit.

Die parteifeindlichen, antisozialistischen Rechten müssen restlos entlarvt, schwer getroffen, niedergeschlagen und völlig in Mißkredit gebracht werden, und ihr Einfluß muß ausgeschaltet werden. Zugleich soll ihnen ein Ausweg offengelassen werden, damit sie ein neues Leben anfangen können.

9. Kulturrevolutionsgruppen, -komitees und -kongresse

Im Verlauf der großen proletarischen Kulturrevolution begannen viele neue Dinge aufzutreten. Die von den Massen an vielen Schulen und Einheiten geschaffenen Kulturrevolutionsgruppen, -komitees und andere Organisationsformen sind etwas Neues und von großer historischer Bedeutung.

Diese Kulturrevolutionsgruppen, -komitees und -kongresse sind ausgezeichnete neue Organisationsformen, mit denen sich die Massen unter der Führung der Kommunistischen Partei selbst erziehen. Sie sind eine ausgezeichnete Brücke, über die unsere Partei mit den Massen engen Kontakt hält. Sie sind Machtorgane der proletarischen Kulturrevolution.

Der Kampf des Proletariats gegen die von allen Ausbeuterklassen in den vergangenen Jahrtausenden hinterlassenen alten Ideen, Sitten und Gewohnheiten und ihre alte Kultur wird notwendigerweise sehr, sehr lange Zeit dauern. Daher sollen die Kulturrevolutionsgruppen, -komitees und -kongresse keine zeitweiligen Organisationen, sondern ständige Massenorganisationen für längere Dauer sein. Sie sind nicht nur für Universitäten, Schulen und Ämter geeignet, sondern im wesentlichen auch für Fabriken, Bergwerke, andere Unternehmen, städtische Distrikte und Dörfer.

Es ist notwendig, ein allgemeines Wahlsystem ähnlich dem in der Pariser Kommune einzuführen, nach dem die Mitglieder der Kulturrevolutionsgruppen und -komitees und die Delegierten zu den Kulturrevolutionskongressen gewählt werden. Die Kandidatenlisten sollen nach gründlicher Erörterung von den revolutionären Massen aufgestellt und die Wahl soll vorgenommen werden, nachdem die Listen von den Massen wieder und wieder erörtert worden sind.

Die Massen sind berechtigt, die Mitglieder der Kulturrevolutionsgruppen und -komitees und die Delegierten zu den Kulturrevolutionskongressen jederzeit zu kritisieren. Wenn sich die Mitglieder oder Delegierten als unfähig erweisen, können sie nach Erörterung von den Massen durch Wahl ersetzt oder abberufen werden.

Die Kulturrevolutionsgruppen, -komitees und -kongresse an den Universitäten und Schulen sollen in der Hauptsache aus Vertretern der revolutionären Schüler und Studenten bestehen. Zugleich soll ihnen eine bestimmte Anzahl Vertreter der revolutionären Lehrer, Angestellten und Arbeiter angehören.

10. Unterrichtsreform

Eine äußerst wichtige Aufgabe der großen proletarischen Kulturrevolution ist die Umformung des alten Erziehungssystems, der alten Unterrichtsprinzipien und -methoden.

Mit dieser großen Kulturrevolution muß in der Erscheinung, daß unsere Schulen von bürgerlichen Intellektuellen beherrscht werden, völlig Wandel geschaffen werden.

In jeder Art Schule müssen wir die von Genossen Mao Tse-tung aufgestellte Richtlinie, daß die Erziehung der proletarischen Politik dient und daß die Erziehung mit produktiver Arbeit verbunden ist, restlos durchführen, damit jene, die Erziehung erhalten, imstande sind, sich moralisch, intellektuell und körperlich zu entwickeln und zu Werktätigen mit sozialistischem Bewußtsein und Kultur zu werden.

Die Studiendauer soll verkürzt werden. Es soll weniger, aber bessere Kurse geben. Das Lehrmaterial soll gründlich umgearbeitet werden, in einigen Fällen ausgehend von der Vereinfachung komplizierten Materials. Während die Hauptaufgabe der Schüler und Studenten das Studium ist, sollen sie auch anderes lernen. Das heißt, sie sollen neben ihrem Studium auch industrielle und landwirtschaftliche Arbeit sowie das Militärwesen lernen und jederzeit an dem Kampf in der Kulturrevolution, in dem die Bourgeoisie kritisiert wird, teilnehmen.

11. Die Frage der namentlichen Kritik in der Presse

Im Zuge der Massenbewegung der Kulturrevolution muß die Kritik an der bürgerlichen und feudalen Ideologie mit Verbreitung der proletarischen Weltanschauung, des Marxismus-Leninismus und der Ideen Mao Tse-tungs gut verknüpft werden.

Die Kritik an den typischen Vertretern der Bourgeoisie, die sich in die Partei eingeschlichen haben, und an den typischen reaktionären akademischen „Autoritäten" der Bourgeoisie soll organisiert werden, und dazu soll die Kritik an verschiedenen reaktionären Ansichten in Philosophie, in Geschichte, politischer Ökonomie und in Pädagogik, in Literatur- und Kunstwerken und -theorien, in Theorien in den Naturwissenschaften und auf anderen Gebieten gehören.

Die namentliche Kritik in der Presse soll nach Erörterung vom Parteikomitee gleicher Ebene beschlossen und in manchen Fällen dem Parteikomitee höherer Ebene zur Genehmigung vorgelegt werden.

12. Politik gegenüber Wissenschaftlern, Technikern und allgemeinen Angestellten

Gegenüber den Wissenschaftlern, Technikern und allgemeinen Angestellten sollen wir in der gegenwärtigen Bewegung weiterhin an der Politik der „Einheit, Kritik, Einheit" festhalten, solange sie patriotisch sind, angestrengt arbeiten, nicht gegen die Partei oder den Sozialismus sind und keine unerlaubten Beziehungen zum Ausland unterhalten. Jene Wissenschaftler und jenes wissenschaftliche und technische Personal, die Beiträge geleistet haben, sollen geschützt werden. Was ihre Weltanschauung und ihren Arbeitsstil betrifft, soll man ihnen helfen, sich schrittweise umzuerziehen.

13. Die Frage der Vorkehrungen zur Integration mit der Bewegung für sozialistische Erziehung in Stadt und Land

Die Kultur- und Erziehungsinstitutionen und die leitenden Organe der Partei und der Regierung in den Groß- und Mittelstädten sind Schwerpunkte der gegenwärtigen proletarischen Kulturrevolution.

Durch die große Kulturrevolution wird die Bewegung für sozialistische Erziehung in Stadt und Land noch mehr bereichert und auf eine höhere Ebene gehoben. Diese beiden Bewegungen sollen in enger Verbindung geführt werden. Vorkehrungen zu diesem Zweck können von den verschiedenen Gebieten und Abteilungen entsprechend den konkreten Bedingungen getroffen werden.

Die jetzt auf dem Lande und in den Unternehmen in den Städten in Gang befindliche Bewegung für sozialistische Erziehung soll dort, wo die ursprünglichen Vorkehrungen geeignet sind und die Bewegung gut vorankommt, nicht gestört werden, sondern entsprechend den ursprünglichen Vorkehrungen fortgesetzt werden. Aber die bei der gegenwärtigen großen proletarischen Kulturrevolution aufgestellten Fragen sollen zur richtigen Zeit den Massen zur Erörterung vorgelegt werden, damit die proletarische Ideologie weiterhin kräftig gefördert und die bürgerliche Ideologie noch mehr ausgemerzt wird.

An einigen Orten wird die große proletarische Kulturrevolution zu einem Mittelpunkt, den man benutzt, um der Bewegung für sozialistische Erziehung zusätzlichen Schwung zu verleihen und auf dem Gebiet der Politik, Ideologie, Organisation und Wirtschaft eine Säuberung vorzunehmen. Das kann getan werden, wenn es die örtlichen Parteikomitees für zweckmäßig halten.

14. Die Revolution fest in der Hand halten, die Produktion fördern

Das Ziel bei der großen proletarischen Kulturrevolution ist die Revolutionierung der Ideologie der Menschen, damit die Arbeit auf allen Gebieten mehr, schneller, besser und wirtschaftlicher geleistet wird. Wenn die Massen völlig mobilisiert und entsprechende Vorkehrungen getroffen werden, ist es möglich, Kulturrevolution und Produktion weiterzuführen, ohne daß sie einander behindern, während die hohe Qualität aller unserer Arbeit garantiert ist.

Die große proletarische Kulturrevolution ist für die Entwicklung der gesellschaftlichen Produktivkräfte unseres Landes eine gewaltige treibende Kraft. Jede Ansicht, die große Kulturrevolution der Entwicklung der Produktion entgegenzusetzen, ist falsch.

15. Streitkräfte

In den Streitkräften sollen die Bewegung der Kulturrevolution und die Bewegung für sozialistische Erziehung den Weisungen der Militärkommission des Zentralkomitees der KP Chinas und der Allgemeinen Politischen Abteilung der Volksbefreiungsarmee entsprechend durchgeführt werden.

16. Die Ideen Mao Tse-tungs sind bei der Aktion in der großen proletarischen Kulturrevolution die Richtlinie

Bei der großen proletarischen Kulturrevolution ist es notwendig, das große rote Banner der Ideen Mao Tse-tungs hochzuhalten und der proletarischen Politik die Befehlsgewalt einzuräumen. Die Bewegung zum lebendigen Studium und zur schöpferischen Anwendung der Werke des Vorsitzenden Mao soll unter den Massen der Arbeiter, Bauern, Soldaten, Funktionäre und Intellektuellen entfaltet werden, und die Ideen Mao Tse-tungs sollen bei der Aktion in der Kulturrevolution zur Richtlinie genommen werden.

Während dieser komplizierten großen Kulturrevolution müssen

erst recht die Parteikomitees aller Ebenen die Werke des Vorsitzenden Mao gewissenhaft in schöpferischer Weise studieren und anwenden. Immer wieder müssen sie besonders die Schriften des Vorsitzenden Mao über die Kulturrevolution und die Methoden der Führung der Partei studieren, beispielsweise *Über die neue Demokratie, Reden bei der Aussprache in Jenan über Literatur und Kunst, Über die richtige Lösung von Widersprüchen im Volke, Rede auf der Landeskonferenz der KP Chinas über Propagandaarbeit, Zu einigen Fragen der Führungsmethoden und Arbeitsmethoden der Parteikomitees.*

Die Parteikomitees aller Ebenen müssen an den Weisungen, die der Vorsitzende Mao im Laufe der Jahre gegeben hat, festhalten, nämlich die Massenlinie – aus den Massen und in die Massen – vollkommen zur Anwendung bringen und erst Schüler sein, bevor sie Lehrer werden. Sie sollen sich bemühen, Einseitigkeit und Engstirnigkeit zu vermeiden. Sie sollen materialistische Dialektik pflegen und gegen Metaphysik und Scholastizismus Widerstand leisten.

Unter Führung des Zentralkomitees der Partei mit Genossen Mao Tse-tung an der Spitze wird die große proletarische Kulturrevolution bestimmt einen glänzenden Sieg erringen.

Statut der Kommunistischen Partei Chinas

(Angenommen vom IX. Parteitag
der Kommunistischen Partei
Chinas am 14. April 1969)

KAPITEL I
Allgemeines Programm

Die Kommunistische Partei Chinas ist eine politische Partei des Proletariats.

Das grundlegende Programm der Kommunistischen Partei Chinas ist, die Bourgeoisie und alle anderen Ausbeuterklassen restlos zu stürzen, die Diktatur der Bourgeoisie durch die Diktatur des Proletariats zu ersetzen und den Kapitalismus durch den Sozialismus zu besiegen. Das Endziel der Partei ist die Verwirklichung des Kommunismus.

Die Kommunistische Partei Chinas setzt sich aus Fortgeschrittenen des Proletariats zusammen, sie ist eine Vorhutorganisation voller Lebenskraft, die das Proletariat und die revolutionären Massen zum Kampf gegen die Klassenfeinde führt.

Die Kommunistische Partei Chinas macht den Marxismus, den Leninismus, die Mao Tse-tung-Ideen zu der theoretischen Grundlage, von der sie ihr Denken leiten läßt. Die Mao Tse-tung-Ideen sind der Marxismus–Leninismus jener Epoche, in welcher der Imperialismus seinem totalen Zusammenbruch und der Sozialismus seinem weltweiten Sieg entgegengeht.

Seit einem halben Jahrhundert hat Genosse Mao Tse-tung bei der Führung des großen Kampfes für die Vollendung der neudemokratischen Revolution Chinas, bei der Führung des großen Kampfes der sozialistischen Revolution und des sozialistischen Aufbaus in China und in dem großen Kampf der internationalen kommunistischen Bewegung der gegenwärtigen Epoche gegen den Imperialismus, den modernen Revisionismus und die

Reaktionäre aller Länder die allgemeingültige Wahrheit des Marxismus–Leninismus mit der konkreten Praxis der Revolution verbunden, den Marxismus–Leninismus als Erbe übernommen, ihn verteidigt und weiterentwickelt; er hat den Marxismus–Leninismus auf eine völlig neue Stufe gehoben.

Genosse Lin Piao hat konsequent das große rote Banner der Mao Tse-tung-Ideen hochgehalten und die proletarische revolutionäre Linie des Genossen Mao Tse-tung am treuesten und standhaftesten befolgt und verteidigt. Genosse Lin Piao ist der nächste Kampfgefährte des Genossen Mao Tse-tung und sein Nachfolger.

Die Kommunistische Partei Chinas mit Genossen Mao Tse-tung als ihrem Führer ist eine große, ruhmreiche und korrekte Partei; sie ist der führende Kern des chinesischen Volkes. Die Partei hat sich gestählt im langwierigen Klassenkampf der Eroberung und Konsolidierung der politischen Macht mit Waffengewalt, hat sich im Kampf gegen die rechts- und „links"opportunistischen Linien gefestigt und entwickelt und schreitet voller Zuversicht mutig auf dem Weg der sozialistischen Revolution und des sozialistischen Aufbaus vorwärts.

Die sozialistische Gesellschaft umfaßt eine ziemlich lange geschichtliche Periode. Diese ganze Geschichtsperiode hindurch existieren Klassen, Klassenwidersprüche und Klassenkämpfe, existiert der Kampf zwischen den beiden Wegen, dem des Sozialismus und dem des Kapitalismus, existiert die Gefahr einer Restauration des Kapitalismus, existiert die Bedrohung durch Umsturz und Aggression seitens des Imperialismus und des modernen Revisionismus. Solche Widersprüche können nur durch die marxistische Theorie über die Weiterführung der Revolution und durch die von ihr angeleitete Praxis gelöst werden. Die große proletarische Kulturrevolution in unserem Land ist gerade eine große politische Revolution, die das Proletariat unter den Bedingungen des Sozialismus gegen die Bourgeoisie und alle anderen Ausbeuterklassen durchführt.

Die ganze Partei muß das große rote Banner des Marxismus, des Leninismus, der Mao Tse-tung-Ideen hochhalten und Hunderte Millionen Volksmassen aller Nationalitäten des ganzen Landes dabei führen, weiterhin die drei großen revolutionären Bewegungen – Klassenkampf, Produktionskampf und wissenschaftliches Experimentieren – zu entfalten, die Diktatur des Proletariats zu festigen und zu verstärken sowie unabhängig und selbständig, im Vertrauen auf die eigene Kraft, durch harten Kampf, unter Anspannung aller Kräfte, immer vorwärtsstrebend, „mehr, schneller, besser und wirtschaftlicher" den Sozialismus aufzubauen.

Die Kommunistische Partei Chinas hält am proletarischen Internationalismus fest, schließt sich entschieden mit den wahren marxistisch-leninistischen Parteien und Organisationen der ganzen Welt, mit dem Proletariat, den unterdrückten Völkern und unterjochten Nationen der ganzen Welt zusammen und kämpft gemeinsam mit ihnen dafür, den Imperialismus mit den USA an der Spitze, den modernen Revisionismus mit der sowjetrevisionistischen Renegatenclique als seinem Zentrum und die Reaktionäre aller Länder niederzuschlagen und das System der Ausbeutung des Menschen durch den Menschen auf dem Erdball zu beseitigen, damit die gesamte Menschheit ihre Befreiung erlangt. Die Mitglieder der Kommunistischen Partei Chinas, die geloben, ihr ganzes Leben lang für den Kommunismus zu kämpfen, müssen fest entschlossen sein, keine Opfer scheuen und alle Schwierigkeiten überwinden, um den Sieg zu erringen!

KAPITEL II
Die Parteimitglieder

Artikel 1

Jeder chinesische Arbeiter, arme Bauer, untere Mittelbauer, revolutionäre Armeeangehörige oder jeder andere revolutionäre Mensch Chinas, der das 18. Lebensjahr vollendet hat, kann Mitglied der Kommunistischen Partei Chinas sein, wenn er das Statut der Partei anerkennt, einer ihrer Organisationen angehört und aktiv in ihr arbeitet, die Beschlüsse der Partei durchführt, die Parteidisziplin einhält und Mitgliedsbeiträge bezahlt.

Artikel 2

Wer um die Aufnahme in die Partei nachsucht, hat sich einzeln einem Aufnahmeverfahren zu unterziehen, muß die Empfehlung von zwei Parteimitgliedern haben, ein Antragsformular für die Aufnahme ausfüllen und von einer Parteizelle überprüft werden, wobei die Meinungen der Massen innerhalb und außerhalb der Partei weitestgehend anzuhören sind; die Aufnahme erfolgt durch Beschluß der Mitgliederversammlung der Zelle und wird durch das nächsthöhere Parteikomitee bestätigt.

Artikel 3

Das Mitglied der Kommunistischen Partei Chinas muß:
1. den Marxismus, den Leninismus, die Mao Tse-tung-Ideen lebendig studieren und anwenden;
2. sich für die Interessen der großen Mehrheit der Menschen in China und in der Welt einsetzen;
3. sich mit der großen Mehrheit der Menschen zusammenschließen können, einschließlich jener, die zu Unrecht gegen seine Person aufgetreten sind und ihre Fehler gewissenhaft korrigieren. Man muß jedoch Karrieristen, Verschwörern und Doppelzünglern gegenüber besonders wachsam sein und verhindern, daß Halunken dieser Art die Führung in Partei und Staat auf irgendeiner Ebene an sich reißen, und somit gewährleisten, daß die Führung der Partei und des Staates für immer in der Hand marxistischer Revolutionäre liegt;
4. bei auftauchenden Anliegen sich mit den Massen beraten;
5. den Mut haben, Kritik und Selbstkritik zu üben.

Artikel 4

Ein Parteimitglied, das die Parteidisziplin verletzt, wird durch die Parteiorganisation der jeweiligen Ebene im Rahmen ihrer Befugnisse, je nach den Sachverhältnissen des gegebenen Falls, mit Verwarnung, strenger Verwarnung, Entzug der Parteifunktionen, Versetzung in den Bewährungszustand in der Partei oder Ausschluß aus der Partei bestraft.

Die Bewährungsfrist für ein Parteimitglied darf nicht zwei Jahre überschreiten. Während der Bewährungsfrist hat das betreffende Parteimitglied kein Recht, an Abstimmungen teilzunehmen, zu wählen und gewählt zu werden.

Ein Parteimitglied, das sich als völlig indifferent und energielos erweist und trotz Erziehung keine Änderung zum Besseren zeigt, ist zum Austritt aus der Partei zu bewegen.

Beantragt ein Parteimitglied den Austritt aus der Partei, so hat die Mitgliederversammlung der Zelle darüber zu beschließen, seinen Namen aus der Mitgliederliste zu streichen, und der Austritt ist dem nächsthöheren Parteikomitee zur Registrierung zu melden. Wenn notwendig, sollte der Austritt den Massen außerhalb der Partei bekanntgegeben werden.

Renegaten, Geheimagenten, absolut besserungsunwillige, den kapitalistischen Weg gehende Machthaber, entartete Elemente und klassenfremde Elemente, die beweiskräftig überführt sind, müssen aus der Partei hinausgesäubert und dürfen nicht wieder in die Partei aufgenommen werden.

KAPITEL III
Die organisatorischen Prinzipien der Partei

Artikel 5

Das organisatorische Prinzip der Partei ist der demokratische Zentralismus.

Die leitenden Parteiorgane aller Ebenen werden durch demokratische Konsultation gewählt.

Die gesamte Partei muß sich der einheitlichen Disziplin fügen: Unterordnung des einzelnen unter die Organisation, Unterordnung der Minderheit unter die Mehrheit, Unterordnung der unteren Ebenen unter die höheren, Unterordnung der gesamten Partei unter das Zentralkomitee.

Die leitenden Parteiorgane aller Ebenen haben regelmäßig den Parteitagen beziehungsweise den Mitgliederversammlungen über ihre Tätigkeit zu berichten, ständig den Meinungen der Massen innerhalb und außerhalb der Partei Gehör zu schenken und sich unter ihre Kontrolle zu stellen. Die Parteimitglieder sind berechtigt, Kritik an den Parteiorganisationen sowie an den leitenden Funktionären aller Ebenen zu üben und ihnen Vorschläge zu unterbreiten. Wenn ein Parteimitglied eine andere Meinung zu den Beschlüssen oder Weisungen der Parteiorganisation hat, ist ihm erlaubt, seine Meinung beizubehalten, und es steht ihm das Recht zu, sich direkt an jedes höhere Organ bis zum Zentralkomitee und Vorsitzenden des Zentralkomitees zu wenden. Es muß eine politische Situation geschaffen werden, in der beides, sowohl Zentralismus als auch Demokratie, sowohl Disziplin als auch Freiheit, sowohl einheitlicher Wille als auch persönliches Behagen und vitale Regsamkeit, vereint ist.

Die staatlichen Machtorgane der Diktatur des Proletariats, die Volksbefreiungsarmee, der Kommunistische Jugendverband und revolutionäre Massenorganisationen der Arbeiter, der armen Bauern und der unteren Mittelbauern, der Rotgardisten sowie andere revolutionäre Massenorganisationen müssen sich alle unter die Führung der Partei stellen.

Artikel 6

Das höchste Führungsorgan der Partei ist der Landesparteitag und zwischen den Parteitagen das von ihm gewählte Zentralkomitee. Die leitenden Parteiorgane der Orte, in der Armee und in den verschiedenen Bereichen sind die Parteitage beziehungsweise die Mitgliederversammlungen der gleichen Ebenen sowie die von ihnen gewählten Parteikomitees. Die Parteitage aller Ebenen werden von den Parteikomitees der jeweiligen Ebenen einberufen.

Die Einberufung der Parteitage der Orte und in der Armee wie auch die Mitglieder der Parteikomitees müssen durch die übergeordneten Organisationen bestätigt werden.

Artikel 7

Die Parteikomitees aller Ebenen errichten nach dem Prinzip der einheitlichen Führung, der engsten Verbundenheit mit den Massen sowie der Vereinfachung und Leistungsfähigkeit ihre Arbeitsorgane oder entsenden ihre Vertretungsorgane.

KAPITEL IV
Die zentralen Organisationen der Partei

Artikel 8

Der Landesparteitag findet alle fünf Jahre einmal statt. Unter besonderen Umständen kann er vorverlegt beziehungsweise verschoben werden.

Artikel 9

Die Plenartagung des Zentralkomitees der Partei wählt das Politbüro des Zentralkomitees, den Ständigen Ausschuß des Politbüros des Zentralkomitees, den Vorsitzenden und den stellvertretenden Vorsitzenden des Zentralkomitees.

Die Plenartagung des Zentralkomitees der Partei wird von dem Politbüro des Zentralkomitees einberufen.

Das Politbüro des Zentralkomitees und sein Ständiger Ausschuß üben zwischen den Plenartagungen des Zentralkomitees die Funktionen und Befugnisse des Zentralkomitees aus.

Unter der Leitung des Vorsitzenden, des stellvertretenden Vorsitzenden und des Ständigen Ausschusses des Politbüros des Zentralkomitees werden einige erforderliche vereinfachte und leistungsfähige Organe geschaffen, die die laufende Arbeit der Partei, der Regierung und der Armee auf zentralisierte Weise erledigen.

KAPITEL V
Die Parteiorganisationen der Orte und in der Armee

Artikel 10

Die Parteitage der Orte vom Kreis aufwärts und die in der Volksbefreiungsarmee vom Regiment aufwärts finden alle drei Jahre einmal statt. Unter besonderen Umständen können sie vorverlegt beziehungsweise verschoben werden.

Die Parteikomitees der Orte und in der Armee auf allen Ebenen wählen ihre ständigen Ausschüsse, Sekretäre und stellvertretenden Sekretäre.

KAPITEL VI
Die Grundorganisationen der Partei

Artikel 11

In Fabriken, Bergwerken, Betrieben, Volkskommunen, Institutionen, Lehranstalten, Geschäften, Wohnbezirken, Kompanien der Volksbefreiungsarmee und in anderen Grundeinheiten werden im allgemeinen Parteizellen eingerichtet; auch Hauptzellen beziehungsweise Komitees der Grundeinheiten können eingerichtet werden, wenn die Zahl der Parteimitglieder verhältnismäßig groß ist oder der revolutionäre Kampf es erforderlich macht.

In den Grundorganisationen der Partei findet die Neuwahl jedes Jahr statt. Unter besonderen Umständen kann sie vorverlegt beziehungsweise verschoben werden.

Artikel 12

Die Grundorganisationen der Partei müssen das große rote Banner des Marxismus, des Leninismus, der Mao Tse-tung-Ideen hochhalten, der proletarischen Politik den Vorrang geben und einen Arbeitsstil entwickeln, der sich durch die Verbindung von Theorie und Praxis, durch die engste Verbundenheit mit den Volksmassen und durch Kritik und Selbstkritik auszeichnet. Ihre Hauptaufgaben sind:

1. die Parteimitglieder und die breiten revolutionären Massen zum lebendigen Studieren und Anwenden des Marxismus, des Leninismus, der Mao Tse-tung-Ideen anleiten;

2. die Parteimitglieder und die breiten revolutionären Massen ständig im Sinne des Klassenkampfes und des Kampfes zweier Linien erziehen und sie zum entschiedenen Kampf gegen die Klassenfeinde führen;

3. die Politik der Partei propagieren und in die Tat umsetzen, ihre Beschlüsse durchführen und jede von Partei und Staat gestellte Aufgabe erfüllen;

4. engste Verbindung mit den Massen unterhalten, ständig die Meinungen und Wünsche der Massen anhören und einen aktiven ideologischen Kampf innerhalb der Partei entfalten, damit sich das Parteileben frisch und schwungvoll gestaltet;

5. neue Parteimitglieder aufnehmen, die Parteidisziplin durchsetzen, die Organisationen der Partei ständig konsolidieren, den Abfall abstoßen und Frisches aufnehmen, um die Reinheit der Reihen der Partei zu wahren.

Namen- und Sachregister

Inhalt